Ivan Stuppner

Die Metamorphose der Einsamkeit zum Dialog

Ivan Stuppner

Die Metamorphose der Einsamkeit zum Dialog

Ein möglicher Denkweg zwischen Martin Buber und Emmanuel Lévinas

Tectum Verlag

Ivan Stuppner

Die Metamorphose der Einsamkeit zum Dialog. Ein möglicher Denkweg zwischen Martin Buber und Emmanuel Lévinas

ISBN: 978-3-8288-3091-2

Umschlagabbildung: photocase.com © caph
Printed in Germany

Besuchen Sie uns im Internet
www.tectum-verlag.de

Bibliografische Informationen der Deutschen Nationalbibliothek
Die Deutsche Nationalbibliothek verzeichnet diese Publikation in der Deutschen Nationalbibliografie; detaillierte bibliografische Angaben sind im Internet über http://dnb.ddb.de abrufbar.

Unserem Sohn Marius gewidmet

Inhalt

Vorwort

Das hier vorliegende Buch basiert auf meiner Dissertation, welche ich im Jahre 2006 am Institut für Philosophie der Universität Wien eingereicht habe. Ich habe mich in diesem Zusammenhang einige Zeit mit dem Thema der Einsamkeit befasst und dabei aber versucht den Übergang von der Einsamkeit hin zum Denken des Anderen bei einzelnen Philosophen des 20. Jahrhunderts nachzuzeichnen. Besonders in der jüdischen Philosophie bei Martin Buber und Emmanuel Lévinas war das Thema der Einsamkeit zu Beginn ihres Denkens vorhanden und hat mich dazu gebracht, ihre Überlegungen zu analysieren und eigene Reflexionen zu einer möglichen Verbindung zwischen Einsamkeit und Dialog/dem Anderen einzubringen. Als passend habe ich hierbei die Überlegungen zur Freundschaft, wie wir sie bei Friedrich Nietzsche vorfinden können, empfunden.

In den Jahren seit der Fertigstellung der Dissertation haben sich in diesem Bereich der Foschungen einige Veränderungen ergeben, denen ich nun bei der Publikation Sorge zu tragen versucht habe. Vor allem sind inzwischen weitere Bände der Werkausgabe von Martin Buber erschienen, welche ich bei der Zitation der Werke des Philosophen berücksichtigt habe und auch von Emmanuel Lévinas sind bereits zwei Bände von unveröffentlichten Texten und Vorlesungen erschienen, die ich ebenso in meine Analysen und Überlegungen zu integrieren versucht habe. Der Aufbau des Buches entspricht der Struktur meiner Dissertation, während einzelne Passagen überarbeitet bzw. Zitationshinweise ergänzt wurden.

In erster Linie möchte ich mich bei meiner Familie für die Geduld und Zeit bedanken, die sie meinem Ansinnen zugestanden haben. Bedanken möchte ich mich im Zusammenhang mit diesem Werk aber auch für die wohlwollende Unterstützung durch die beiden Betreuer meiner Dissertation: ao. Univ.-Prof. Dr. Josef Rhemann und Univ.-Prof. i.R. Dr. Peter Kampits. Sie konnten mir bereits im Zuge der Entwicklung der Dissertation gute Hilfestellung leisten und wichtige Hinweise beim Verfassen der Arbeit geben. Gleiches gilt für Univ. Prof. Dr. Catherine Chalier, welche mir während meines Forschungsaufenthalts in Paris an der ENS die Gedanken von Emmanuel Lévinas näherbringen konnte. Ein besonderer Dank gilt nicht zuletzt den Verlagsmitarbeitern für ihre Unterstützung bei der Gestaltung und Publikation des vorliegenden Werkes.

Incipit

Die Metamorphose der Einsamkeit zum Dialog soll hier als Titel in dieses Werk einführen und zugleich Frage und Antwort darstellen. Diese Ein- und Hinführung zu unserem Thema realisiert sich in der Vorstellung der Bewegung(en), die im Denken der Einsamkeit in Verbindung mit dem Dialog ihren Anstoß erfährt. Gleich einem Pendel, das zwischen zwei äußeren Punkten seine Bewegungen vollführt, scheint sich das Denken von der Einsamkeit und dem Dialog als jeweils äußerste Punkte des menschlichen Seins zu konkretisieren. Diese Konkretisierung geschieht durch eine Verflechtung, ein Ineinander-Greifen der beiden angeführten Begriffe, die sich in verschiedenen Varianten zueinander verhalten, aber im selben Moment ebenso eine Veränderung und *Metamorphose* der Vorstellung von der Einsamkeit bewirken. Somit wird diese vorerst als unidirektional intendierte Bewegung hin *zum* Dialog zu einem bidirektionalen Ausdruck des Zurückwirkens auf die Einsamkeit selbst. Als Feld dieser Bewegungen lassen sich dabei die Philosophie und spezifischer, sowohl die philosophische Anthropologie als auch die Ontologie ausmachen. Ist aber der Begriff der Einsamkeit als Bestandteil des philosophischen Denkens nicht selbst schon über die Geschichte der Philosophie verändert worden und hat dabei nicht eine Ausdifferenzierung desselben stattgefunden, die uns nicht mehr von der Einsamkeit, sondern vielmehr von Einsamkeiten im Plural zu sprechen befähigt? Handelt es sich möglicherweise bei der Einsamkeit um das Innerste der Seinsstruktur, um eine Befindlichkeit, welche Sein darstellt oder wo sich das Sein ausschließlich manifestiert? (Lévinas) Ist es jenes Auf-sich-selbst-zurückgeworfen-Sein in der Einsamkeit, jene ontologische Differenz zwischen dem Individuum und den Anderen, die einerseits unüberwindbar ist, andererseits durch die Denker einer „Sozialontologie" im Dialog mit oder in der ethischen Verantwortung für den Anderen und im Blick transzendierbar wird? Oder können wir annehmen, dass die Einsamkeit im Sinne ihrer geschichtlichen Entwicklung zu verstehen ist, in welcher sich der Begriff Einsamkeit so wandelt, dass die Philosophie mit der Dialogik aus der Einsamkeit einen Ausweg darstellt? (Buber) Annäherungen an diese Thematiken und der Versuch einer Beantwortung dieser Fragen werden auf den folgenden Seiten vorgenommen werden, immer im Hinblick auf die genannten Bewegungen innerhalb der Einsamkeit und zwischen der Einsamkeit und dem Dialog.

Einleitung

> Wenn aber jemand nicht in der Lage ist, an der Gemeinschaft teilzuhaben, oder zufolge seiner Selbstgenügsamkeit ihrer nicht mehr bedarf, der ist kein Teil des Staates, somit also entweder ein wildes Tier oder gar ein Gott.[1]
>
> (Aristoteles: Politik, Erstes Buch; 1253a25)

> „Ich will meine Einsamkeit haben" – so gelobt sich der Weise, ich will meine Einsamkeit mit den Zähnen festhalten, mit einem goldenen Gitter vergittern.
>
> (Friedrich Nietzsche: Nachlass 1884 – 1885; KSA: 11,230)

> Doch als starken Geistern stünde es uns gut an, uns damit abzufinden, daß Einsamkeit in der Wiege beginnt!
>
> (Peter Sloterdijk: Sphären I, S. 477)

I.

Dieses Buch wird von drei Zitaten eingeleitet, die vor allem einen Aspekt des von uns gewählten Titels in den Vordergrund stellen, nämlich die Einsamkeit. Während noch im Titel der Dialog gleichwertig auf einer Ebene mit der Metamorphose der Einsamkeit angeführt wird, so ist es doch Letztere, bei welcher unsere Überlegungen ihren Beginn nehmen müssen. Diese vorerst unbegründete Feststellung wird sich im Laufe des Buches klären und wiederum auf unseren Anfang zurückweisen, einen Anfang, der mit einem der verschiedenen angenommenen Ursprünge der Philosophie beginnt: jenem altgriechischen Raum, wo sich nicht nur der Begriff der Philosophie, sondern auch die Art und Weise dieses Denkens entwickelt

---

[1] „[...] ὁ δέ μὴ δυνάμενος κοινωνεῖν ἢ μηδὲν δεόμενος δί αὐτάρκειαν οὐθὲν μέρος πόλεως ὥστε ἢ θηρίον ἢ θεός." Die deutsche Übersetzung wurde von der Reclamausgabe der Politik von Aristoteles übernommen. In: Aristoteles: Politik. Schriften zur Staatstheorie. Übersetzt und herausgegeben von Franz F. Schwarz. – Stuttgart: Philipp Reclam jun. 1989, S. 79.

hat. Deshalb fiel unsere Wahl des ersten Zitates auf einen der großen Philosophen – Aristoteles – und seine Ansicht zur Einsamkeit. Das vielfach zitierte aristotelische Verdikt des einsamen Menschen, der nur entweder ein wildes Tier oder ein Gott sein könne, gibt unserer Meinung nach einen ersten Eindruck, wie die Einsamkeit (ἐρημία) damals wahrgenommen wurde. Aristoteles fügt die Überlegung zur Einsamkeit nicht ohne Grund in sein Werk der Politik ein; seine Überlegungen zum Staat, zur Gesellschaft und zu den verschiedenen Staatsformen legen das Denken der Einsamkeit nahe, wenngleich es in diesem Falle nur in die pejorative Bewertung der Einsamkeit mündet. Wenn jemand sich in die Gemeinschaft nicht integrieren will oder kann, so kann dies kein Mensch sein.

Sehr prägnant ist im zweiten zitierten Satz - von einem Philosophen formuliert, der geistesgeschichtlich wesentlich später auftritt – von einer möglichen Opposition zu den Gedanken von Aristoteles die Rede. Friedrich Nietzsche verdeutlicht in besagtem Zitat das Bedürfnis des Weisen in Einsamkeit leben zu wollen. Weg von der negativen Ansicht Aristoteles', der einsame Mensch könne kein Mensch in seinem Sinne sein, erklärt Nietzsche in seiner Konzeption des Weisen die Einsamkeit zum distinktiven Merkmal desselben.[2] Während aber Nietzsche erst den weisen Menschen zum einsamkeitsfähigen Menschen deklariert, geht Peter Sloterdijk in seinen psychologisch-psychoanalytischen Überlegungen im Sphärenwerk noch einen wesentlichen Schritt weiter, wenn er die Einsamkeit, in diesem Falle ohne Bewertung, schon mit der Geburt des Individuums *qua* starker Geist beginnen lässt. Zweierlei Stränge lassen sich somit bei den von uns angeführten Zitaten bemerken: zum einen die Wertung der Einsamkeit in jeweils wohl unterschiedenen Kontexten bei Aristoteles und Nietzsche, zum anderen die temporale Verschiebung der Einsamkeit für ein menschliches

---

[2] Eine konkretere Darstellung zur Einsamkeitsauffassung bei Friedrich Nietzsche befindet sich im „Historischen Wörterbuch der Philosophie" (HWPh, Begriff Einsamkeit, S. 410f.). Eine Arbeit, die verschiedene Perspektiven der Einsamkeit in Nietzsches Werk analysiert, wurde von uns selbst verfasst und als Diplomarbeit an der Universität Wien mit folgendem Titel eingereicht: Formen der Einsamkeit bei Friedrich Nietzsche. – Wien: Phil. Dipl. 2002. Eine überarbeitete Fassung dieser Diplomarbeit ist im Jänner 2011 erschienen: Stuppner, Ivan: Formen der Einsamkeit bei Friedrich Nietzsche (Wissenschaftliche Beiträge aus dem Tectum-Verlag Philosophie – Band 16). – Marburg: Tectum-Verlag. 2011.

Wesen zwischen Nietzsche und Sloterdijk. Beide Stränge lassen sich noch bei vielen anderen Denkern in modifizierten Formen vorfinden und sie sind notwendig für eine Geschichte der Einsamkeit. Unser Interesse gilt aber nicht einer solchen allgemein möglichen Einsamkeitsgeschichte, sondern vielmehr einem bestimmten Kreuzungspunkt, an dem sich die Einsamkeitsvorstellungen mit den Vorstellungen zur Gemeinschaft treffen.

Der mikrosoziale Bereich, als die Begegnung mit dem Anderen, ermöglicht unserer Meinung nach in sehr hohem Ausmaß die Betrachtung eines solchen Kreuzungspunktes in der Historie der Einsamkeit. Diese Form eines synchronen Ausschnittes schafft die Voraussetzung für das Verstehen der Bewegungen der Einsamkeit im Zusammenhang mit dem Denken des Anderen. Wieso aber erscheint es nützlich zu sein, die Einsamkeit gerade im Zusammenhang mit dem Denken des Anderen und dem Dialog zu behandeln? Würde nicht die ausschließlich auf das Individuum bezogene Erörterung der Einsamkeit vollauf genügen? Wir dürfen in der Beantwortung dieser Frage nicht außer Acht lassen, dass sich das Denken der Einsamkeit zu einem Großteil in Abgrenzung zum Denken des Anderen entwickelt hat. Von einem anthropologischen Standpunkt aus lässt sich nämlich erkennen, dass die Einsamkeit als Befindlichkeit in Form einer Abgrenzung vom Anderen hervorzuheben ist. In der Definition von Einsamkeit als *subjektivem Gefühl des Verlassenseins,* welches sich vom Alleinsein als *objektivem Faktum des Verlassenseins* abgrenzt, schwingt die Absenz des Anderen unterschwellig mit und deshalb ist eine Verbindung zwischen einem Ich und einem Anderen bei den Einsamkeitsbetrachtungen unerlässlich. Dadurch lässt sich unsere Herangehensweise besser verstehen, wo sowohl die Interpretation des Individuums als auch die Einbindung des anderen Subjekts in unsere Überlegungen mit einfließen sollen.

Historisch betrachtet können in der Philosophiegeschichte zwei große Traditionen anthropozentrischen Denkens unterschieden werden, die beide nebeneinander ontologische und ethische Betrachtungen in ihren Kontexten geprägt und erst spät zueinandergefunden haben: der Bezug auf sich selbst und der Bezug des Selben zur Gemeinschaft bzw. zur Gesellschaft. Ohne dass wir nun die jeweils einzelnen präzisen Ausdifferenzierungen dieser beiden Traditionen hier anführen wollen, seien nur die Philosophen mit ihren Konzepten angeführt, die die beiden Traditionen fundiert und weiterentwickelt haben. Die erstere Tradition beginnt in der schon zuvor erwähnten europäischen Antike und umfasst die am Orakel von Delphi angebrachte Inschrift des: „Erkenne dich selbst!"[3] In der Zeit Sokrates' und dann Platons war dies ein Ausspruch großer Weisheit, der auf den Selbstbezug hindeuten sollte. Gemeint ist die Erkenntnis seiner selbst. Wir können diese erste Manifestation des Selbstbezuges als Möglichkeit verstehen, die wichtige Erkenntnis aus sich selbst holen zu können. Einige Zeit später wird Augustinus sich auf die Suche nach Gott begeben, indem er sich ebenfalls in sein eigenes Inneres begibt. In den *Confessiones* schreibt er, dass er sich Gott nur annähern könne, indem er in diesen Bereich seiner selbst eindrang, und folgendermaßen erklärt er diesen Vorgang für sich: „[...] betrat ich [...] mein Innerstes [...]"[4]. Mit dieser imaginären Reise in das Innerste glaubte Augustinus sich in der Lage, seinen Gott zu finden. Wir dürfen in diesen Überlegungen zum In-sich-selbst-Eintreten von den beiden beschriebenen Ansätzen nicht auch einen dritten Aspekt des Selbstbezuges vergessen. Jener Selbstbezug ist gemeint, welcher in der Philosophie mit der Entwicklung des Begriffs des Individuums und des Subjektes einhergeht. Vorläufer in diesem Sinne ist unserer Ansicht nach hierbei Boethius mit seinem Begriff der Person (*persona).* Er gibt uns eine inzwischen schon klassisch gewordene Definition dazu. Der Begriff Person bedeutet bei ihm „[...] die individuelle Substanz der vernünftigen bzw. vernunftfähigen Natur"[5]. Durch diese unmittelbare Abgrenzung der Person konnte es zu einer Kulmination des Rückbezuges auf das Selbst in der Epoche der Aufklärung kommen, mit der markanten Herauskristallisierung des Individuums/Subjektes. René Descartes und Immanuel Kant sind die beiden Philosophen, mit deren Konzeptionen die „Erfindung des Subjektes" Eingang in die Philosophie findet.

Parallel zu dieser Tradition, die den Selbstbezug in den Vordergrund stellte, können wir ein Denken ausmachen, das sich auf

---

3 „Γνῶθι σαυτόν". Eine der vielen Stellen, wo z. B. Platon auf diesen Ausspruch zurückkommt, der angeblich am apollinischen Orakel in Delphi angebracht worden ist, wäre Platon: Protagoras, 343b *In:* Platon: Sämtliche Werke. Band I. – Frankfurt am Main: Insel Verlag. 1991, S. 148f.

4 „[...] *intravi in intima mea* [...]". *In:* Augustinus: Confessiones: 7,10,16. (Augustinus: Bekenntnisse. Zweisprachige Ausgabe. – Frankfurt am Main/Leipzig: Insel Verlag. 1987, S. 334f.).

5 „[...] *naturae rationabilis individua substantia*". *In:* Boethius: Contra Eutychen et Nestorium, 3.

den Anderen in Form der Gemeinschaft oder der Gesellschaft bezogen hat. Um wiederum an die einleitenden Zitate anschließen zu können, wollen wir mit Aristoteles beginnen, der die uns schon bekannte negative Auffassung von Einsamkeit vertritt und dies unter anderem darauf begründet, dass „[…] der Mensch […] von Natur aus ein staatbezogenes Wesen [sei]“[6]. In diesem Sinne kann der Mensch gar nicht einsam sein, da er immer schon in eine gesellschaftliche Struktur eingebunden ist. Der damalige gesellschaftliche kollektive Rahmen ließ nur wenig möglichen Freiraum zu. Die Vergemeinschaftung in den griechischen Stadtstaaten hatte genau diese Ausrichtung zu ihrem obersten Ziel. Diese Vorstellung zur Gemeinschaft reicht unserer Ansicht nach bis ins Mittelalter herauf und lässt dadurch auch nur eine geringe Beschäftigung mit der Einsamkeit zu. Außer in der religiösen Mystik findet keine wirkliche Auseinandersetzung mit der Einsamkeit und der Einsamkeitserfahrung statt, weil diese auf diese Art und Weise noch nicht notwendig wurde. Ein vorerst letztes Aufleben des Denkens der Gemeinschaft finden wir in jenem Begriff, der die mittelalterliche Weltanschauung am besten verdeutlicht: die „gebundene Mentalität“[7]. Gemeint ist damit die enge Verstrickung des mittelalterlichen Menschen in Religion und Gemeinschaft. Interessanterweise gibt es heute in der soziologischen Forschung eine gewisse Bezugnahme auf die Gemeinschaft, wenn vom Individuum als „Divisum“ gesprochen wird. Damit wird verdeutlicht, dass das Individuum nicht mehr dieser „unteilbare“ Kern des Selbst sein muss; die Gegebenheiten dieser Forschungen stellen uns nämlich als Erkenntnis die Zusammengesetztheit des Subjektes zur Verfügung, wobei nur ein Teil davon das Selbst, der andere Teil aber gesellschaftliche Normen aus dem Prozess der Sozialisierung beinhaltet.

Wollen wir einmal von dieser modernen Wendung der soziologischen Forschung absehen, so ist unserer Ansicht nach Folgendes zu sagen: Die beiden großen Traditionsblöcke werden eigentlich erst im zwanzigsten Jahrhundert wirklich zusammengeführt in dem, was wir die Dialogik nennen; diese Zusammenführung ist auch

---

[6] „[…] ὁ ἄνθρωπος φύσει πολιτικὸν ζῷον […]“. *In:* Aristoteles: Politik; 1253a1 bzw. Aristoteles: Politik. *Ebenda.* S. 78.

[7] Ausführlich beschreibt z. B. Peter Dinzelbacher diese Form der Mentalität in: Dinzelbacher, Peter (Hrsg.): Europäische Mentalitätsgeschichte. Hauptthemen in Einzeldarstellungen. – Stuttgart: Kröner Verlag. 1993. S. 129ff.

unter dem Namen der „Philosophie der Begegnung zu zweit" bekannt. Bei dieser Zusammenführung möchten wir unsere Analyse ansetzen, um den schon erwähnten Kreuzungspunkt zwischen der Einsamkeit und dem Anderen ausarbeiten zu können. Überlegungen und Vorstellungen dazu sind aber nicht erst im zwanzigsten Jahrhundert entwickelt worden, sondern schon z. B. bei Hegel als Reflexionen zum Zusammenhang vom Selbst zum Anderen getätigt worden. Besteht doch ein enger Zusammenhang, der infolge unserer Analysen aufzuzeigen sein wird, zwischen dem Selbst/Ich und dem Anderen als anderem Menschen. Dazwischen steht jeweils eine ausgeprägte Situation der Differenz, die aber bei einer Reihe von Philosophen (Martin Buber, Jean-Paul Sartre, Emmanuel Lévinas, Paul Ricœur, u.a.) zugunsten der Erforschung der vorherrschenden Beziehung fallen gelassen wurde. Diese Beziehung oder besser gesagt Interrelation zwischen den beiden Polen ist von einer gewissen Komplexität geprägt. Vincent Descombes schrieb in seiner Darstellung zur französischen Philosophie dazu: „Der Übergang vom cogito zum cogitamus ist keineswegs der Übergang vom ‚Ich' der einsamen Meditation zum ‚Wir' einer Republik der Geister"[8]. Die Anspielung Descombes deutet hier natürlich von Descartes weg zu den Denkern des Anderen, was sich aber klar und deutlich nicht so ohne Weiteres durchführen lässt. Wir werden auf den folgenden Seiten der Arbeit sehen, wie ausgeprägt sich ein solches Denken des Anderen realisieren lässt. Nach dieser historischen Hinführung allgemeiner Natur soll nun endlich auf jene beiden Philosophen eingegangen werden, deren Werke Gegenstand unseres Textes sind.

II.

In mehreren Schritten wird nun diese schon im Incipit angedeutete Bewegung, welche sich in einer Metamorphose äußert, in diesem Buch dargelegt. Die grundsätzlichen Fragen zur Thematik sollen dann im Laufe dieses „Denkweges" beantwortet werden, immer mit der Intention die Bedeutung der Einsamkeit zu unterstreichen, die für die Philosophie des 20. Jahrhunderts unserer Ansicht nach

[8] Descombes, Vincent: Das Selbe und das Andere. (Le même et l'autre, frz.). Fünfundvierzig Jahre Philosophie in Frankreich 1933 – 1978. – Frankfurt am Main: Suhrkamp. 1981, S. 32.

wesentlich zu sein scheint. Wesentlich nicht zuletzt darum, weil durch das Verständnis des Bezuges zur Einsamkeit sich uns die Möglichkeit, fast müsste man sagen, die Notwendigkeit anbietet, den Bezug zum Anderen als dem anderen Individuum deutlich zu machen. Hierbei ist vorweg anzuführen, dass es sich um eine Form der Beschäftigung mit dem menschlichen Sein handelt – von Heidegger als das Dasein identifiziert – die unwiderruflich von der Einsamkeit, dem realen Getrennt-Sein vom Anderen, geprägt ist. Selbst die Philosophen, die durch die Einführung einer „Philosophie der Bewegung zu zweit", sich von dieser „Icheinsamkeit" (Ferdinand Ebner) zu distanzieren versuchen, können nicht darauf verzichten, Einsamkeit in verschiedenen KonTexten zu denken und zu analysieren. Einsamkeit erscheint somit als ein Zusatz des Individuums, der weder reduziert, noch eliminiert werden kann, selbst durch eine asymmetrische Annäherung des Anderen über die Verantwortung in der Philosophie Emmanuel Lévinas, wo das Ich dem Anderen immer schon ausgeliefert ist, kann die Einsamkeit nicht auf eine bloße Spur (*trace*) reduziert werden.

Interessanterweise lässt sich aber durchwegs, neben dem schon angeführten kurzen geschichtlichen Abriss zur Entwicklung des Selbstbezuges und des Bezuges zum Anderen, welche beide konvergent zur Entwicklung der Einsamkeit verlaufen, eine Veränderung der Einsamkeit (die von uns genannte Metamorphose) bemerken, die sich immer wieder in einzelnen Texten, welche von uns analysiert werden, manifestieren. Gerade aber diese Veränderungen der Einsamkeit bei den Denkern der Dialogik und den Denkern des Anderen wurden unseres Erachtens noch nicht sehr ausführlich bzw. in ihrer Gesamtheit wahrgenommen und obwohl beide Philosophen, die in diesem Buch behandelt werden – Martin Buber und Emmanuel Lévinas – jeweils ein ganzes Buch fast ausschließlich der Auseinandersetzung mit der Einsamkeit gewidmet haben und sich verstreut über ihr jeweiliges Gesamtwerk immer wieder Anhaltspunkte dazu finden lassen, fehlen die Gesamtdarstellungen dieser Thematik in der Sekundärliteratur beinahe zur Gänze. Dieser Ausschluss der Thematisierung der Einsamkeit in der Vielzahl von Monografien und Untersuchungen zu beiden Denkern, die wir zu dieser Thematik konsultiert haben, ist mitunter einer der Gründe für die Wahl dieser beiden Autoren für unsere Analyse. Wir werden in dieser Richtung als eines unserer Hauptanliegen die Bedeutung der Einsamkeit für die Dialogik bzw. das Denken des

Anderen herausarbeiten und dieser Thematik einen neuen Stellenwert zu geben versuchen.

Ein weiteres Argument für die Wahl dieser Philosophen besteht in der Nähe der beiden Philosophen bezüglich ihres Denkens, welches nicht zuletzt darauf beruht, dass sich beide Philosophen gewissenhaft bemüht haben, das Judentum als ihren Glauben ins Philosophieren einzubringen. Als jüdische Denker, obgleich sich eine Zugehörigkeit zu unterschiedlichen jüdischen Richtungen manifestiert – Martin Bubers Interesse galt dem Chassidismus, während Emmanuel Lévinas sich einer zu ersterer Richtung oppositionell verhaltenden Gruppierung, den Mitnagdim, zugehörig fühlte –, haben beide durch Gemeinsamkeiten in ihrem Denken und der Beschäftigung mit den Analysen des jeweils Anderen in den unterschiedlichen Punkten Übereinstimmungen bemerkt. Diese auch von einer Fülle von Autoren in der Sekundärliteratur bemerkten Relationen und Differenzen erscheinen uns eine gute Basis zu sein, um aufzuzeigen, wie spezifisch ihr jeweiliges Verständnis zur Einsamkeit eine klare Differenz darstellt. Über ein gemeinsames Ansinnen der beiden Philosophen wollen wir im Kontrast dazu das Thema der Einsamkeit präsentieren. Obzwar wir darauf hinweisen wollen, dass Emmanuel Lévinas *nicht* zu den Denkern der Dialogik dazugezählt werden darf, worauf wir noch zurückkommen werden, muss doch der Gemeinsamkeit Rechnung getragen werden und deshalb werden wir insgesamt im Laufe dieses Werkes immer wieder auch auf diese Gemeinsamkeiten zurückkommen, die uns Leitlinie für die Entwicklung des Begriffs der Bewegung der Einsamkeit sein können.[9]

Der erste Teil des Buches ist den philosophischen Überlegungen Martin Bubers gewidmet, wobei wir entschieden haben, uns in drei Schritten der Thematik der Bewegung der Einsamkeit zum Dialog anzunähern. Der erste Schritt soll in einer kurzen Dar-

---

9 Meine eingehende Auseinandersetzung mit den angedeuteten Übereinstimmungen und Gemeinsamkeiten fand ihren Niederschlag in einer Abschlussarbeit für ein *Diplôme d'études approfondies* in Geschichte der Philosophie (*histoire de la philosophie*) an der Universität Paris X Nanterre mit dem Titel: La lecture de Martin Buber par Emmanuel Lévinas. Les éléments de la dialogique: une perspective ontologique. – Paris: Phil. Master. 2004. Diese schriftliche Arbeit wurde unter der Ägide von Catherine Chalier ausgeführt und in Folgendem werden einzelne darin entwickelte Analysen in diesem Buch vor allem in den Abschnitten zu Emmanuel Lévinas Eingang finden.

stellung der Auffassung Bubers zum Individuum – dem Ich – getätigt werden, insofern jede Einsamkeitsbetrachtung immer von einem Individuum aus getätigt werden muss, welches einsam sein kann. Der zweite Schritt beschäftigt sich mit den Ausdifferenzierungen der Einsamkeit zu diesem Ich: Wir stützen uns dabei auf das Hauptwerk dazu bei Buber: „Das Problem des Menschen"[10]; dies geschieht aber auf jeden Fall im Zusammenhang mit sämtlichen sonstigen Interrelationen und Bezügen zu anderen Stellen im Gesamtwerk dieses Philosophen, da nur so eine ausführliche Behandlung der Einsamkeit möglich ist. Hierbei wird vor allem der geschichtlichen Aufarbeitung der Einsamkeit im Wandel von Zeit und gesellschaftlichen Gegebenheiten bei Buber unser Interesse gelten. Da die beiden ersten Schritte sich jeweils auf das Individuum beziehen, soll nun im dritten Schritt die Auswirkung aufgedeckt werden, welche die Integration des Anderen – das Du – in dieser Form der Konzeption hat. Unser Interesse wird dabei in der Frage liegen, wie sich die Einsamkeitsvorstellung durch den „Beginn" des Dialoges oder auch des von Michael Theunissen geprägten Begriffes einer „negativen Ontologie des Zwischen"[11] verändert. Dort lässt sich nämlich bemerken, dass der Begriff der Einsamkeit sehr wohl „in Bewegung" gerät.

Nach diesen ausführlichen Analysen zu Buber gehen wir im zweiten Teil zu einer Erörterung der Philosophie von Lévinas über, wenngleich die drei Schritte ungefähr dieselben bleiben sollen wie im ersten Teil. Einer ersten Beschreibung der Begrifflichkeit zum Individuum, welche bei Lévinas wesentlich komplexer ist, insofern er das Ich in vier Formen einführt: das Individuum, ich, Ich und Sich (*je, moi, Moi* und *soi*), folgt in einem zweiten Abschnitt die Herausarbeitung der lévinasschen Vorstellung zur Einsamkeit. Unser Ausgangspunkt ist hierbei das zu Beginn seiner philosophischen Karriere publizierte Buch: „*Le temps et l'autre*" (*TA*). Vor allem in jenem Kontext schreibt sich Lévinas Begrifflichkeit zur Einsamkeit ein und diese kann durch ergänzende Zitate aus seinem Gesamtwerk in ihrer Fülle vervollständigt werden. Der Abschluss

---

[10] Buber, Martin: Das Problem des Menschen. *In:* Buber, Martin: Werke. Band 1. Philosophische Schriften. – Heidelberg: Kösel-Verlag und Verlag Lambert Schneider. 1962, S. 307 – 408.

[11] *Vgl.* Theunissen, Michael: Bubers negative Ontologie des Zwischen. *In:* Philosophisches Jahrbuch. Im Auftrag der Görres-Gesellschaft. – München: 1964, S. 319 – 330.

dieses Teiles wird ebenfalls der Berücksichtigung des Denkens des Anderen gewidmet, wobei sich herausstellen wird, dass Lévinas durch die Einführung des Anderen, der immer schon dem Ich vorausgeht, versucht ist, die Einsamkeit – zuvor als dem Bereich der Ontologie zugehörig identifiziert – zugunsten einer Ethik zu eliminieren. Ein Unterfangen, welches nur mit einigen Schwierigkeiten ausführbar ist, worauf unsere Interpretationen zurückkommen werden. Wir stützen uns dabei zusätzlich auf die wenigen philosophischen Arbeiten, die in der Sekundärliteratur zu finden sind, welche nützliche Hinweise zur Problematik geben können. Dieser Umstand der Elimination wir dann auch im dritten Teil unseres Werkes von großer Bedeutung sein.

Abgerundet werden soll unser Buch im dritten Teil durch eigene Überlegungen und eine Kritik der zwei unterschiedlichen Ansätze, wo sehr genau auf die Chancen eines Denkens des Anderen für den Begriff Einsamkeit in der Philosophie eingegangen werden soll. Zum Ausgangspunkt hierfür kann uns einerseits unser selbst entwickeltes Konzept der Bewegungen der Einsamkeit bei Friedrich Nietzsche dienen, welches denkerisch um die Position des Anderen erweitert wird. Wir sehen dazu vor allem im Begriff der Freundschaft eine Möglichkeit, sowohl der Einsamkeit als auch dem Anderen gerecht zu werden. In diesem Sinne ist unserer Meinung nach eine Form von philosophischer Anthropologie möglich, in deren Kontext nicht nur das Selbst, sondern ebenfalls der Andere schon integriert ist. Integrierender Bestandteil in diesen Belangen soll das Konzept der Freundschaft als besonderes Element des Anderen sein. Das verbindende Glied in dieser Zweierkette ist die Einsamkeit oder besser gesagt die Einsamkeit in Bewegung. Somit wird dem Titel unserer Arbeit von der Metamorphose der Einsamkeit zum Dialog Rechnung getragen und über das Denken von Lévinas und Buber zu einer philosophischen Einbindung der Einsamkeit in den aktuellen philosophischen Diskurs beigetragen. Mit dieser kurzen Vorstellung der drei Teile unseres Buches sind unserer Meinung nach die Voraussetzungen geschaffen worden, dass wir unseren Haupttext beginnen lassen können.

Vorwegnehmen möchten wir nur noch einige notwendige Bemerkungen zu unserem Text, die die Wahl einzelner Methoden klarer machen können. In diesem Text werden die Siglen ausschließlich für das Werk von Emmanuel Lévinas und jenes von Friedrich Nietzsche verwendet, da der Text nicht mit einer Vielzahl von verschiedenen Siglen überladen werden soll und sich durch die Verwendung von Siglen auch bei den Texten von Buber diese vervielfachen würden. Die Struktur der Texte etwa in den gesammelten Schriften Martin Bubers würden mindestens viermal so viele Siglen für unseren Text notwendig machen. Die verwendeten Ausgaben der Werke von Emmanuel Lévinas beziehen sich hauptsächlich auf die Neuauflagen, welche vom französischen Taschenbuchverlag „Le livre de poche" herausgegeben wurden. Das Format dieser Bücher ist nicht identisch mit jenem der ersten Auflagen, welche aber im Handel nicht mehr erhältlich sind. Bei Martin Buber wird auf die schon etwas älteren gesammelten Schriften in drei Bänden sowie auf die sieben schon publizierten Bände zur im Entstehen begriffenen Martin-Buber-Werkausgabe (MBW) in 21 Bänden zurückgegriffen. Die Referenzen zu den Werken von Martin Buber, sowie sämtliche Sekundärliteratur werden jeweils in den Fußnoten angegeben. Vorwegnehmen möchten wir, dass wir in unserem Haupttext alle fremdsprachlichen Texte und Zitate in die deutsche Sprache übersetzen – immer beruhend auf die eigenen Sprachkenntnisse und Überlegungen, sowie manchmal im Rückgriff auf schon vorhandene und uns zugängliche Übersetzungen - zugunsten einer besseren Lesbarkeit des Werkes. Bisweilen werden einzelne wichtige Begriffe in Klammern in der Originalsprache der Übersetzung der Begriffe beigefügt und, soweit die Originalzitate nicht ein gewisses Maß an Länge überschreiten und dies zum Verständnis des Zitates nötig ist, werden diese in der Originalsprache in den Fußnoten in ihrem vollen Ausmaß wiedergegeben.

Unser Text verwendet die so genannte „neue" Rechtschreibung, welche seit dem 31. Juli 2005 in den deutschsprachigen Ländern verbindlich ist. Ausnahmen kommen nur im Falle von Zitaten älterer deutscher Texte vor, wie dies bei allen Texten von Martin Buber, aber auch bei Texten etwa von Friedrich Nietzsche der Fall ist. Ein weiterer wichtiger Punkt ist unserer Ansicht nach der Hinweis, dass alle verwendeten Bezeichnungen sowohl das männliche als auch das weibliche Geschlecht umfassen. Auf eine ausdrückliche Kennzeichnung beider Geschlechter wird zugunsten der besseren Lesbarkeit verzichtet, nicht aber auf den Hinweis zur Kenntnis der Problematik. Durch verschiedene Schriften zu dieser Problematik wurde uns die oftmals sehr patriarchalische Verwendung der deutschen Sprache bewusst und deshalb wollen wir darauf reagieren. Da aber bis jetzt unserer Ansicht nach keine wirklich gute Lösung zur Überwindung bzw. der Gleichberechtigung der Geschlechter in der Sprache gefunden wurde, beschränken wir uns damit, diesen Hinweis am Beginn unseres Textes einzufügen. Als Beispiel sei hierbei besonders auf den philosophischen Begriff des „Anderen" hingewiesen, der wie im Französischen (*autrui*) zu verstehen ist, wo er beide Geschlechter beinhaltet. Leider geht dieser geschlechtsneutrale Begriff in der Übersetzung durch „der Andere" etwas verloren. Nichtsdestotrotz sollte jedoch immer auch die Andere mitgedacht werden. In diesem Sinne wollen wir nun zum Hauptteil unseres Buches übergehen und mit dem ersten Teil zu Martin Buber beginnen.

Teil I: Von der Einsamkeit zur Dialogik bei Martin Buber

1. Die Isolation des Ich[12]

In der Überschrift dieses Kapitels wollten wir das eher schwierige Unterfangen demarkieren, welches unseren Einstieg ins Denken Bubers auszeichnet, nämlich die Isolation des Ich aus den zwei fundamentalen Bezügen für Bubers Dialogik: die Bezüge Ich/Du des Dialogs und die Bezüge Ich/Es der Objektwelt. Wir sind uns durchaus bewusst, dass dieser Eingriff in die Philosophie Bubers selbst wieder einige Fragen aufwirft, insoweit klar ist, dass sich das Ich aus den beiden Bezügen eigentlich nicht so leicht extrahieren lässt, weil Buber gerade die Interrelation in den Vordergrund stellt. Ein Ich ohne den oder das Andere ist in diese Richtung gedacht eigentlich kein wirkliches Ich mehr. Nichtsdestotrotz müssen wir uns dieser Gefahr des verschwindenden Ich stellen und damit beginnen, vorsichtig jene Ich-Struktur herauszulösen, die als Voraussetzungen einerseits speziell für die Behandlung der Einsamkeit dieses Ich und die dazugehörigen Schlüsse wichtig sind, andererseits allgemeiner für die Dialogik von Bedeutung sein müssen. Damit wollen wir darauf hinweisen, dass Buber nicht voraussetzungslos einfach ein Du dem Ich an die Seite gestellt, sondern sich klar und dezidiert mit dem Ich auseinandergesetzt hat. Dieses Ich jedoch ist nicht eines, sondern spaltet sich auf in unterschiedliche Formen des Ich, sozusagen in ein Ich im Plural. Können wir aber wirklich eine solche Aussage deklarieren oder ist es nicht vielmehr Lévinas dann in der

---

12 Die wichtigsten Referenzwerke zur Philosophie Bubers, die auch in diese Darstellungen Eingang gefunden haben, sind folgende Bücher: Sánchez Meca, Diego: Martin Buber. – Barcelona: Empresa Editorial Herder. [2]2000; Schilpp, Paul und Friedman, Maurice (Hrsg.): Martin Buber. Deutsche Übersetzung. – Stuttgart: Verlag W. Kohlhammer. 1963; Babolin, Albino: Essere e alterità in Martin Buber. – Padova: Editrice Gregoriana. 1965. (Collana di studi filosofici – 10); Bon, Giuseppe: La filosofia dialogale di Martin Buber. – Firenze: Rosini Editrice. 1998; Dilger, Irene: Das Dialogische Prinzip bei Martin Buber. – Frankfurt am Main: Haag + Herchen Verlag. 1983 und Licharz, Werner und Schmidt, Heinz (Hrsg.): Martin Buber (1878 – 1965). Internationales Symposium zum 20. Todestag. Band 1. Dialogik und Dialektik. – Frankfurt am Main: Haag + Herchen Verlag. [2]1991. Zusätzlich müssen wir nochmals darauf hinweisen, dass seit einiger Zeit schon eine neue Werkausgabe von Martin Buber geplant wurde. Von den 21 geplanten Bänden sind bis zur Fertigstellung des Werkes leider nur sieben Bände publiziert worden, die uns zur Verfügung gestanden haben.

Folge Bubers, welcher konsequent das Ich einer genaueren Analyse in seiner Vielfalt unterzieht? Wir werden sehen können, dass Buber ebenso nicht umhin kommt, das Ich aus verschiedenen Perspektiven zu betrachten, um dabei eine Eingrenzung vorzunehmen, die das Ich darstellen kann.

Das Ich ist die Form der Bezeichnung des Individuums für sich selbst und verhilft diesem Selbst zu sein bzw. das eigene Selbst vom Anderen abzugrenzen. Das Ich ist im selben Augenblick auch Bezeichnung des Sprechers, denn Ich-Sagen beinhaltet die besagte Rückbezüglichkeit auf sich selbst. Der Andere in seiner Andersheit stellt sich der Selbstdeklaration des Ich-Sagenden entgegen und birgt den Widerstand in sich, welchem der Ich-Sagende in seiner Deklaration begegnet. Laut Buber geschieht im Ich-Sagen schon ein immanentes Du-Sagen oder noch präziser formuliert, in der Öffnung zum Du-Sagen, kann ein Ich im eigentlichen Sinn erst Ich sagen. Das Ich hat für gewöhnlich eine große Anzahl an weiteren Funktionen in der Sprachverwendung und darum erscheint es uns wichtig zu sein, bei der in diesem Kapitel einzuführenden terminologischen Verwendung des Ich noch kurz zu verweilen. Wie sicherlich schon bemerkt worden ist, wollen wir für die terminologische Klarheit im Kontext von Bubers Philosophie hauptsächlich auf das Personalpronomen Ich zurückgreifen, wenn der Begriff des Individuums damit bezeichnet wird. Diese Wahl hängt zusammen mit der bei Lévinas sehr ausgereiften terminologischen Verwendung von Bezeichnungen für die Teile des Individuums. Wir werden dort nämlich noch speziell die Teile des Sich, des ethischen Ich und des Ich zweiter Ordnung als Unterbegriffe für das Individuum vorfinden. Buber selbst hat das Ich als Begriff für die Festlegung des Individuums in Abgrenzung zum Du verwendet und dadurch den Ausgangspunkt für unsere terminologische Wahl getroffen. Wir können nun zum Abschnitt der Entwicklung des Ich im Werk Bubers übergehen.

1.1. Die Entwicklung des Ich im Werk Bubers

Wie schon erwähnt, ist unser Unterfangen für dieses Kapitel fundiert im Versuch einer Isolation des Ich bei Buber. Weshalb aber sprechen wir von Isolation? Ein wesentlicher Faktor in diesem Kontext wird von Michael Theunissen angeführt: Diesem Denker geht es in seiner Darstellung der Philosophie Bubers vordergründig um die Klarstellung des Umstandes, dass Martin Buber den Ausgangspunkt für seine Reflexionen weder vom Ich noch vom Du aus vornimmt. Selbst der Dritte ist nicht als Ausgangspunkt für die Erklärung dieses Denkmodells vorgesehen, d.h. wir haben es explizit mit einer Kritik des Idealismus zu tun, wo die Reflexionen noch beinahe ausschließlich auf ein Ich zentriert wurden.[13] Der fehlende Ausgangspunkt wird für uns in gewisser Weise zum fehlenden Ansatzpunkt. Durch die Betonung des *Zwischen*bereiches in der Philosophie Bubers kommt nämlich unserer Ansicht nach die Beschreibung der äußeren Positionen des Ich und des Du unter Umständen etwas zu kurz. Die bisweilen fehlende Ausarbeitung der Vorstellung zur Konstruktion des Ich lässt uns, um es vorwegzunehmen, nicht in ausreichendem Maße jenen Grund definieren, welcher der Einsamkeit im Ich die Entfaltung ermöglicht. Nichtsdestotrotz werden wir nun die Entwicklung im Werk Bubers genauer analysieren und dabei auf die besagte Isolation gründlicher eingehen, um zu einer möglichst klaren Position gelangen zu können.

Ein zweites Hindernis auf dem Weg zum Verständnis des Ich bei Buber besteht darin, dass Buber uns vorerst eigentlich keine positive Beschreibung des Ich gibt, sondern seine Vorstellung des Ich manchmal auf den Begriff des Ausschlusses, der Negation hindeutet.[14] Dies will aber wie schon erwähnt nicht heißen, dass Buber keine Beschreibung des Ich einführt, ganz im Gegenteil: Wir müssen nämlich die Annahme tätigen, dass die Instanz des Ich sogar eine ganz besondere Bedeutung für seine Philosophie hat. Buber geht soweit, dass er an einer bestimmten Stelle seines Werkes erklärt,

---

13 *Vgl.* dazu Theunissen, Michael: Der Andere. Studien zur Sozialontologie der Gegenwart. – Berlin/New York: Walter de Gruyter. [2]1977, S. 265.

14 Wir wollen in diesem Kontext nicht stärker die angeführte Negativität entwickeln. Trotzdem sind hier die Gründe und Voraussetzungen dieser Negativität anzuführen, welche besonders bei Michael Theunissen genaueren Untersuchungen unterzogen wurden. Theunissen weist z. B. bei der Beschreibung der Beziehung vom Ich zum Du auf die Form des *Ausschlusses* hin (*Vgl.* Theunissen, Michael: Bubers negative Ontologie des Zwischen. *In: Ebenda,* S. 23). Weiters geht Theunissen im zweiten Teil seiner Habilitation auf das Problem der Negativität ein, diesmal besonders im Hinblick auf die Ontologie bei Buber. (*Vgl.* Theunissen, Michael: Der Andere. *Ebenda.*). Emmanuel Lévinas deutet diese Problematik an einzelnen Stellen in seinen Werken an und zwar in *AE,* S. 28 und in *DMT,* S. 151.

dass das Ich „[…] das wahre Schibboleth der Menschheit"[15] sei. Der Wert des Ich ist somit in seiner vollen Stärke als das Erkennungszeichen für die Menschheit dargestellt. Während wir aber bis jetzt das Ich bei Buber ausschließlich in der vorgesehenen Großschreibung der deutschen Sprache verwendet haben, müssen wir nun die Unterscheidung von einem *i*ch zu einem *I*ch einführen. Buber selbst hat diese Differenzierung schon in seinem frühen Text „Daniel" eingeführt, wo die Erfahrung des Protagonisten Daniel, welcher einen kleinen Bergsee gesehen hat, die Veränderung seines Ich bewirkt.[16] In dieser Begebenheit schildert uns Buber die Transformation des Ich, welches bloß wahrnimmt, zu einem Ich, welches eingebunden ist in die Welt, die es umgibt. Auszugehen ist dabei von einer Art des Mit-der-Welt-Seins.[17] Die Verbindung zwischen der Welt und dem Ich erschafft erst jenes Ich, welches dann im Verlauf der Philosophie Bubers in der Lage ist, sich von einem Du ansprechen zu lassen. Buber behält diese Form der Verdoppelung des Ich auch in jenen Werken bei, wo er nicht mehr die grafische Unterscheidung verwendet. Sein Hauptaugenmerk bleibt auf der zweiten Form des Ich. In diesem Zusammenhang steht auch die Verankerung der beiden unterschiedlichen Formen des Ich in den so genannten beiden Grundworten.

Grundsätzlich ist zu sagen, dass aus der Abgrenzung von der idealistischen Philosophie heraus allgemein in der dialogischen Philosophie von einem Ich ausgegangen wird, das als faktisches Ich anzuerkennen ist.[18] Der Idealismus enthält eine Tendenz das Ich als abstraktes Konstrukt zu begreifen, welches sich selbst genügt und der Welt, den Objekten und dem Du gegenübersteht. In der Dialogphilosophie wurde der Versuch unternommen davon abzugehen, denn die Faktizität bezieht sich auf den Umstand, dass in der Dialogik immer ein menschliches Ich gemeint ist, wenn vom Indi-

---

15 Buber, Martin: Ich und Du. *In:* Werke. Band I. Philosophische Schriften. *Ebenda,* S. 122.

16 *Vgl.* Buber, Martin: Daniel – Gespräche von der Verwirklichung in: Frühe kulturkritische und philosophische Schriften (1891-1924). Bearbeitet, eingeleitet und kommentiert von Martin Treml. – Gütersloh: Gütersloher Verlagshaus. 2001. (Martin Buber-Werkausgabe, Band 1), S. 238ff. – 244 bzw. vor allem S. 243.

17 *Vgl.* dazu den nächsten Abschnitt dieses Buches zu den Bezügen des Ich bei Buber.

18 *Vgl.* Theunissen, Michael: Der Andere. *Ebenda,* S. 245.

viduum die Rede ist. Das Ich des effektiven Menschen nimmt der Logik gemäß eine völlig neue Position zur Welt und zum Anderen ein. Die Konkretisierung des Ich als menschliches Ich realisiert auch für unser Interessensgebiet der Einsamkeit einen neuen - wenn wir dies so nennen können - konkreten Raum zur Erörterung. Bubers Ich als solches muss für unsere Analyse in diese Richtung der Faktizität angesiedelt werden. Weder in den philosophischen, noch in den religiösen Erörterungen des Ich fehlt bei Buber jeweils der Verweis auf das menschliche Ich. Auch seine Betrachtungen zur Einsamkeit des Individuums lassen sich mit dem faktischen Ich in Verbindung bringen. Deshalb haben wir diesen Hinweis auf die Faktizität hier vorweggenommen. Der Hinweis auf das faktische Ich dient schlussendlich dem besseren Verständnis der Entwicklung des Ich im Werk von Buber, die besonders gut in Bubers Werk „Ich und Du“ ausgeführt wird.

Buber beginnt sein Hauptwerk „Ich und Du“ mit zwei Grundworten, die im eigentlichen Sinn des Wortes „Grund“ seiner Philosophie zugrunde liegen: Ich/Du und Ich/Es. Diese beiden Grundworte stellen die Basis für den Menschen dar. Buber schreibt dazu im Regress auf eine schon getätigte Trennung in „Daniel“: „Somit ist auch das Ich des Menschen zwiefältig“[19]. Ich/Du und Ich/Es stellen die unterschiedliche Relation von zwei verschiedenen Formen des Ich zu einem Du bzw. einem Es dar. Das Du steht hierbei für den anderen Menschen, sprich das Individuum, während das Es Platzhalter für die objekthafte Welt ist. Als Zusatz zu dieser Trennung wird etwa nicht nur mehr das Ich-Sein, sondern ebenfalls das Ich-Sagen eingebunden und wir befinden uns dadurch in einer noch weiter ausgebauten Ebene des Ich. Hierbei steht ebenso eine unterschiedliche Hierarchisierung der beiden Arten des Ich im Vordergrund. Buber drückt nämlich mit diesem Denken des doppelten Ich aus, dass das Ich-Sein in gewisser Art und Weise sogar *vorichhaft* sei im Bezug auf die Beziehung zwischen dem Ich und einem Du. In diesem Falle ist das Ich immer schon und von Grund auf integriert in eine Beziehung und dies schon vor der eigentlichen Teilnahme an dieser Beziehung. Wir haben es mit einer anfänglich, wenn man so will, sehr schwer zu verstehenden Interdependenz zwischen dem Schon und dem Noch-Nicht der Teilhaftigkeit zu tun.

---

[19] Buber, Martin: Ich und Du. *In:* Werke. Band 1. Philosophische Schriften. *Ebenda,* S. 79.

Wie aber kann das Ich als solches schon Teil einer Beziehung sein, ohne zu Beginn Bestandteil dieser Beziehung geworden zu sein? Diese komplexe Reflexion ist unserer Ansicht nach besser zu verstehen im Wissen, dass das Ich bei Buber kein Ich ist, welches sich selbst genügt. In Opposition zum deutschen Idealismus, und hier lässt sich sehr gut die schon genannte Negativität des Ich verstehen, kann das Ich bei Buber nicht Ich werden, solange kein Du vorhanden ist. „Der Mensch wird am Du zum Ich."[20] Nur das Du schafft die Voraussetzung, ein Ich entstehen zu lassen und wird dadurch zur notwendigen Kondition für das Ich.

Wir müssen jedoch noch einen Schritt weiter gehen. Es gibt bei Martin Buber eine gewisse Tendenz des Menschen, sich an das anzunähern, was Buber die Essenz des Eigenwesens nennt. Wie schon in unserer Einleitung kurz angerissen, können wir hier wiederum Merkmale ausmachen, wie sie in den unterschiedlichen Manifestationen des Selbstbezuges zum Vorschein kommen. Buber erklärt, dass, je stärker dieser Bezug zum Eigenwesen wird, desto mehr verunmöglicht er die Existenz des Ich an sich. Im Grundwort Ich/Es geschieht gerade dieser Rückbezug auf sich selbst, welcher das Sein ausschließlich als Subjekt zulässt. Währenddessen öffnet sich in der Beziehung Ich/Du nach Buber der Raum der Subjektivität.[21] In diesem Raum tendiert das Ich mehr und mehr dazu, zu einer stärkeren und höheren Relation überzugehen:

> „Die echte Subjektivität kann nur dynamisch verstanden werden, als das Schwingen des Ich in seiner einsamen Wahrheit. Hier auch ist der Ort, wo das Verlangen nach immer höherer, unbedingterer Beziehung, nach der vollkommenen Teilnahme am Sein sich bildet und emporbildet."[22]

Der Subjektivität wird ein besonderer Status zuerkannt. Und diese Subjektivität ist wohl unterschieden von der Subjektivität bei Descartes oder von jener bei Kant aufgrund der Implikation der Position des Anderen, welche Platz lässt für die Möglichkeit des Ich. Ein Verständnis des Ich, wie es Buber an den Tag legt, basiert vor allem auf einer Konzeption des Menschen als getrenntes Sein von der Welt, die es umgibt. Das Ich bei Buber ist grundsätzlich „Nicht-

---

[20] *A.a.O.* S. 97.

[21] *Vgl. a.a.O.* S. 120.

[22] *A.a.O.* S. 121.

Objekt-Sein"[23] und unterscheidet sich dadurch grundsätzlich auch von der Vorstellung bei Jean-Paul Sartre, dass das Ich durch den Blick des Anderen zum Objekt wird. In der Darstellung des Ich als einem Phänomen außerhalb der Welt der Objekte hängen noch weitere Aspekte mit in der Diskussion zusammen.

Die gemeinten Begriffe im Zusammenhang mit der Subjektivität des Ich und der dadurch fehlenden Objekthaftigkeit wurden von Buber langsam und immer in Abgrenzung zu den Manifestationen der Ich/Es–Relation eingeführt. Der *Vergegenständlichung* in der objekthaften Welt wird eine *Verseelung* in der Ich/Du – Relation gegenübergestellt. Die Verseelung müssen wir hierbei als Faktor verstehen, der die Seele als Phänomen beinhaltet und gleichzeitig kein Objekt ist. Deshalb kann ihm weder ein bestimmter Ort, noch eine klare Grenze zugewiesen werden. Eine klare Grenze zieht Buber ebenso in der Trennung von Subjekt und Objekt in der objekthaften Welt, die in besagter Unterscheidung zur Subjektivität in der anderen Beziehung steht. Die Subjektivität ist das tragende Element des Ich, welches dadurch dem Du begegnen kann. Die Subjektivität öffnet einen Bereich, in welchem sich das Ich als solches dem Du präsentiert und als Wahrnehmungsmodus des Anderen anzuerkennen ist. Während nun die Ich/Es Relation ein Verhältnis der Vergangenheit darstellt, kann die Ich/Du Relation als Aspekt der Gegenwart wahrgenommen werden. In dieser zeitlichen Ausdifferenzierung bei Buber erfahren wir, dass die trennende Welt immer schon war, während die Begegnung mit dem Du gegenwärtig ist. Das Ich der Vergangenheit wird zu einem Ich der Gegenwart. Somit wird auch der zeitliche Rahmen für die beiden Relationen ein wesentlich anderer.

Ein unserer Ansicht nach sehr bedeutender Aspekt in den Relationen zeigt sich beim Ich, wenn wir uns die Reflexionen von Theunissen zu eigen machen. Dieser erörtert in seinem Werk „Der Andere" die Abgrenzung Bubers von der Vorstellung zur Intentionalität bei Husserl, indem er verdeutlicht, dass dem Ich eine wesentliche Bedeutung dadurch zukommt, dass es selbst jeweils bestimmt, welche Relation diesem gegenüber eingenommen wird:

---

[23] Buber, Martin: Elemente des Zwischenmenschlichen in: Schriften zur Psychologie und Psychotherapie. Herausgegeben, eingeleitet und kommentiert von Judith Buber Agassi. – Gütersloh: Gütersloher Verlagshaus. 2008. (Martin Buber-Werkausgabe, Band 10), S. 92.

„*Ich*, dieser sich so oder so verhaltende Mensch, bin es also, der etwas zu einem Du oder Es ‚macht'. Je nach dem Wechsel meiner Einstellungen verwandle ich, was eben noch Es war, in ein Du und, was Du war, in Es."[24] Dem Ich wird die aktive Kraft verliehen, das Es und das Du umzuwandeln in ihr jeweiliges Anderes. Erst die Aktivität des Ich vermag also den Unterschied zu den zwei Relationen zu schaffen, wenngleich durch das In-Relation-Treten das Ich selbst wiederum verändert wird, wie wir in diesem Abschnitt dies kennen gelernt haben. Theunissen nennt dieses Modell ein Modell der „Horizontintentionalität". Die Intentionalität[25] wird hierbei als Bestandteil des Ich verstanden und verleiht diesem unserer Ansicht nach eine besondere Bedeutung. Dadurch wird also das Ich ein wichtiger und tragender Aspekt für die Konzeption der Dialogik und es besitzt möglicherweise einen gleichgestellten Wert zum Du. Wie aber lässt sich nun die unterschiedliche Definition des Ich in den beiden Relationen – obwohl wir wissen, dass die Intentionalität in beiden Fällen gegeben ist -, weiter ausbauen bzw. genauer festlegen? Eine Antwort dazu finden wir im Begriff der *Transzendenz*.

In der Veränderung des zeitlichen und sich manifestierenden Status des Ich können wir ein Phänomen erkennen, welches durch diesen Aspekt in Gang gebracht wird, nämlich die Transzendenz. Wir dürfen, an diesem Punkt angelangt, nicht verschweigen, dass dem Ich in Relation mit dem Du laut Buber die Geburt der Transzendenz inhärent ist. Wenn wir nämlich in der Objektwelt von den Grenzen zwischen den Objekten und den Subjekten sprechen, von einer Trennung ebenso bei Raum und Zeit, so können wir als distinktives Merkmal dieser Objekthaftigkeit in erster Linie die Grenze feststellen: Es handelt sich somit um eine einge*grenzte* Wirklichkeit. Wenn nun die Grenzen alles umfassen bzw. die Ränder der Objekte darstellen, so besteht hierbei keine Möglichkeit des Ich diese

---

24 Theunissen, Michael: Der Andere. *Ebenda*. S. 279.

25 Wir möchten die Intention des Ich unterstreichen, weil sie eines unserer besonderen Elemente im dritten Teil sein wird, um ein Modell erstellen zu können, welches die Einsamkeit mit dem Anderen zusammenbringen kann. Die Freundschaft kann als Sonderform des Anderen angesehen werden und basiert auf korrespondierenden Intentionen vonseiten des Individuums und vonseiten des Anderen. Ist nämlich das Du oder der Andere eine Vorstellung, die dem Individuum immer schon vorausgeht, so sehen wir in der Freundschaft eine selbst gewählte, intentionale Verbindung. Besser wollen wir dies im dritten Teil dieser Arbeit ausführen.

Grenzen zu überwinden. Das Ich bleibt in diesem Kontext eingegr*enzt* von den Grenzen der Objekte. Die Transzendenz als Überschreitung der Grenzen hat also noch keine Berechtigung in dieser Relation. Mit der intersubjektiven Beziehung zwischen Ich und Du stehen sich plötzlich zwei Individuen gegenüber, die laut Buber schon in ihrer Relation die Grenzen überschritten haben. Gegenüber den anderen Objekten hat das Ich bei Buber Grenzen, welche von uns auch als die ontologische Differenz identifiziert werden kann. In der Relation von einem Ich zum Du sieht es unserer Ansicht nach so aus, als würde das Ich eigentlich keine Grenzen mehr haben, ebenso wenig, wie das Du keine Grenzen innehat. Das Sein als sich zwischen dem Ich und dem Du konkretisierendes Element verhindert in gewisser Art und Weise das Zustandekommen von Grenzen. Das heißt aber nicht, dass die Grenzen dadurch auch in der anderen Relation zu den Objekten abhanden kämen, sondern eigentlich nur, dass die Begrenzung zwischen den Individuen aufgehoben wird. Dadurch beginnt die effektive Transzendenz, welche nur der Relation Ich/Du und nicht der Relation Ich/Es zugerechnet werden kann.

Wir wollen hier auch schon auf den feinen Unterschied hinweisen, den die bubersche Konzeption zu jener von Lévinas besitzt, welche wir etwas später kennen lernen werden. Bei Buber zeigt sich die Transzendenz als das Merkmal der Relation von Ich und Du und meint ein dem Wesen dieser Beziehung anhängendes Merkmal, welches noch verstärkt wird durch die Abgrenzung von der Ich/Es–Relation. Das Ich in der Relation zum Du ist schon ein sich der Grenzen entledigtes Ich. Bei Lévinas werden wir sehen, wie die Transzendenz als Bewegung zu verstehen ist, die in zwei Arten von Transzendenz zu unterscheiden ist. Es gibt die Transzendenz, die durch das Vergnügen ausgelöst wird, aber nur eine Transzendenz des Ich darstellt, die in einem Bogen wieder auf das Ich zurückfällt; es gibt aber auch die Transzendenz, welche als Bewegung punktuell durch die Andersheit des Anderen initialisiert wird und das Individuum befähigt, seine eigenen Grenzen zu transzendieren. Diese eigentliche Transzendenz weist über das Individuum hinaus und beinhaltet keine Rückkehr mehr zum Selbst des Individuums. Wesentlich ist auch, dass bei Buber das Ich immer wieder der Welt der Objekte ausgesetzt ist und dadurch seine Grenzen „zurückerhält". Bei Lévinas ist dieser Aspekt nicht in diesem Ausmaß verdeutlicht worden.

Die Transzendenz im Ich und Du zeigt unserer Ansicht nach den wesentlichsten Aspekt auf, den die Reflexion Bubers erreicht hat. Eines der Hauptargumente der Dialogik ist neben dem Aspekt des faktischen Ich, welches sich gegen das abstrakte Ich des Idealismus durchsetzt, die Möglichkeit der Transzendenz. Durch die Transzendenz wird nicht nur die Grenzüberschreitung vom Ich deklariert, sondern ebenso die Reflexion geöffnet hin zu einer Bedingung für die Eigenständigkeit des Anderen. Hat der Idealismus noch die Vorstellung vom Anderen als aus dem Individuum heraus Gedachtem, so offeriert die Dialogik bzw. die Philosophie Bubers die Eigenständigkeit des Anderen, welcher neben dem Individuum bestehen kann. Nicht Vereinnahmung des Begriffs des Anderen, sondern die Gleichstellung des Ich mit dem Du wird vollzogen. Durch die Gleichstellung und Gegenseitigkeit von Ich und Du erschafft Buber einen konkreten Bezug zwischen den beiden Instanzen und wir müssen dieser Vorgabe in unserer Analyse folgen. Wie wir gleichzeitig von Beginn unserer Analyse des Ich an bemerkt haben, ist das Ich nicht auf sich selbst reduziert, sondern wird eigentlich grundsätzlich von Buber in mehrere Kontexte und in mehrere Bezüge gestellt. Nicht grundlos fundiert Buber das Ich in den uns schon bekannten zwei Urworten Ich/Du und Ich/Es. Neben diesen müssen wir im nächsten Abschnitt noch weitere Bezüge ausführen, um dem Ich bei Buber gerecht werden zu können und um die Umgebung zu präparieren, in welcher die Einsamkeit bei Buber vorkommt.

1.2. Das Ich in seinen Bezügen

In der Dialogik werden besonders die umgebenden Aspekte des Individuums in den Vordergrund gestellt. Es ist nur sehr schlecht möglich, ohne diese Umgebungen das Ich in seiner Vollständigkeit zu verstehen, darum wollen wir noch einen kurzen Abschnitt diesem Umstand widmen, obwohl eigentlich im gesamten ersten Bereich zu diesem Kapitel schon vielfach darauf eingegangen wurde, was sowohl auf die Negativität als auch auf die Einbindung des Ich in zwei Relationen zurückgeführt werden kann. Worin unterscheiden sich nun diese verschiedenen Umgebungen des Ich voneinander? Gehen wir von der Spaltung in Ich/Es- und Ich/Du-Relationen aus, so müssen wir die zuvor angeführten Gegensätze nochmals anführen: Vergegenständlichung/Verseelung, Haben/Sein,

Subjekt-Objekt/Subjektivität und Trennung/Akzeptanz. Zu diesen Aspekten müssen wir auch die Spaltung in Vergangenheit und Gegenwart rechnen, die den zeitlichen Unterschied der beiden Relationen deklariert. Wenn in der ersten Umgebung bzw. Relation hauptsächlich die Trennung bzw. die Grenze das Charakteristikum des Ich ist, so wird in der anderen Relation der Zusammenhang mit dem Du von großer Bedeutung sein. Lässt sich aber das Ich nur auf die Ausschließlichkeit dieser beiden Umgebungen reduzieren oder gibt es noch weitere Faktoren, die Bedeutung im Verständnis des Ich besitzen? Neben diesen Bezügen gibt es schon noch weitere Belange, die auf das Ich bei Buber einwirken, was wir hier kurz anschneiden und thematisieren wollen, denn schließlich ist das Ich als Träger der Einsamkeit immer in Bezügen verankert.

Den wichtigsten Bezug des Ich stellt unserer Ansicht nach jener zur Religion dar, insofern, als dass Buber eine Vielzahl an Texten sowohl dem Chassidismus als Strömung des Judentums als auch theologischen Themen und Überlegungen allgemein gewidmet hat. Durch diesen Umstand musste er konsequenterweise auch auf verschiedene Bezüge des Ich eingehen, es den unterschiedlichen Gegebenheiten in der Religion anpassen, aber auch eine Beziehung zu Gott herstellen. Babolin schreibt zu diesem Bezug mit Gott: „[…] das Ich als Ich wird von einem absoluten Du fundiert und deshalb sagt und zeigt es in seinem gesamten ontologischen Statut die eigene Relation zum absoluten Du […].“[26] Unter dem absoluten Du ist das göttliche Du zu verstehen und das Ich steht in einem Bezug Erschaffenes/Schöpfer zu diesem Du. Wiederum können wir hier deutlich sehen, dass es sich beim Ich um das faktische, sprich menschliche Ich handelt, von dem die Rede bei Buber ist. Gott ist in diesem Bezug das übergeordnete Element des Ich und schafft in diesem Zuge eine asymmetrische Verschiebung, die zwischen dem Ich und dem menschlichen Du nicht gegeben ist. Bei letzterer Relation können wir eine Gleichstellung und Gegenseitigkeit anführen, die sich in der Überhöhung im absoluten Du verändert. Der religiöse Bezug des Ich lässt sich aber unserer Ansicht nach nicht ausschließlich auf diesen Aspekt reduzieren, sondern enthält noch weitere wesentliche Elemente zum Verständnis des Ich.

Interessant ist unserer Meinung nach in diesem religiösen Bezug eine Form, die in den späteren theologischen Texten bei

[26] Babolin, Albino: *Ebenda*, S. 155.

Buber auftaucht, wo nämlich Gott selbst zum Ich wird bzw. sich mit dem „Ich bin" deklariert.[27] Es handelt sich hierbei selbstverständlich um eine Ausnahme, wo das faktische Ich zu einem göttlichen Ich wird. Diese Änderung des Ich zum göttlichen Ich basiert unserer Ansicht nach auch auf den Ich sagenden Gott in der Bezeichnung Jahwe: „Ich bin, der ich bin." Auf die Übersetzung dieses hebräischen Wortes geht Buber auch ein und klar wird dies an der Textstelle zum Thema „Die Schrift und ihre Verdeutschung": „[...] das ICH und MEIN, wo Gott redet, das DU und DEIN, wo er angeredet ist, das ER und SEIN, wo von ihm geredet wird."[28] Unser Hauptinteresse liegt auf dem Ich, welches den Gott verkörpert, der redet, wobei hier der vorerst als trennend zu empfindende Ansatz zwischen menschlichem Ich und göttlichem Ich in der Rede wieder eine Verbindung schaffen kann. Das jeweils redende Ich – menschlicher oder göttlicher Natur – kennzeichnet das Anhaften des Ich als Personalpronomen. Wir erfahren in den chassidischen Texten eine zweite mögliche Derivation des göttlichen Ich, wo Buber die Annäherung des mystischen Ich zu einem göttlichen Du beschreibt. In dieser Annäherung geht das menschliche Ich im göttlichen absoluten Ich in gewisser Art und Weise auf. Auf der Seite Gottes zeigt sich folgende Zusammensetzung des Ich: „Das Ich des offenbarenden Gottes, das Ich des Gottes, der dem Mystiker seinen Umgang gewährt, und das Ich Gottes, in dem das Menschliche aufgeht, sind identisch."[29] Die Identifizierung ist also das Hauptmerkmal der dargestellten Pluralität beim göttlichen Ich.

Kehren wir aber wieder zum menschlichen Ich zurück. Dort nämlich gibt es noch einen besonderen Bezug zu vermerken, der

---

27 *Vgl.* z. B. Buber, Martin: Was soll mit den zehn Geboten geschehen? *In:* Werke. Band II. Schriften zur Bibel. – Heidelberg: Kösel-Verlag und Verlag Lambert Schneider. 1964, S. 897.

28 Buber, Martin: Die Schrift und ihre Verdeutschung. In: *A.a.O.* S. 1129.

29 Buber, Martin: Die chassidische Botschaft. *In*: Werke. Band III. Schriften zum Chassidismus. – Heidelberg: Kösel-Verlag und Verlag Lambert Schneider. 1963, S. 852. Als Bemerkung möchten wir hier einfließen lassen, dass sich bei Gott dieselbe Vereinheitlichung des Ich bemerkbar macht, wie sie schon beim faktischen Ich vorherrscht. Damit ist gemeint, dass es Buber in erster Linie nicht darum geht, das Ich in seinen Teilen darzustellen, sondern dieses eben als Gesamtheit zu sehen, die sich jeweils einem menschlichen oder einem göttlichen Du gegenüberstellt bzw. eben der Objektwelt entgegengesetzt.

sich auf eine Gemeinschaft als Ich bezieht. Es handelt sich um die Gemeinschaft Israels, die in Bubers chassidischen und theologischen Texten eine wichtige Bedeutung innehat. Im Buch: „Der Glaube der Propheten" können wir das Ich als ein Ich erkennen, das auch eine ganze Menschengemeinschaft umfassen kann: „Auch hinter diesem so personhaft gewordenen ‚Ich' steht immer noch das Ich Israels."[30] Buber stellt das personhaft anmutende Ich in den Kontext der Hiobsdichtung, während Israel die besagte Volksgemeinschaft des Judentums meint, was als Ich fundiert sein kann. Im religiösen Kontext kann somit gesagt werden, dass wir mindestens drei verschiedene Bezüge des Ich feststellen können: einerseits das faktische Ich, welches mit dem Individuum zu identifizieren ist; andererseits stellt das Ich auch als Überbegriff eine ganze Volksgruppe wie jene Israels dar und als dritter Bestandteil dieser Bezüge konnten wir feststellen, dass das Ich auch das Ich eines redenden Gottes sein kann. Jede dieser verschiedenen Formen des Ich hat im biblischen Kontext ganz unterschiedliche Interpretationen erfahren, worauf wir jetzt nicht unbedingt näher eingehen wollen. Wichtig ist unserer Meinung nach nur die Erwähnung, dass diese Bezüge vorhanden und dass sie jeweils für die Behandlung der Einsamkeit ausschlaggebend sind, insofern, als dass ein auf das faktische Ich reduzierter Ansatz eben nicht die gesamte Bandbreite der bei Buber vorhandenen Einsamkeitsbetrachtung umfassen kann.

Bevor wir aber zu der Analyse der Einsamkeit bei Buber übergehen wollen, möchten wir noch kurz die Quellen für die unterschiedlichen Ich anführen. Unserer Ansicht nach ist nämlich besonders das von Buber zusammengestellte Kompendium: „Die Erzählungen der Chassidim" für diesen ein wichtiger Fundus gewesen, auch in seinen theoretischen Schriften Bestandteile daraus zu verwenden. Eine solche Wendung finden wir in der Sammlung zum Rabbi Michail:

> „Das Ich steht zwischen Gott und uns. Wenn der Mensch Ich sagt und sich das Wort seines Schöpfers anmaßt, scheidet er sich von ihm. Wer aber sein Ich darreicht, vor dem besteht keine Scheidewand mehr. Denn von ihm ist geschrieben: ‚Ich bin meines

---

[30] Buber, Martin: Der Glaube der Propheten. *In:* Werke. Band II. Schriften zur Bibel. *Ebenda,* S. 436. Eine Allusion zum Ich Israels finden wir ebenso im Aufsatz „Weisheit und Tat der Frauen" im selben Band, S. 922.

> Freundes, nach mir ist sein Begehren' - wenn mein Ich meines Freundes geworden ist, ist sein Begehren nach mir."[31]

Hier sehen wir den engen Zusammenhang zwischen dem Ich Gottes und dem menschlichen Ich. Nur in der oben dargestellten Annäherung des mystischen Ich kann der Mensch zum göttlichen Ich gelangen. Ein weiteres Beispiel finden wir bei Rabbi Mendel angeführt: „Bin ich ich, weil ich ich bin, und du bist du, weil du du bist, dann bin ich ich und du bist du."[32] Buber zeigt damit auf, dass doch irgendwo das Ich nicht unbedingt sich auf das Du stützen muss in seiner Selbstdeklaration, sondern eben in sich selbst ruht. Das Ich steht in der Relation mit dem Du, soll gleichzeitig aber auch Ich bleiben.

Wir haben nun gesehen, dass das Ich durchwegs einige Merkmale bei Buber aufweist, die uns dieses näher bringen können. Selbstverständlich darf dabei nicht vergessen werden, dass zum Ich jeweils ein Es und ein Du (als göttliches oder menschliches Du) mit zu berücksichtigen sind. Was dem Ich vorerst fehlt, ist seine Eigenständigkeit in Bezug auf die anderen beiden genannten Seiten der Relationen. Auch die drei Bezüge in den religiösen Texten können unserer Ansicht nach bedeutend für weitere Überlegungen in die in unserem Buch eingeschlagene Richtung sein. Unser Hauptinteresse liegt aber auf einer anderen Frage: Wo genau schreibt sich die Einsamkeit im Ich ein oder besser noch, wie ist die Einsamkeit in das Ich bei Buber eingebunden? Können wir annehmen, dass die Einsamkeit in der Diskussion des Ich überhaupt von Belang ist oder handelt es sich hierbei nur um ein Thema, das jenseits der Sphäre des Ich anzusiedeln ist? Nun, wir haben schon ein wenig versucht, dazu eine Antwort im Schreiben unseres Werkes zu finden, basiert doch eines der Hauptargumente dieser Arbeit auf der Bedeutung der Einsamkeit für die zu behandelnden Philosophen. Und ein wesentlicher Aspekt in der Einsamkeit ist, dass sie grundsätzlich dem Individuum anhaftet. Buber schlägt keinen davon abweichenden Weg ein, wenngleich wir im folgenden Kapitel erkennen müssen, dass dieser Philosoph sehr wohl den Versuch unternimmt, über seine Reflexionen zur Dialogik die Einsamkeit des Ich zu

---

31 Buber, Martin: Die Erzählungen der Chassidim. *In*: Werke. Band III. Schriften zum Chassidismus. *Ebenda*, S. 267f.

32 *A.a.O.* S. 671.

reduzieren, weil diese seiner Ansicht nach immer noch zu viel den Vorstellungen des Idealismus anhaften würde.

2. Das Denken der Einsamkeit in der Geschichte

Nachdem wir in etwa eine Vorstellung davon bekommen haben, wie Martin Buber das Individuum darstellt und in seinen Bezügen zum Du manifestiert, erscheint es uns angebracht, uns nun dem Begriff der Einsamkeit bei Buber anzunähern. Dazu müssen wir erklären, dass das einsame Individuum für das Denken des Anderen insgesamt kein sehr einfaches Unterfangen darstellt. Geht es doch bei diesem Denken um jenen Eintritt des Anderen in die Welt des Individuums. Wir könnten deshalb annehmen, dass mit dem Erscheinen des Anderen jeweils auch die Einsamkeit des Individuums sich von diesem entfernt. Dem ist aber nicht so, weil wir es bei der Einsamkeit mit einem subjektiv empfundenen Gefühl zu tun haben, das nicht einfach mit dem Auftauchen des Anderen seinen Rückzug beginnt. Der Andere, bei Buber das Du, kann vorerst also nicht als hinreichender Grund angesehen werden, nicht mehr von der Einsamkeit reden zu müssen. Die Einsamkeit ist mehr ein Umstand, der nach Buber als störendes Element für das Denken des Anderen angesehen wird. Nicht aber als störendes Element, über welches nicht reflektiert werden kann, sondern die Beschäftigung mit diesem Element ist von großer Wichtigkeit. Buber schafft es nämlich in seinen Reflexionen zur Einsamkeit ein Argument *für* die Notwendigkeit des Denkens des Anderen zu entwickeln.

Die Kapitelüberschrift zeigt uns schon relativ gut, woher Buber seinen Einsamkeitsbegriff bezieht, bzw. worauf seine Überlegungen die Einsamkeit betreffend begründet werden. Hauptanliegen von Buber ist vordergründig die Darstellung des Wandels des Einsamkeitsbegriffs in der Geschichte. Nur aus der Geschichte nämlich lässt sich laut Buber aufzeigen, dass ein Denken des Anderen notwendig wird. Die Geschichte birgt in sich eine Entwicklung der Einsamkeit, die weder ein Weiterdenken, noch ein Denken vor dem Unmöglich-Werden der Einsamkeit gestattet. Die Einsamkeit entwickelt sich selbst dorthin, wo im Grunde genommen der Mensch als Individuum ohne Gott völlig auf sich selbst zurückgeworfen wird. In diesem Zustand ist kein In-Beziehung-Treten mit den anderen Menschen, sprich keine Sozialität, mehr möglich. Nach Buber führt sich der Einsamkeitsbegriff also nahezu selbst durch die Geschichte hindurch *ad absurdum* und kann erst durch den Bezug auf ein Du, welches dem Ich an die Seite gestellt wird, ganz beiseite gestellt werden. Vielleicht deshalb hat Buber so ausführlich den Einsamkeitsbegriff in der Philosophiegeschichte dargestellt und geradezu eine Geschichte der Einsamkeit entworfen. Sehen wir uns jetzt aber aus der Nähe an, wie Buber die Einsamkeit in der Geschichte vorstellt.

2.1. *Das Problem des Menschen*

Das Werk „Das Problem des Menschen" von Buber ist in diesem Abschnitt unser Referenzwerk, um den Wesensgehalt der Einsamkeit in der Geschichte genauer betrachten zu können. Schon der pathetische Titel scheint auf die Einsamkeit als *dem* großen Problem des Menschen hinzudeuten. Während im Singular dieses Problem evoziert wird, deutet der zweite Teil des Titels auch schon auf den Gegenstand dieses Buches hin, nämlich den Menschen. Die philosophische Anthropologie steht hier im Mittelpunkt und über Kant und Heidegger nähert sich Buber langsam einem zentralen Anliegen in diesem Werk: der Darstellung der Einsamkeit in der Geschichte. Zuerst wird dabei auf etwas anderes genauer hingewiesen, nämlich dass, wer philosophische Anthropologie betreiben möchte, sich immer erst auf sich selbst beziehen muss. Der Anfang jeglicher philosophischer Anthropologie ist der Selbstbezug[33], also einer der beiden großen Denkwege, wie wir sie in der Einleitung dargestellt haben. Im eigenen Innersten, sozusagen der eigenen Subjektivität, lassen sich die ersten konkreten Anhaltspunkte feststellen, die für Reflexionen zur Anthropologie vonnöten sind. In der Erfahrbarkeit des eigenen Selbst befinden sich wichtige Konstanten, die ein klares Bild des Menschen entstehen lassen. Selbstverständlich kommt vom Selbstbezug ebenfalls der Bezug zur Einsamkeit des Individuums zustande und wird für uns zum *Incipit* der Einsamkeitsbetrachtungen bei Martin Buber.

Ein erstes Unterkapitel des „Problems des Menschen" zeigt den Zeitraum an, der von Buber zur Darstellung des geschichtlichen Einsamkeitsbegriffs eingegrenzt wird: von Aristoteles bis Kant. Für Buber steht von Beginn an fest, dass die philosophische Anthropologie immer dann ihre größten Höhepunkte gefeiert habe, als sich auch der Mensch als solcher in der tiefsten Einsamkeit befunden

33 *Vgl.* Buber, Martin: Das Problem des Menschen. *In:* Werke. Band I. Philosophische Schriften. *Ebenda,* S. 316f.

habe: „Im Eis der Einsamkeit wird sich der Mensch am unerbittlichsten zur Frage […]“[34]. Mit diesem Satz bezeichnet Buber das In-Frage-Stellen seiner selbst, in welchem sich der Mensch und die anthropologische Fragestellung am sichersten treffen. Wenn das Individuum mit sich alleine ist, so initiiert sich der Prozess des Fragens nach Sinn und Zweck des Menschen, nach seinem Grund und seiner Ausdifferenzierung. Erst in diesem einsamsten Zustand wird auf sich selbst zurück gewendet das Individuum seiner selbst und seinem Mensch-Sein gewahr und kann dadurch in tiefere Ebenen der Anthropologie vordringen. Wir wollen nun der Exemplifikation dieses Rückbezugs auf sich selbst bei Buber folgen und die einzelnen Stadien der Einsamkeit, welche sich laut Buber in der Geschichte manifestieren, festlegen.

Buber zieht nun durch die europäische Geistesgeschichte einen Querschnitt, über welchen er versucht, Genaueres zur Verbindung von Anthropologie und Einsamkeit zu erfahren. Ein Ausgangspunkt stellt für ihn deshalb das Stadium dar, welches wir die Einsamkeit in religiösem (christlichem) Kontext nennen wollen. Spricht nämlich Buber zuvor von verschiedenen Epochen, welche er in behauste und hauslose Epochen einteilt[35], so wird in diesem Stadium der menschlichen Seele von der christlichen Religion ein „Haus“ zur Verfügung gestellt. Ausdruck für diesen Vorgang ist Augustinus und sein Selbstbezug, den wir schon in der Einleitung etwas genauer dargestellt haben. In der Frage nach dem, was den Menschen eigentlich ausmacht, begibt sich Augustinus in sein eigenes Selbst, wo wider Erwartung das Göttliche sich offenbart. Damit zeichnet er einen Rahmen vor, den die Menschen bis ins hohe europäische Mittelalter nicht mehr verlassen werden. Dante Alighieri und Thomas von Aquin sind zwei der Dichter/Philosophen, welche Buber als Beispiele einer ähnlichen Vorstellung anführt, wenngleich der Aquitaner durch seine Reflexionen die Frage nach dem Menschen wiederum nicht so problematisch anerkennen will.[36] In diesem weiten Bogen von Augustinus bis zu Thomas von Aquin kommt ein erstes Aufbegehren um den Stellenwert des Menschen zum Vorschein, welches zugleich auch eine besondere Einsamkeit in sich birgt, die die Einsamkeit mit Gott bedeutet. Das *religiöse Stadium*

---

34 *A.a.O.* S. 317.

35 *Vgl. a.a.O.* S. 317.

36 *Vgl. a.a.O.* S. 318ff. - 321.

der Einsamkeit kennt in diesem Sinne noch keine Einsamkeit ohne Gott.

Im späten europäischen Mittelalter und der dann beginnenden Renaissance zerbricht langsam wieder die durch Thomas von Aquin erlangte Sicherheit des Menschen und Nikolaus Cusanus oder auch Carolus Bovillus sind die ersten, die den Menschen zu problematisieren beginnen. Immer noch steht die Fragestellung in der Konfrontation von Gott mit den Menschen; trotzdem zeichnet sich eine langsame Wende ab, insofern, als dass neue Erkenntnisse und Ansichten in den Wissenschaften die Welt als Gesamtheit und die Vorstellung davon verändern. In diese Wende fallen z.B. Denker wie Pico della Mirandola und dann Blaise Pascal, wobei gerade Letzterer durch sein Verständnis der Einsamkeit des menschlichen Wesens zu einer viel tiefer gehenden Erfahrung von der anthropologischen Frage gelangt. Buber weist explizit darauf hin, dass zuvor „der Mensch […] noch nicht wieder einsam [geworden ist], er hat noch nicht wieder gelernt, die Frage des Einsamen zu fragen."[37] Überdeutlich zentriert Buber also auch in diesem Kontext die Herkunft der Frage nach dem Menschen auf die Einsamkeitserfahrung. Was nun Pascal von den anderen Denkern unterscheidet, ist sein Bewusstsein von der menschlichen Selbsterkenntnis. In der Einsamkeit gewinnt dieser nämlich, solange er bei Bewusstsein ist, die Erkenntnis vom eigenen Bezug zur Welt und zum eigenen Leben.[38] Kein anderes Lebewesen oder Objekt kann dies vollbringen und deshalb nimmt der Mensch eine Sonderstellung in der Schöpfung Gottes ein. Diese Sonderstellung befreit ihn nicht etwa von der Einsamkeit, sondern vollzieht viel mehr ein Zurückwerfen des Menschen auf sich selbst und sein einsames Wesen. Etwas später bei Lévinas werden wir eine ähnliche Rückkehr auf das Individuum der Transzendenz kennen lernen, wo die Ursache dieser Form von Transzendenz noch nicht ausreicht, um die Grenze des Individuums hinter sich lassen zu können.

Bleiben wir aber bei Buber, der im Folgenden sehr schön auf seine These rekurriert, dass die Einsamkeit und die anthropologische Frage zusammenhängen und ein Ganzes bilden. Er erklärt, dass zwar die Einsamkeit bei Pascal später entstanden wäre als jene von Augustinus, nichtsdestotrotz aber viel kompletter und im

---

[37] *A.a.O.* S. 322.

[38] *Vgl. a.a.O.* S. 323.

Wesentlichen umfassender sei[39] und gerade deshalb sei Pascal in Hinsicht auf die Anthropologie wesentlich weiter gekommen, als dies Augustinus noch vermochte. Was einerseits eine veränderte Vorstellung vom Bezug Gottes mit dem Menschen beinhaltet und noch dem religiösen Stadium anhaftet, wird von Buber bewusst zu einem Bezug vom Menschen zur Welt übergeleitet. Darum wollen wir dieses beginnende Stadium auch das *Stadium der Wissenschaften* nennen, denn gerade dort wird ja der Weltbezug in großem Ausmaß umgearbeitet und die Weltanschauung des Menschen dadurch geprägt. Spinoza und dann Kant sind jene beiden Denker, die Buber in diesem Zusammenhang nennt. Spinoza versuchte laut Buber dem Menschen im Erkennen seiner Hauslosigkeit durch das Zusammentreffen mit dem Unendlichen Gottes mehr Klarheit zu verschaffen über sein eigenes Schicksal; was dabei verloren geht, ist der Mensch, der sich selbst problematisch wird.[40] Kant schafft es schon eher, den problematischen Menschen zu fassen, indem er die Erkenntnis in Relation zu Raum und Zeit thematisiert und als menschliche Erkenntnis individualisiert, d.h. jegliches Fragen nach dem Unendlichen dreht sich zum Menschen selbst und dessen Bedingungen der Möglichkeit von Erkenntnis.[41] Damit haben wir sowohl den Selbstbezug bei Augustinus als auch eine Problematisierung des Menschen in die richtige Perspektive gerückt und können uns nun weiter umsehen, wie die Einsamkeit auf diesen Zusammenhang reagiert.

Was den ersten Abschnitt als Denkbewegung von Aristoteles bis Kant ausweist, geht nun über zu einem Bereich von Hegel und Marx. Zuvor sind wir mit Kant bis zu einem Zustand gelangt, wo sich die Einsamkeit in ihrer Vollständigkeit gezeigt hat, indem sie die Vorstellung von der Welt retourniert hat bzw. zum Menschen zurück gewiesen wurde. Im Werke Hegels sieht Buber nun den Ansatz, dem haus- und weltlosen Menschen – kurz dem einsamen Menschen – eine Welt zurückzugeben und ihn damit jeglicher Einsamkeit und Verlassenheit zu entledigen.[42] Was dabei herauskommt, ist zwar die Entledigung von jeglicher Vorstellung der Einsamkeit, die nicht aber durch eine Sicherheit des Menschen in der

---

39 *Vgl. a.a.O.* S. 324.
40 *Vgl. a.a.O.* S. 326.
41 *Vgl. a.a.O.* S. 329.
42 *Vgl. a.a.O.* S. 333.

Welt ersetzt wird. Im Unterschied zur Situiertheit des Menschen in der Welt von Aristoteles oder Thomas von Aquin ist „[...] die Welt Hegels [...] für den wirklichen modernen Menschen nie die wirkliche Welt geworden“[43]. Wir können feststellen, dass trotz allem nicht der erwünschte Effekt von Hegel, nämlich implizit den Menschen von seiner Einsamkeit zu befreien, erreicht werden konnte. Genauso wenig wie Hegel kann Marx die Einsamkeit aus dem geisteswissenschaftlichen Diskurs tilgen, indem er den Menschen in den Zusammenhang mit der Gesellschaft stellt. Er erschafft dabei schon einen anderen Zugang, welcher sich nicht ausschließlich mit der Erschaffung eines „Hauses“ für den Menschen identifizieren lässt, sondern vielmehr die Konkretisierung des Individuums in der Gesellschaft bedeutet. In Wirklichkeit versäumt es Marx laut Buber aber, die Entscheidung des Menschen, welche so bedeutungsvoll für die Anthropologie ist, in seine anthropologischen Vorstellungen einzubringen.[44] Vielleicht auch darum können wir nicht davon ausgehen, dass mit Marx schon die Vollständigkeit der anthropologischen Fragestellung gefasst wurde.

Bubers nächster Schritt ist nun aufzuzeigen, dass mit Feuerbach und Nietzsche eine wesentliche Wendung eintritt, die uns weiterhilft. Bei beiden Denkern trifft nämlich die veränderte Vorstellung zur Einsamkeit auf fruchtbaren Grund und befähigt dazu, auch die anthropologische Frage neu zu stellen. Unserer Ansicht nach setzt mit diesen beiden Denkern auch ein neues drittes Stadium ein, welches wir das *säkulare Stadium* nennen wollen. Der Grund für diese Bezeichnung liegt darin, dass ab Feuerbach und Nietzsche Gott aus dem Bezug von Gott zum Menschen gestrichen wird. Damit bleibt nur mehr jener zweite Bezug übrig, der vom Menschen zur Welt hergestellt wurde. Während Feuerbach im Absolutheitsanspruch der Entwicklung der Vernunft bei Hegel eine Allusion zu Gott bemerken will, fängt sein eigener philosophischer Ansatz nicht mit Gott, sondern damit an, den Menschen selbst als Beginn jeglichen Philosophierens anzusehen. Was dabei nach Buber verloren geht, ist wiederum der Bezug zur Frage nach dem Menschen selbst.[45] Und dies, obwohl der Mensch an den Beginn der Philosophie gestellt wird. Trotzdem will Buber darauf hinweisen,

---

43 *A.a.O.*

44 *Vgl. a.a.O.* S. 338f.

45 *Vgl. a.a.O.* S. 340f.

dass schon mit Feuerbach ein verändertes Philosophieren seinen Lauf nimmt, da für Feuerbach der Mensch nicht ausschließlich als Individuum postuliert wird, sondern: „[...] er meint den Menschen mit dem Menschen, die Verbindung von Ich und Du."[46] Erstmals wird die Anthropologie um eine Beziehung bereichert, nämlich jene für Buber so fundamentale Beziehung zwischen einem Ich und einem Du. Leider bleibt bei Feuerbach, wie schon erwähnt, die Frage nach dem Menschen etwas auf der Strecke.

Wie kein anderer hat Nietzsche die anthropologische Frage gestellt. Sein Leben ist geprägt von einer ständigen Befragung des Menschen nach seinem Wesen. So ähnlich beschreibt Buber uns den philosophischen Ansatz von Nietzsche in Hinblick auf die philosophische Anthropologie. Was Buber daran stört, ist die Verwendung des Begriffs der Macht von Nietzsche. Denn in der Genealogie des Menschen bei Nietzsche taucht der Begriff des Willens zur Macht permanent auf. Deshalb handelt es sich bei der Bestimmung des Menschen in der Philosophie Nietzsches nach Buber auch hauptsächlich um eine negative Bestimmung.[47] Wenn nun Nietzsche den Menschen aus der Entwicklung von einem Tier zum menschlichen Wesen erklärt, so verfehlt er damit laut Buber das Problem des Menschen. Andererseits hat Nietzsche die anthropologische Frage bedeutungsvoll erneuern können und wesentlich dazu beigetragen, ein neues Verständnis davon zu erwirken. In der Kritik Bubers finden wir jedenfalls vor allem Hinweise auf ein Manko in Bezug auf die soziologischen Komponenten, die bei Feuerbach schon sehr gut dargestellt waren, während Nietzsche sich besonders dem Menschen selbst zuwendet.[48] Die Einsamkeit wird bei diesen beiden Denkern zu einer Einsamkeit ohne Gott und das säkulare Stadium der Einsamkeitserfahrung ist damit vielleicht das radikalste Stadium in den Augen von Buber.

Sehr kurz geht Buber daraufhin auf die Reflexionen von Søren Kierkegaard ein, den er als einen Philosophen ansieht, der, gerade was die Existenz des Menschen anlangt, einige wichtige Aspekte thematisiert hat. Die Ausrichtung von Kierkegaard, selbst als einsamer Denker deklariert, geht in die Richtung einer theologischen

---

46 *A.a.O.* S. 342.

47 *Vgl. a.a.O.* S. 346.

48 *Vgl. a.a.O.* S. 351.

Anthropologie[49] und wäre unserer Meinung nach deshalb noch in das religiöse Stadium zu integrieren. Wir folgen aber Buber, der nun Konzepte Heideggers vorstellt, die für die anthropologische Reflexion wichtig sind. Buber geht dabei auch auf die Einsamkeit ein, die wir in diesem Kapitel genauer betrachten. Eine herausragende Bedeutung wird hierbei dem menschlichen Dasein zuerkannt. Das Dasein bei Heidegger ist für Buber der Ausdruck der anthropologischen Fragestellung, die aber nur einen Teil des wirklichen Lebens auszumachen scheint.[50] Buber schreibt dazu: „Das Dasein vollendet sich im Selbstsein; einen ontischen Weg darüber hinaus gibt es für Heidegger nicht. [...] Das Selbst Heideggers ist ein *geschlossenes System.*"[51] Wir verstehen diese Ablehnung hauptsächlich darin, dass Buber in Heideggers Philosophie nicht das Denken des Anderen ausmachen kann und deshalb so ablehnend gegenüber dieser Philosophie vorgeht. Wie wir im nächsten Kapitel noch sehr ausführlich darstellen werden, geht es bei Buber immer auch um die Frage, wie das Du in ein philosophisches System eingebracht wird. Deshalb wird auch diese Einsamkeit des Selbst bei Heidegger nicht akzeptiert und zugunsten einer Beziehung aufgegeben.

Ein weiterer Philosoph, welcher von Buber ebenfalls als Beispiel für anthropologisches Denken angeführt wird, ist Scheler. Dieser Denker hat sich unter anderem auch einem anthropologischen Denken angenähert, indem er der Betrachtung des Menschen eine Metaphysik zur Seite stellt. Diese Metaphysik wird geprägt von der Analyse des menschlichen Geistes. Ausgangspunkt hierbei ist die Vorstellung von der Ohnmacht des Geistes, die ursprünglich ist und vor der Welt zu Fall kommt.[52] Zwar fußt der Geist in einem Weltgrund, doch kann er nicht aus diesem heraus seine eigene Ohnmacht hintergehen. Fundamental ist hier die Frage nach dem Geist des Menschen, die Scheler überhaupt erst thematisiert. Denn in den vorherigen Ansätzen lässt sich neben der anthropologischen Umgebung und der anthropologischen Fragestellung nach dem Wesen eben noch nicht so eindeutig die Frage nach dem Geist des Menschen ausmachen. Erst das dritte säkulare Stadium (bei Scheler in der Gnostik verankert) bringt die Errungen-

---

49 *Vgl. a.a.O.* S. 359.

50 *Vgl. a.a.O.* S. 361f.

51 *A.a.O.* S. 369.

52 *Vgl. a.a.O.* S. 388.

schaften mit sich, die denkerisch von Feuerbach, Nietzsche und Kierkegaard über Heidegger bis zu Scheler reichen. Der Mensch selbst wird sich in der Weltrelation zum Problem und die Frage nach dem Sinn des menschlichen Seins kann als Anhaltspunkt dienen, die verschiedenen Zugangsweisen zur Anthropologie festzulegen. Die Einsamkeit bleibt auch für diese beiden Denker – Heidegger und Kierkegaard – jene Einsamkeit ohne Gott und das Zurückgeworfen-Sein auf das eigene Selbst. Mit Scheler beendet dann Buber diesen geschichtlichen Abriss zur anthropologischen Fragestellung.

Die einzelnen Absätze in diesem Abschnitt könnten die Vermutung zulassen, dass wir uns schon von Beginn an von der Einsamkeitsproblematik entfernt haben und mehr zu einer anthropologischen Darstellung des Individuums übergegangen sind. Diese Vermutung ist zulässig, wenngleich wir stets darauf bedacht waren, Koinzidenzen zwischen der Einsamkeit und dem Individuum geltend zu machen. Buber selbst ist sehr darauf bedacht, den Wandel der Vorstellung zur Einsamkeit eng damit zu verbinden, was als Wandel der anthropologischen Fragestellung ausgewiesen wird. Die von uns ausgemachten drei Stadien der Einsamkeitserfahrung bzw. des Einsamkeitswandels zeigen, dass diese Veränderung von zwei Relationen getragen wird: jener ersten Relation zwischen Gott und dem Menschen und jener zweiten Relation zwischen dem Menschen und der Welt. Eine gewisse Beziehung zu den zwei schon weiter oben dargestellten Beziehungen Ich/Du und Ich/Es lässt sich nicht leugnen. Selbstverständlich versucht Buber in dieser Darstellung von Beginn an, eigene philosophische Kategorien und Beziehungen einzuführen, die dann in seine Konklusion münden, dass die Dialogik ein notwendiger Bestandteil der philosophischen Anthropologie sein müsse. Diese vielleicht etwas lapidar anmutende Feststellung soll nicht verhehlen, dass Buber in seinen Überlegungen verschiedene Argumente für diese Behauptung entwickelt und damit einen festen Grund für seine Konklusion bereitstellt. Eine Verschiebung zwischen den einzelnen Relationen führt jedenfalls dazu, dass auch die Einsamkeit sich wandelt. Und genau diesem Aspekt haben wir in etwa zu folgen versucht.

In der Wandlung der Einsamkeit geht Buber von einer Rolle Gottes aus, die für ihn die wichtigste Änderung darstellt. Sobald Gott nicht mehr im philosophischen Diskurs auftaucht (wir nennen dies den Beginn des säkularen Stadiums) ist die Einsamkeit an ihren Höhepunkt angelangt:

> „Aber wir haben auch gesehen, daß von einer Einsamkeitsepoche zur nächsten Einsamkeitsepoche ein *Weg* führt, d. h. jede Einsamkeit ist kälter, strenger als die vorhergehende, und die Rettung aus ihr schwerer, als die aus der vorhergehenden war."[53]

Indikator für diese Zuspitzung der Einsamkeit ist unserer Ansicht nach die Eliminierung Gottes aus den philosophischen Überlegungen seit Nietzsches Postulat vom Tod Gottes. Es handelt sich dabei um eine Einsamkeit, worin das Individuum niemanden mehr als Gesprächspartner hat. Kein Du und kein Anderer sind auf diesem Höhepunkt der Einsamkeit mehr zulässig. Im Regress auf Heidegger spricht Buber von der nackten und letzten Einsamkeit, die nur mehr Ausdruck des einsamen Seins ist.[54] Wir haben es hier in den Augen Bubers mit einer Einsamkeit zu tun, die jegliches Du – Gott oder das menschliche Individuum – ausklammert und perpetuierend nur auf sich selbst rekurriert. Ein solches einsames Individuum kann sich nur schwer über seine eigenen Grenzen hinwegsetzen und offen sein für die Transzendenz. Auch bei Lévinas werden wir dann feststellen können, dass Gott und der Andere notwendig sind, um die echte Transzendenz vollziehen zu können. Die Einsamkeit ist auch bei Lévinas hinderlich, dieses Ansinnen zu erreichen.

Es erscheint uns nützlich zu sein, in diesem Kontext auch den Begriff der Krisis einzubringen, insofern, als dass Buber selbst zweierlei Krisen unterscheidet, um am Wandel der Einsamkeit festhalten, gleichzeitig aber auch der Änderung der anthropologischen Fragestellung Rechnung tragen zu können. Einerseits ist dies die Krise soziologischer Natur, die Buber über das Entstehen einer bürgerlichen Gesellschaft zu erkennen vermag, worin sich trotz neuer gesellschaftlicher Formen des Zusammenlebens gleichzeitig auch neue Formen der menschlichen Einsamkeit entwickelt haben. Andererseits besteht die Krise in einem geistesgeschichtlichen Aspekt, wie ihn Buber benennt, der vor allem in drei Entwicklungen eingeschrieben ist, die den Menschen nicht mehr Herr seiner Welt

---

53 *A.a.O.* S. 364.

54 *Vgl. a.a.O.* S. 365.

sein lassen: die Technik, die Wirtschaft und die Politik.[55] In der industriellen Revolution bildet sich erstmals ein Umfeld heraus, das den Menschen überfordert und ihn in Relation zur Welt unterliegen lässt. Die Einsamkeit in diesem Kontext ist eben jene furchtbare Einsamkeit, die den Menschen auch aus der Relation mit der Welt heraushebt und damit nach dem Verlust Gottes nun auch den Verlust der Welt beinhaltet. Mit diesem wären also beide Beziehungen bei Buber hinfällig und das Individuum allein sich selbst ausgesetzt. Dies kann und will Buber aber nicht akzeptieren und bringt deshalb eine Perspektive ein, die das erste Mal wie schon erwähnt von Ludwig Feuerbach erarbeitet wurde.

Den Ausweg aus der angeführten radikalen Einsamkeit sieht Buber also vor allem in einer Hinwendung zum Nächsten als dem anderen Menschen, dem Du. Damit wird eine Sphäre geöffnet, nicht nur für eine neue anthropologische Fragestellung, sondern ebenfalls für die Gemeinsamkeit, die an die Stelle der Einsamkeit treten soll. Buber beschreibt die Bewegung folgendermaßen:

> „Und da, wie wir gesehen haben, erst dem einsam gewordenen Menschen sich die Frage nach dem Wesen des Menschen in ihren Tiefen eröffnet, weist der Weg zur Antwort auf den Menschen hin, der die Einsamkeit überwindet, ohne ihre fragende Kraft einzubüßen."[56]

Was sich dem Menschen in seinem Innersten offenbart, hilft ihm sozusagen, die vorerst notwendige Einsamkeit zu durchbrechen, ohne dass sich der fragende Ansatz, der zuerst daraus gewonnen wurde, entfernt. Sehr deutlich wird hierbei, wie wichtig die Einsamkeit einerseits ist, andererseits aber auch, wie schädlich sie sein kann, wenn das Individuum nicht in der Lage ist, sich aus der Einsamkeit zu befreien und sie also zu überwinden. Mit diesen Feststellungen wollen wir andeuten, dass Buber in seinem Werk „Das Problem des Menschen" eine geradezu zwiespältige Form der Einsamkeit aufzeigt. Diese Linie der notwendigen und dann zu überwindenden Einsamkeit kann einer von uns schon vorgestellten Linie der geschichtlichen Entwicklung der Einsamkeit an die Seite gestellt

---

55 *Vgl. a.a.O.* S. 354ff.

56 *A.a.O.* S. 400.

werden. Beide Linien der Einsamkeit sind unserer Ansicht nach bedeutend für das Verständnis der Einsamkeit bei Martin Buber.

Schlussendlich ist die Intention Bubers klar, der mit dieser anthropologischen Geschichte der Einsamkeit vorerst eines der wichtigsten Argumente geschaffen hat, um die Dialogik bzw. sein Denken des Anderen zu fundieren. Es geht vordergründig um das Aufzeigen der anthropologischen Fragestellung, die aus der Einsamkeit des Individuums geboren wird, dann aber über diese Einsamkeit hinauszeigen muss, um in einer Dezentrierung vom Individuum zum Mitmenschen die nötigen Voraussetzungen zu bilden, das volle Ausmaß der Anthropologie zu erfassen. Um wieder auf den Titel unseres Buches zurückzukommen, können wir in der Darstellung der geschichtlichen Entwicklung der Einsamkeit bei Buber jene Bewegung des Begriffs feststellen, die einen Spannbogen von der Einsamkeit mit Gott zu einer Einsamkeit ohne Gott vollzieht, daraufhin in größerem Ausmaß einen Wandel von der Einsamkeit selbst zum Dialog – der Beziehung – zwischen dem Ich und Du folgen lässt. Ein Nebeneffekt dieser Metamorphose ist das Verschwinden der Einsamkeit. Trotzdem können wir eigentlich nicht hier schon unsere Einsamkeitsanalyse bei Buber abbrechen und etwa sagen, dass die Bewegung der Einsamkeit bei diesem Denker aufgezeigt und vollzogen wurde. Unser eigenes Ansinnen weicht etwas ab von dieser voreiligen Schlussfolgerung; die Analyse der Einsamkeit ist bei Buber noch nicht erschöpfend ausgeführt worden. Wir können deshalb in einer chronologischen Betrachtung der Einsamkeit durch das Gesamtwerk Bubers hindurch erst die spezifisch feinen Unterschiede zum Begriff der Einsamkeit erörtern, soweit dies nicht schon in diesem Abschnitt geschehen ist. Im Großen und Ganzen können wir behaupten, dass in der geschichtlichen Darstellung der Einsamkeit, die wir hier getätigt haben, eigentlich noch relativ wenig von den eigenen Ansichten von Buber zur Einsamkeit zum Vorschein gekommen ist. Darum wird der nächste Abschnitt auch von der Ausdifferenzierung des Einsamkeitsbegriffes bei Buber handeln.

2.2. *Figuren der Einsamkeit*

In einer sehr ausführlichen Manier haben wir uns der Darstellung des geschichtlichen Wandels der Einsamkeit bei Buber gewidmet. Im Sinne Bubers diente uns diese Darstellung zum Aufzeigen eines der Hauptargumente für die Dialogik. Wie schon erwähnt, handelt es sich jedoch bei dieser Aufarbeitung nicht um eine von Buber selbst entwickelte Position zur Einsamkeit, sondern um seine Interpretation der Vorstellung der Einsamkeit in den verschiedenen geschichtlichen Epochen bzw. bei den unterschiedlichen Philosophen. Nun gibt es aber bei Buber ebenso eine, oder besser gesagt, sogar mehrere eigene Positionen zur Einsamkeit, die wir nun in diesem Bereich als Figuren der Einsamkeit analysieren möchten. Weshalb verwenden wir die Bezeichnung „Figuren“? Dies hat damit zu tun, dass bei Buber eine Interpretation von verschiedenen Figuren, Typen bzw. Einsamkeitsträgern erfolgt. Am Typus des Einsamkeitsträgers scheidet sich sozusagen auch gleich die Form der Einsamkeit bzw. die Bedeutung der Einsamkeit. Buber entwickelt hierbei ganz konkrete Beispiele, um die einzelnen Figuren zu charakterisieren und darzustellen. In diesem teilweise sehr heterogenen Diskurs werden wir nun versuchen Ordnung und Struktur hineinzuinterpretieren, indem wir ausgehend vom einsamen Individuum im Allgemeinen übergehen auf die spezifischen Figuren der Einsamkeit. Das Ende dieses Abschnittes bilden dann zwei unterschiedliche Einsamkeiten, die Buber definiert.

Wir beginnen natürlich, wie auch insgesamt unseren ersten Teil, mit der Frage nach der Einsamkeit des Ich/Individuums. Diese Frage stellen wir bewusst allgemein, denn schließlich und endlich kann in dieser Generalisierung klargestellt werden, wie sich dann daraus die einzelnen Figuren ableiten lassen. Die unserer Ansicht nach beste Charakterisierung des einsamen Individuums finden wir in einem Aufsatz Bubers zum Daoismus, wo dieser wie folgt die Situation des einsamen Ich beschreibt: Es geht um eine Situation, „[…] wo noch kein Du ist als das Ich, und die einsame Rede im Dunkel den Abgrund hinüber und herüber misst […].“[57] Wir haben im vorigen Kapitel das Verhältnis vom Du zum Ich schon geklärt. Das Ich besitzt die Eigenständigkeit zwischen der Welt des Es und des Du zu wechseln, ändert aber gleichzeitig sein In-der-Welt-Sein damit. Das In-Beziehung-Treten mit dem Du geschieht anders als die Relation mit dem Es. Das Ich kann nämlich über die Sprache mit dem Anderen in Beziehung treten. Buber spricht im von uns ausgewählten Zitat von der Rede, welche die Relation zwischen dem

---

57 Buber, Martin: Die Lehre vom Tao. *In:* Werke. Band I. Schriften zur Philosophie. *Ebenda,* S. 1032.

Ich und dem Du initiieren soll. Fällt diese Rede jedoch auf ein fehlendes Du, d.h. auf einen Zustand, wo das Du nicht vorhanden ist, so gerät das Individuum in die Einsamkeit, die über die Metapher des dunklen Abgrundes durchwegs pejorativ verstanden wird. Sind also die Faktoren der Dialogik – ein Ich, ein Du und das In-Beziehung-Treten durch die Sprache – nicht gewährleistet, so müssen wir davon ausgehen, dass Buber wohlweislich die negative Situation der Einsamkeit als gegeben ansieht und wir schließen wiederum an das Hauptargument der unmöglich gewordenen Einsamkeit an, die der Grundstein für die Dialogik ist.

Ist die Einsamkeit des Ich als Mangel der dialogischen Situation zu verstehen, können wir nun davon ausgehen, dass Buber ganz unterschiedliche Figuren der Einsamkeit verstreut über sein Gesamtwerk zu klassifizieren unternimmt. Eine erste auffällige Form in diesem Kontext ist die Figur der *Jugend*. Die Jugend als Thema kommt bei Buber vor allem in den Schriften zur Erziehung vor. Buber ist es dabei immer auch ein Anliegen, auf die Entwicklung der jungen Menschen ein besonders Augenmerk zu werfen und folgendermaßen sieht dieser Philosoph den Zusammenhang mit der Einsamkeit in einer zunehmenden Intellektualisierung der Jugend, denn:

> „Diese Intellektualisierung macht einsam […]. Sie macht einsam, nicht mit der Höheneinsamkeit der Voransteigenden […], sondern negativ einsam, mit der Abgrundeinsamkeit der Verirrten und Verlorenen. Aus der Angst und Schwermut solcher Einsamkeit sehnt sich die Jugend des heutigen Europa nach Gemeinschaft […].“[58]

Drei Elemente können wir diesen Sätzen vorerst entnehmen: zwei verschiedene Einsamkeiten und die Gemeinschaft. Buber deutet in der Distinktion von zwei verschiedenen Einsamkeiten etwas an, das wir erst am Ende dieses Abschnittes genauer betrachten wollen. Einstweilen genügt uns der Hinweis, dass es sich um eine Spaltung von einer positiven in eine negative Einsamkeit handelt. Mit der Intellektualisierung verbindet Buber eindeutig die negative Haltung

---

[58] Buber, Martin: Schriften zur Jugend, Erziehung und Bildung. Herausgegeben, eingeleitet und kommentiert von Juliane Jacobi. – Gütersloh: Gütersloher Verlagshaus. 2005. (Martin Buber-Werkausgabe, Band 8), S. 116.

zur Einsamkeit, wobei die Intellektualisierung als Abschottung von der Gemeinschaft zu verstehen ist. Die Jugend würde sich vornehmlich aufgrund der negativen Gefühle wie besagter Angst und der Schwermut wegen danach sehnen, eine Gemeinschaft bilden zu können. Die Gemeinschaft als drittes Element wird dann im nächsten Kapitel eine entsprechende Behandlung erfahren. Wichtig ist uns hier nur die Vorgangsweise Bubers darzustellen, wie dieser eine Figur der Einsamkeit beschreibt.

Die Jugend ist also jene erste Figur, die Buber eindeutig, wiederum in einem historischen Rahmen des Gegenwartsbezuges, als Träger einer negativen Einsamkeit kennzeichnet. Mit der Aussage von der Negativität der Einsamkeit meinen wir eine Einsamkeit, die nach Buber unter allen Umständen zu eliminieren versucht werden sollte. Wiederum wurde auch das Motiv des Abgrundes aufgegriffen, um dieses Phänomen neben dem zeitlichen Aspekt einer räumlichen Ausdehnung zuweisen zu können. Dieses räumliche Motiv, auch aus den Texten etwa von Nietzsche bekannt, zeigt in der Umkehrung der Höhe den negativen Bereich im Abgrund. Wenn also die Jugend sich nur in ein Intellektualisieren zurückzieht, ohne den geistigen Wettstreit mit Gleichgesinnten zu suchen, so bleibt sie in dieser unfruchtbaren Situation hängen und in dieser negativ besetzten Einsamkeit[59] entwickelt sich diese Jugend auch nicht zu geistiger Reife. Von Buber hat die Figur der Jugend eine besondere Wertschätzung erfahren, insofern, als dass sein philosophisches Wirken immer auch auf diese noch sich bildende geistige Gruppe abgezielt hat. In der Jugend sah Buber das neue und aufstrebende Element in der deutschen bzw. eingeschränkt auch in der jüdischen Geisteslandschaft, soweit sich diese Jugend einigen Richtlinien gemäß entfalten konnte. Eine dieser Richtlinien ist im obigen Zitat zur Einsamkeit enthalten, welche in diesem Sinne nicht ge-

[59] Der Grund für die Annahme der negativ besetzten Einsamkeit der Jugend ist unserer Ansicht nach nicht ohne weiters ersichtlich. Es fällt uns schwer, einen Sinn in dieser Formulierung bei Buber finden zu können. Trotzdem könnte dieser Gedanke aus der chassidischen Lehre stammen, denn wir finden z. B. im Werk „Vom Leben der Chassidim" die Erzählung von einem Jüngling, der sich vollkommen seiner Einsamkeit verschrieben hatte, dies aber nicht mit Demut, sondern mit Stolz tat. Dadurch, schreibt Buber, würde sein einsames Leben der Negativität anheimfallen. *Vgl.* dazu Buber, Martin: Vom Leben der Chassidim. *In:* Werke. Band III. Schriften zum Chassidismus. *Ebenda*, S. 41.

eignet ist, die Basis für diese geistige Landschaft erschaffen zu können.

Die negative Einsamkeit an sich ist noch in zwei anderen Kontexten genauer beschrieben und dies möchten wir auf jeden Fall noch etwas genauer ausführen, zumal gerade die negative Einsamkeit durch die Dialogik und deren Bewegungen eliminiert werden soll. Einen ersten Hinweis finden wir in einer Beschreibung von Menschen, die alleine bei sich zu Hause sitzen, wobei in erster Linie die Verbindung zum einsamen Menschen in dessen Zimmer bei Blaise Pascal in Erinnerung gerufen wird:

> „Aber es gibt Menschen, die sitzen beständig in ihren Kammern eingeschlossen und lernen und treten nicht aus dem Haus, sich mit andern zu unterreden; deswegen werden sie böse genannt. [...] Dies bedeutet es: sei nicht böse ‚vor dir selber'; gemeint ist: damit, daß du vor dir selber verweilst und nicht zu den Menschen ausgehst; sei nicht böse durch Einsamkeit."[60]

Die Ausrichtung dieses Zitates ist dieselbe wie jene zur Jugend. Negativ ist die Einsamkeit dann, wenn nicht auf die dialogische Situation zurückgegriffen wird. Ein reines Verweilen bei sich selbst weist dem Menschen gewissermaßen das Stigma des Bösen zu. Die Einsamkeit wird also dem Böse-Sein vorangestellt. Ähnliches, aber schon im Übergang Begriffenes spiegelt sich in der Beschreibung des Lebens von Rabbi Dow Bär wider: „Rabbi Dow Bär, der Maggid von Mesritsch (gest. 1772), war ein lehrender Denker, genauer: er wurde durch den Baalschem, der ihn aus seiner Einsamkeit befreite, zum lehrenden Denker."[61] Manchmal, so erscheint es uns zumindest, muss auch der Andere das Ich aus seiner Einsamkeit befreien. Im befreienden Akt steht schon ein Übergang von der negativen Einsamkeit zur Gemeinschaft fest.

Wir wollen aber nochmals auf die Jugend zurückkommen, denn ist die Jugend noch eine sich bildende und wachsende Gruppe, so sehen wir in der nächsten Figur der Einsamkeit eine schon fertig ausgebildete Figur: den *Urheber* bzw. den Künstler. Immer wieder geht Buber auf diese Figur des Urhebers in Relation zu dessen Einsamkeit ein. Wir verwenden die Bezeichnung Urheber,

---

[60] Buber, Martin: Die Erzählungen der Chassidim. *In: a.a.O.* S. 206.

[61] *A.a.O.* S. 93 und 94.

obwohl diese ebenso als Künstler oder gar als Denker ausgeführt wird. In diesen drei Termini kommt das Element der Kreativität als Merkmal zum Tragen. Dieser Kreativität nun ist die Einsamkeit als solche äußerst zuträglich; wir dürfen uns aber nicht gleich dazu verleiten lassen, dass dies wohl dieselbe negative Einsamkeit der Jugend sei, sondern können feststellen, dass wir mit einer anderen Einsamkeit konfrontiert werden. Zuweilen ist es auch bloße Konstatierung, wo Buber die Einsamkeit der Figur des Urhebers schlicht und einfach konstatiert, so wie in der folgenden Textstelle: „Ja, der Mensch als Urheber ist einsam"[62], und etwas später: „Eine auf der Ausbildung des Urhebertriebes allein begründete Erziehung würde eine neue, schmerzlichste Vereinsamung der Menschen bereiten."[63] Erstere Aussage vermittelt den Eindruck, dass Buber ausschließlich auf die Einsamkeit des Urhebers hinweist, während letzteres Zitat wiederum zurückdeutet auf eine falsche Erziehung, welche zur Vereinsamung der betreffenden Person führen würde. Die Figur des Urhebers ist bei Buber aber noch in einer ausdifferenzierteren Form des Denkers und des Dichters/Künstlers vorhanden. In diesem Zusammentreffen von einerseits der Einsamkeit des Philosophen, andererseits der Einsamkeit des Künstlers sieht Buber den Zusammenhang folgendermaßen gegeben: „Der Denker ist ursprunghaft einsamer als der Dichter, aber nicht zielhaft einsamer als er."[64] Es gibt eine Graduierung zwischen den beiden Einsamkeiten, wobei die eine ursprünglicher, die andere jedoch kausal ausgerichtet ist. Der Philosoph ist in seinem Denken und seinem Selbstbezug im Denken immer schon von Grund auf einsam und vollführt seine Denkbewegungen in sich selbst aus. Der Dichter ist in seiner Ausrichtung einsam und verfolgt einsam sein dichterisches Ziel, welches sich im Gedicht jeweils niederschlägt. Zu vermerken ist, dass dieser filigrane Unterschied nicht unbedingt in besonderem Ausmaße bei Buber hervorgehoben wird und doch deklariert die Behandlung desselben das Interesse Bubers für die Einsamkeit.

---

62 Buber, Martin: Reden über Erziehung. *In:* Werke. Band I. Schriften zur Philosophie. *Ebenda,* S. 791 und Buber, Martin: Schriften zur Jugend, Erziehung und Bildung. *Ebenda.* S. 140.

63 Buber, Martin: Werke. Band I. Schriften zur Philosophie. *Ebenda,* S. 792 (oder in der Werkausgabe S. 140).

64 Buber, Martin: Beiträge zu einer philosophischen Anthropologie. *In:* Werke. Band I. Schriften zur Philosophie. *Ebenda,* S. 445.

Bevor wir nun zu der wichtigsten Einsamkeitsfigur übergehen wollen, möchten wir schon noch eine Spaltung der Einsamkeit bei Buber vorwegnehmen, weil diese uns von der negativen Einsamkeit der Jugend hin zu einer positiven Einsamkeit führen kann. Am eindrücklichsten finden wir die Beschreibung der zwei Formen der Einsamkeit in den frühen philosophischen Schriften formuliert:

> „Einsame zwei Einsamkeiten sind in deinem Leben verflochten. Nur eine sollst du ausrotten. Das Sich-Verschließen, das Sich-Zurückziehen, das Sich-Gegenüberstellen – die Einsamkeit des Gemeinschaftsunfähigen. Die andere sollst du erst wahrlich gründen und festigen, das notwendige Immer-wieder-einsamwerden des Starken, der seine Strahlen von Mal zu Mal, um neue Kraft zu sammeln, hineinberufen muß in eine Einsamkeit, wo er in der Gemeinschaft des Gewesenen und Kommenden recht von ihr genährt wird, daß er in neuer Kraft zur Gemeinschaft des Seienden ausgehen kann."[65]

Wir haben somit einerseits eine Einsamkeit, die auf einem Sich-Verschließen basiert, worin das Individuum sich zurückzieht aus den gemeinschaftlichen Banden, während andererseits das Einsam-Werden mit der Öffnung des Individuums zur Gemeinschaft hin als positive Einsamkeit zu bewerten ist. Buber kennzeichnet diese letztere Einsamkeit mit den Merkmalen der Stärke und des Kraft-Sammelns im Rückzug aus der Gesellschaft. Nicht zuletzt deshalb ist diese Einsamkeit eine positive Form der Einsamkeit, die sich scharf vom auf sich selber bezogenen Rückzug abzugrenzen versucht. Wir werden diesen Wandel von der Einsamkeit zur Gemeinschaft noch im nächsten Kapitel kurz thematisieren, wo sich für uns die Frage nach dem Zusammenhang vom einsamen Ich zum Du stellt.[66] Bis jetzt haben wir grundsätzlich Figuren der Einsamkeit analysiert, die sich eher der negativen Einsamkeit zuschreiben lassen, bzw. wie in der Figur des Urhebers zwischen den beiden

---

[65] Buber, Martin: Frühe kulturkritische und philosophische Schriften. *Ebenda*, S. 294.

[66] An anderer Stelle führt Buber in einer Darstellung der utopistischen Sozialisten den Begriff der „massierten oder kollektivierten Einsamkeit" ein, der sehr treffend für die erstere Form des auf sich selbst bezogenen Rückzugs des Individuums angewendet werden kann. *Vgl.* Buber, Martin: Pfade in Utopia. *In:* Werke. Band I. Schriften zur Philosophie. *Ebenda*, S. 851.

Formen der Einsamkeit stehen geblieben sind. Wir finden noch eine Vielzahl von anderen Metaphern für die positive Einsamkeit: z.B. die „Einsamkeit der Fülle" in Abgrenzung zur Einsamkeit der Frage, die „Einsamkeit des Meeres" *versus* die Einsamkeit des Abgrundes.[67] Für Buber stehen sich also jeweils eine positive und eine negative Einsamkeit gegenüber.

Es existiert aber noch eine Figur der Einsamkeit, die bei Buber eine sehr große Aufmerksamkeit erfahren hat: Es geht um die Figur des *Propheten* in Relation zum gläubigen Menschen. Verdeutlicht wird diese Figur der Einsamkeit vor allem im Werk „Der Glaube der Propheten". Darin zeigt sich besonders das, was wir mit Buber die „Glaubenseinsamkeit des Propheten" nennen wollen. Aber nicht nur in jenem Text verdeutlicht sich der Umstand, dass die Figur des Propheten als Figur der Einsamkeit positiv konnotiert wird. Mit einem kurzen Satz zeigt uns Buber den Weg zu dieser Perspektive: „Nur in Einzelnen, Einsamen glimmen die heiligen Funken."[68] Und in diesem Sinne sind dann eine Reihe von biblischen Figuren durch Buber in ähnlicher Art und Weise dargestellt worden: Sei dies nun Moses, Jeremias, Ezechiel oder Elias.[69] Ständig taucht im Kontext dieser biblischen Figuren ein Bezug zur Einsamkeit auf, sofern es sich jeweils um Figuren handelt, die neben dem Rückzug auf sich selbst im selben Moment auch das Element des Künders in sich tragen, womit sie vor die Gemeinschaft treten und in der Gesellschaft ihre Funktion erhalten. Das erste Charakteristikum dieser Figur der Einsamkeit ist also seine Verankerung in der Öffnung zur Gesellschaft hin. Der Prophet muss sein in der Einsamkeit mit Gott errungenes Wissen an jemanden weitergeben, um seine Aufgabe zu erfüllen. Somit ist der Glaube in der Einsamkeit das tragende Kennzeichen.

---

67 *Vgl.* dazu Buber, Martin: Die Lehre des Tao. *In: a.a.O.* S. 1033. Diese Synonyme der positiven Einsamkeit werden bei Buber in der Differenz von der Einsamkeit zur Predigt erarbeitet. Die Einsamkeit steht dabei für den Rückzug auf sich selbst, während die Predigt die Hinwendung zum Anderen bedeutet.

68 Buber, Martin: Schriften zur Jugend, Erziehung und Bildung. *Ebenda,* S. 90.

69 *Vgl.* für die „Glaubenseinsamkeit der Propheten" und Ezechiel - Buber, Martin: Der Glaube der Propheten. *In:* Werke. Band II. Schriften zur Theologie. *Ebenda,* S. 433; zu Jeremias: *a.a.O.* S. 426; zu Moses: Buber, Martin: Moses. *In: a.a.O.* S. 126 und 229 und zu Elias: Buber, Martin: Elija – ein Mysterienspiel. *In: a.a.O.* S. 1228.

Zum besseren Verständnis der Einsamkeit des Propheten müssen wir uns Gedanken darüber machen, wie es um den Zusammenhang von Mensch und Gott in der dialogischen Philosophie steht. Eine Seite der Zweiheit in der dialogischen Situation haben wir schon im Ich dargestellt, welches sich zu einem menschlichen Du oder der Es-Welt unterschiedlich verhält. Über dieses menschliche Du jedoch hat das Ich im selben Augenblick auch einen Zugang zum ewigen Du Gottes. In der Transzendenz, welche wir im nächsten Kapitel noch genauer erörtern werden, kann über das menschliche Du zum göttlichen Du eine Verbindung gefunden werden. Deshalb ist ein In-Beziehung-Treten mit Gott in erster Linie nicht in der Einsamkeit anzusiedeln: „Das aber [das In-Beziehung-Treten mit Gott] kann nicht in Einsamkeit mehr geschehen, sondern eben dadurch, dass man in die Welt auch eintritt, in der Welt den Sinn bewährt, aus der Welt leuchtet diese Beziehung immer wieder auf."[70] An anderer Stelle realisiert Buber genau denselben Weg zu Gott: „Er [der Mensch] steht einsam dem ewigen Du gegenüber, aber nicht in der Einsamkeit des Abgesonderten, sondern in jener welttreuen und gelassenen, die alle Verbundenheit mit den Wesen einschließt."[71] In beiden Fällen wird verdeutlicht, dass sich die Relation mit Gott nur über den Weg in der Verbundenheit mit den Menschen vollziehen kann. Die Einsamkeit wird somit zu einer positiven Einsamkeit, die aber im Grunde genommen schon in die dialogische einsamkeitsfreie Situation reicht. Dieser Umstand macht es uns schwer, die positive Einsamkeit auch weiterhin als Einsamkeit betrachten zu können.

Zu diesen Reflexionen bei Buber können wir nun zwei Aspekte besonders hervorheben: Einerseits lässt sich über die dialogische Situation mit Gott im Zusammenhang mit dem vorigen Abschnitt deutlicher verstehen, weshalb eine Einsamkeit ohne Gott jene negativsten Ausmaße in der historischen Darstellung Bubers einnimmt, andererseits ist die positive Einsamkeit geradezu wieder als eine Verbundenheit mit Gott gedacht. Deshalb haben wir es im zweiten Punkt auch nicht mehr unbedingt mit einer Verlassenheit

---

[70] Horwitz, Rivka: Buber's way to I and Thou. An historical Analysis and the First Publication of Martin Buber's Lectures: „Religion als Gegenwart." – Heidelberg: Verlag Lambert Scheider. 1978, S. 147.

[71] Buber, Martin: Die Erzählungen der Chassidim. *In:* Werke. Band III. Schriften zum Chassidismus. *Ebenda,* S. 104.

im Sinne der negativen Einsamkeit zu tun, sondern eben mit einer Öffnung zur Gemeinschaft hin in der Beziehung mit Gott. Darum kann Buber diese Form der Einsamkeit/Gemeinschaft auch für den Propheten ohne größere Probleme zulassen und akzeptieren. Eine ähnlich anmutende Situation zeigt uns Buber in der Beschreibung der Beichte oder aber: „[...] in der Einsamkeit, die sich als Alleinstehen vor Gott und ihre Rede als eine an Gott gerichtete meint [...]."[72] Bedeutend ist hier die Relation zu Gott, die wir besonders unterstreichen möchten, und die Nennung der Rede, die wir in der Darstellung des Ich schon als Kennzeichen der dialogischen Situation erkannt haben. Indem wir uns zu Gott hinwenden, befinden wir uns nach Buber nicht mehr in einer wirklichen Einsamkeit, sondern in einer Zweisamkeit mit diesem, in einer dialogischen Situation.

In ähnlicher Art und Weise erklärt uns Buber die zwei Seiten der Einsamkeit, wenn er von der *Einzigkeit*[73] des Menschen spricht. Die Einzigkeit des Menschen ist zwischen der Gemeinschaft und der Einsamkeit angesiedelt, worin sich das Ich finden muss:

> „Aber wie der Mensch in einsamer Inbrunst Gott sucht und es doch einen hohen Dienst gibt, den nur die Gemeinde vollziehen kann, und wie der Mensch mit dem Tun seines Alltags Ungeheures wirkt, aber nicht allein, sondern der Welt und der Dinge bedarf er zu solchem Tun, so bewährt sich die Einzigkeit des Menschen in seinem Leben mit den andern."[74]

Somit zeigt sich uns in Bezug auf Gott, dass der Mensch dazwischen steht. Selbstverständlich kann ein Ich Gott immer nur alleine suchen und doch wird es in der Glaubensgemeinschaft Halt für diese Suche finden und gewiss ist das Werk des einzelnen Menschen immer wieder von großer Bedeutung und doch benötigt das Ich den Anderen, um zur Wertschätzung seines eigenen Tuns zu gelangen.

---

[72] Buber, Martin: Beiträge zu einer philosophischen Anthropologie. *In:* Werke. Band I. Schriften zur Philosophie. *Ebenda*, S. 491.

[73] Nicht zu verwechseln ist diese Einzigkeit des Menschen bei Buber mit jener Einzigartigkeit des Individuums, wie wir sie noch bei Lévinas genauer kennen lernen werden, auch wenn gewisse Implikationen einen Zusammenhang vermuten lassen.

[74] Buber, Martin: Vom Leben der Chassidim. *In:* Werke. Band III. Schriften zum Chassidismus. *Ebenda*, S. 40.

Wie wir gesehen haben, ist jedoch die Funktion des Propheten eine andere Herangehensweise, insofern, als dass sie darauf ausgerichtet ist, den anderen Menschen in ihrer Gottsuche beizustehen. Folglich ist auch die Einsamkeit des Propheten nicht unbedingt die gleiche Einsamkeit, wie jene des Menschen auf der Suche nach Gott. Aufgrund dieser Bewandtnis können wir die Einsamkeit der Figur des Propheten als positive Einsamkeit anerkennen, die uns dann besonders im dritten Teil des Buches nützlich sein wird, da wir in der Konstruktion unseres Modells nicht von einer Einsamkeit, sondern von mehreren Einsamkeiten ausgehen wollen.

Auch in diesen Kontext zu stellen sind einige Reflexionen Bubers zur Einsamkeit, wie sie Kierkegaard für den Gläubigen vorsieht. Buber unternimmt diese Darstellung mit einer abneigenden Haltung zur menschlichen Einsamkeit. Dies tut Buber, indem er seine Vorstellung des Zwischenmenschlichen der Einsamkeitsvorstellung Kierkegaards entgegenstellt: „Kierkegaard verhehlt uns keinen Augenblick, daß sein Widerstand gegen die Weltbindung, seine religiöse Einsamkeitslehre in einer persönlichen Art und einem persönlichen Schicksal gegründet ist“ und etwas später erklärt Buber, dass Kierkegaard den Ungläubigen: „[…] zum Einzelner-Werden, zum einsamen Glaubensleben, zum Alleinsein vor Gott führen will“[75]. Buber steht unserer Ansicht nach diesem Ansinnen Kierkegaards ziemlich konträr gegenüber, wenngleich er selbst dazu tendiert, den Menschen vor Gott als einsamen Menschen anerkennen zu wollen. Nichtsdestotrotz handelt es sich in diesen Belangen um eine Sonderform der Einsamkeit in der Verbundenheit mit Gott, denn, wie wir schon weiter oben ausgeführt haben, steht der Mensch über dem menschlichen Du in Relation mit dem göttlichen Du, wobei beides Relationen und keines von beiden ein die Einsamkeit produzierendes Element sein kann. In diesem Sinne lässt sich auch nicht von vornherein festlegen, dass die Relation mit Gott, wie sie Kierkegaard einführen möchte, auch im Sinne des dialogischen Prinzips von Martin Buber zu verstehen sein kann. Der Mensch wird jeden Augenblick: „[…] von den eindringenden außerreligiösen Elementen bedroht und von dem religiösen in seiner auswegslosen Einsamkeit an allen Fronten verteidigt […].“[76] Die

[75] Buber, Martin: Die Frage an den Einzelnen. In: Werke. Band I. Schriften zur Philosophie. *Ebenda,* S. 233 und 238.

[76] Buber, Martin: Gottesfinsternis. *In: a.a.O.* S. 528.

auswegslose (negative) Einsamkeit des Individuums wird somit durch dessen Religion bzw. die Religion in ihrem In-Dialog-Treten mit Gott verdrängt. Wiederum ein Zeichen für uns, dass Buber die Einsamkeit aus dem philosophischen Diskurs entfernen möchte.

Wir möchten, am Schluss dieses Kapitels angelangt, noch der Vollständigkeit unserer Darstellung halber auf zwei Besonderheiten der Diskussion der Einsamkeit bei Martin Buber eingehen. Die erste Besonderheit kommt wiederum im Zusammenhang mit dem Ich und der Erziehung vor. Dort nämlich sieht Buber die Entstehung der Verantwortung als ein die Einsamkeit förderndes Element an. Dieser Philosoph hängt die sich darauf beziehenden Reflexionen im selben Moment auch an das zunehmende Maß der Freiheit für den Menschen, welches sich im Einklang mit der Vergrößerung der Verantwortung befindet: „[…] im Maß unseres ‚Freiwerdens' wird uns die Anlehnung verwehrt, muß unsere Verantwortung personhaft einsam werden."[77] Buber gibt uns dabei keine Bewertung dieser Einsamkeit vor. Wir gehen davon aus, dass es sich um ein neutrales Einsamwerden handelt, wobei diese „personhafte Verantwortung", wie Buber sie nennt, als einsam gegenüber dem Seienden zu bezeichnen ist. Einsamkeit hiermit auch zu verstehen als ein Fehlen von anderen Menschen für eine Entscheidungshilfe. Als vereinsamender Faktor ist mitunter die Freiheit in der eigenen Verantwortung zu sehen. In der Entscheidung ist das Ich allein gelassen und kann nur in einem nächsten Schritt zu einer Hilfe vonseiten des Anderen gelangen. Die Hilfe des Anderen vermindert die Einsamkeit des verantwortlichen Ich und in der Rede mit dem Anderen ergibt sich dann schon wieder jene einsamkeitsfreie Situation der Dialogik. Die Einsamkeit und die Verantwortung sind unserer Ansicht nach deshalb von Relevanz, weil dann bei Lévinas dem Prinzip der Verantwortung immense Signifikanz zuerkannt wird. Dort ist die Verantwortung für den Anderen ein distinktives Merkmal des Individuums und die erste Verpflichtung zum Anderen hin. Wir werden davon noch im nächsten Teil des Buches Genaueres erfahren.

Die zweite Besonderheit wird von Diego Sánchez Meca angeführt, der Bubers Ansatz zur Dialogik scharf abgrenzt von

[77] Buber, Martin: Schriften zur Jugend, Erziehung und Bildung. *Ebenda*, S. 145.

anderen Ansätzen, die sich nach diesem Denker auf die Einsamkeit reduzieren lassen. Etwa Husserls Methode der *epoché* bezeichnet Sánchez Meca als „singuläre philosophische Einsamkeit" oder den Ansatz von Martin Heidegger nennt dieser Denker die „metaphysische Einsamkeit". Bei Kierkegaard will Sánchez Meca eine „methodologische Einsamkeit" bemerkt haben, die sehr eng mit dessen Leben zusammenhängt, gleichzeitig aber auch den Weg für den gläubigen Menschen zu seinem Glauben aufzeigt.[78] Erstaunlicherweise geht Sánchez Meca selbst dann nicht mehr auf die Einsamkeiten von Buber ein, sondern zeigt die Begegnung zwischen dem Ich und dem Du als Gegensatz zu den anderen philosophischen Versuchen von Kierkegaard über Husserl und Heidegger, die seiner Ansicht nach in einer der negativ gefassten Einsamkeiten stecken bleiben. Unserer Meinung nach fehlt, wie in so vielen anderen Darstellungen in der Sekundärliteratur, der bedeutende Zusammenhang zwischen dem Versuch Bubers die Einsamkeitsentwicklung geschichtlich zu betrachten und seinen Reflexionen zur Dialogik. Auch Sánchez Meca will diesen Bezug nicht feststellen und gibt nur den Philosophen, die Buber zeitlich umgeben, das Recht, auch über die Einsamkeit nachgedacht zu haben. Wir können zwar keineswegs den Einsamkeiten bei Buber ein Attribut beigeben, welches die anderen Einsamkeiten der anderen Denker innezuhaben scheinen, und doch spielt sich im Kreuzungspunkt der Entwicklung der Einsamkeit und der Figuren der Einsamkeit bei Buber Wesentliches ab, was uns zu einer Position in Bubers Denken verhilft den Grund der Dialogik besser zu verstehen.

Die Einsamkeiten sind für Martin Buber und sein Denken des Anderen in der Dialogik wichtig und zwar deshalb, da durch sie die Dialogik erst Sinn und Bedeutung erhält. In diesem Kapitel hat dieser Umstand für unsere Darstellung oberste Priorität. Der erste Teil umfasste eine Wiedergabe der historischen Untersuchung der Einsamkeit durch Buber in seinem Werk: „Das Problem des Menschen". Darin fanden wir drei Stadien der Einsamkeitsentwicklung: jene der Einsamkeit in Abgrenzung zur Gesellschaft, jene der Einsamkeit der Mystiker mit Gott und jene der nietzscheanischen Einsamkeit ohne Gott. Letztere wurde für Buber zum

78 *Vgl.* Sánchez Meca, Diego: Martin Buber. – Barcelona: Empresa Editorial Herder. ²2000, S. 48, 138ff. und 152.

Incipit der Dialogik. Im zweiten Abschnitt konnten wir einzelne Figuren der Einsamkeit ausmachen, wo jede jeweils mit gewissen Merkmalen ausgestattet die Möglichkeit offenbarte, die gesamte Bandbreite der Einsamkeit von einer negativen Strukturiertheit übergehend zu einer positiven Bewandtnis mit zu inkludieren. In gewisser Weise mussten wir schon ein paar Mal in diesem Kapitel auf den engen Zusammenhang von der Einsamkeit und dem Denken des Anderen verweisen, sei dieses nun das Du oder sei es die Gemeinschaft/das Kollektiv. Als drittes Element wurde Gott zu einem Faktor, der sich für die Einsamkeit bei Buber als entscheidend erwies. An ihm und der Religion scheidet sich nämlich die negative Einsamkeit als reiner Selbstbezug von einem positiven Einsamkeitsbegriff, der sich zur Gemeinschaft und zu Gott hin entwickelt. Denn wie wir schon gesehen haben, ist die Einsamkeit mit Gott oder auch jene der Figur des Propheten als positive Einsamkeit schon irgendwo nicht mehr Einsamkeit, weil das Verhältnis zum Anderen mitzudenken ist. Deshalb erscheint uns ein weiteres Kapitel, welches nun ausführlich die Position des Du im Denken von Buber ausführt, notwendig zu sein, worin wir auch nochmals konkret auf den Zusammenhang von der Gemeinschaft mit dem Individuum eingehen können. Bezeichnenderweise ist nämlich dieser Zusammenhang dafür verantwortlich, dass Buber die Einsamkeit aus dem philosophischen Diskurs tilgen möchte.

3. Das Ich mit dem Anderen

Wir haben in den vorigen beiden Kapiteln zuerst ausführlich das Individuum in der Philosophie Bubers analysiert und sind dann übergegangen zu der Erörterung der Einsamkeitsvorstellung bei diesem Philosophen. Kennzeichnendes Merkmal hierbei ist sicherlich die historische Sichtweise auf die Einsamkeit, welche für Buber die nötigen Argumente bereithält, weshalb die Dialogik – ein Denken des Anderen – an Bedeutung gewinnt. Wie wir bereits wissen, ist mit Nietzsche ein Standpunkt zur Einsamkeit erklommen worden, von welchem aus Buber keine Möglichkeit mehr sieht, Gott und dem Anderen in gebührendem Ausmaß Rechnung zu tragen. Und gerade deshalb sieht Buber einen Handlungsbedarf der Philosophen, sich aus dieser Unmöglichkeit der Einsamkeit heraus einen neuen Weg zu bahnen, der ein Philosophieren vorsieht in Hinblick auf die Position des Anderen. Denn der Andere bietet für die Denker des Anderen gleichzeitig immer auch einen guten Zugang zur Elimination der Einsamkeit des Individuums. So hat sich dies auch im zweiten Kapitel unseres Werkes aufzeigen lassen. Ein vollständiges Zurückdrängen der Einsamkeit des Individuums ist bei Buber, und im nächsten Teil werden wir Ähnliches auch bei Lévinas sehen, ein wichtiges Ansinnen in seinen Reflexionen. Indem wir aber allein das Individuum bzw. das Ich bei Buber betrachten, erschließt sich uns noch nicht der vollständige Umfang der Frage nach der Einsamkeit. Es fehlt genau genommen noch die Position des Anderen, die uns zeigt, wie sich Buber schlussendlich der Einsamkeit entledigen kann.

Nun stellt sich uns also die Frage, wie die Integration des Anderen als Du im philosophischen Diskurs bei Buber dazu beitragen kann, die Einsamkeit einzuschränken, bzw. sie ganz aus dem philosophischen Diskurs zu tilgen. Das Du ist, um es vorwegzunehmen, bei Buber in zweifacher Weise gegeben: einerseits als das Du des anderen Individuums, andererseits als das göttliche Du. Von Interesse erscheint uns vor allem das erstere Du zu sein, welches das Denken des Anderen betrifft. Buber meint dabei den Anderen in all seinen Manifestationen und Realisierungen, als das andere denkende, menschliche Wesen. Dieses menschliche Wesen ist in seinem Dasein Widerstand für das Ich des Individuums und doch auf ein und derselben Ebene angesiedelt wie dieses. Durch das Auftreten des Du ändern sich bei Buber einige Aspekte, sowohl in Richtung der Sprache als auch in Richtung der Ontologie. Beide Aspekte sind für uns von Bedeutung, sobald sie auch in Bezug auf die Einsamkeit neue Wirkungen mit sich bringen. Wir wollen deshalb im Folgenden wesentliche Punkte anführen, die das Du verdeutlichen können, um diesem dann eine genauere Kontextualisierung des Einsamkeitsdiskurses im nächsten Abschnitt folgen zu lassen. In diesem abschließenden Kapitel zum ersten Teil wollen wir uns also die Position und den Stellenwert des Anderen im Zusammenhang mit der Einsamkeit ansehen und darüber Klarheit gewinnen.

3.1. Das Du in der Relation zum Ich und zur Welt

Schon die Überschrift dieses Abschnittes deutet mit Bestimmtheit auf die Ausrichtung hin, nämlich auf die Analyse des Du in einer Relation. Und wirklich, so scheint es zumindest, steht das Du bei Buber zuvorderst und im Wesentlichen in einer Relation. Diese Relation lässt sich zur Welt formulieren, ebenso aber auch als Relation zu einem Ich erkennen. Für unsere Belange ist natürlich die letztere Relation als Schwerpunkt anzusehen, denn uns interessiert in erster Linie das Thema der Einsamkeit und darin die Relation vom Ich zum Du. Bevor wir aber sehr genau auf die Einsamkeit und das Du eingehen, wollen wir noch einige allgemeine Bezüge herstellen, die das Du in der Philosophie Bubers besitzt. Schon die Bezeichnung des Dialogs lässt bei Buber eine Dualität vermuten, die diesem zugrunde liegt. Diese Dualität besteht, in einer sprachlichen Richtung gesehen, aus dem Sprecher und dem Angesprochenen. Der eine Teil ist jener, der sich in seiner Sprache ausdrückt, der andere Teil ist jener, der zuhört und diese Sprache aufnimmt. In der Zwiefältigkeit der Urworte bei Buber wird das Du zum wichtigen Bestandteil in der Verbindung vom Ich/Du und erhält dadurch einen besonderen Status zugewiesen. Was konstituiert aber diesen besonderen Status des Du? Was macht genau genommen das Du eigentlich aus? Diesem Phänomen des Du kommen wir unserer Ansicht nach besser näher, indem wir uns systematisch von den ersten Werken Bubers weiterbewegen hin zu späteren Aussagen dieses Philosophen.

Zuvor müssen wir aber noch festlegen, dass das von Buber verwendete und von uns übernommene Du gleichzusetzen ist mit dem Anderen. Diese beinahe selbstverständliche Aussage ist in ihrer

Bedeutung nicht so eindeutig, denn das Du als persönliche Anrede kann, wie wir noch sehen werden, zwei Positionen kennzeichnen: jene eines menschlichen Du und jene eines göttlichen Du. Der Begriff des Anderen hingegen hat im Unterschied zum Du die Möglichkeit auch die Position des Dritten – eine für die Reflexionen von Lévinas bezeichnende Position des dritten Menschen – mit zu umfassen. Unserer Ansicht nach muss mit dem Anderen jeder Andere gemeint sein können, was nicht dem Personalpronomen Du entsprechen kann. Durch unsere terminologische Übernahme des Du von Buber wollen wir deshalb zum Anderen von Lévinas eine Grenze setzen. Unserer Meinung nach wurde von beiden Autoren bewusst jeweils eine bestimmte Terminologie verwendet, die in unseren Analysen nur hilfreich sein kann für eine bessere Unterscheidungsmöglichkeit. Nicht folgen wollen wir deshalb der Aussage von Theunissen, der unbegründet eine Gleichsetzung von Du und Anderem zu sehen vermeint.[79] Nun ist es aber endlich an der Zeit, uns der Entwicklung der Position zum Du bei Buber anzunähern und dies tun wir, indem wir uns seinen Aussagen dazu im Werk: „Daniel" zuwenden.

Im „Daniel" bietet uns Buber eine erste Beobachtung zur Bedeutung des Du an. In einem primären Stadium der Entwicklung des Individuums begnügt sich dieses mit einem Du in seiner eigenen Innerlichkeit. Doch von dem Moment an, wo das Individuum voll entwickelt ist, wird es notwendigerweise mit der Exteriorität konfrontiert. Buber zeigt diese Situation mithilfe einer sehr metaphorischen Sprache im folgenden Textabschnitt auf: „Solang einer in der Ruhe seines Werdens ist, darf ihm das Du genügen, das er in sich selbst trägt. Kommt aber die Flut an ihn, dann ist es ihm Not und Beruf, sich das Du, zu dem er sprechen kann, in der Welt zu finden."[80] Die Bedeutung des Du nimmt mit der Entwicklung des menschlichen Wesens zu. Nur die Ruhe des Werdens erlaubt dem Individuum in seiner Einsamkeit mit dem inneren Du zu verharren. Die Motivation, sich von diesem Zustand zu lösen, ist das Sprechen, welches man sich mit der Zeit aneignet. Sich in der Sprache befindend, beginnt das Individuum den Anderen zu suchen. Buber drückt dieses Bedürfnis in den Vorarbeiten zum Werk „Ich und Du"

---

79 Vgl. Theunissen, Michael: Der Andere. *Ebenda*, S. 274.

80 Buber, Martin: Frühe kulturkritische und philosophische Schriften. *Ebenda*, S. 205.

ähnlich aus: Gemeint sind die Vorlesungen mit dem Titel: „Religion als Gegenwart". Die Reflexionen beginnen dort mit einem Vergleich von vier Situationen des Gegenüber-Seins. Die erste Konstellation darin wird dargestellt vom Menschen, welcher liebt.[81] Buber stellt hierbei die Erfahrung und die Beziehung einander gegenüber. Die Erfahrung bezieht sich auf das Erkennen der Welt in Zusammenhang mit deren Objekten. Die Beziehung ist der Begriff, welcher der Vergegenwärtigung des Anderen als Du und menschliches Wesen gewidmet wird. Kurz gesagt versucht Buber zu erklären, dass das Du nicht immer nur ein Du der Beziehung bleiben soll, sondern sich auch verändern kann. Diese Veränderung wird in „Ich und Du" erklärt, worauf wir gleich zurückkommen werden.

Was erhalten wir dann also vom Du? Nach Buber erhalten wir vom Du im Grunde genommen nichts, da es sich beim Du nicht um ein Objekt handelt. Wir erhalten vom Du nur die Totalität ohne die Integration der Singularität der Attribute eines Objektes. Ein sehr wichtiger Satz erklärt die Beziehung vom Du zur Zeit: „Gegenwart gibt es im Leben insofern und nur insofern, Gegenwart gibt es nur insofern, als es Beziehung gibt, als es Du, als es Beziehung zu einem Du gibt."[82] Die Existenz des Du ist die Bedingung der Möglichkeit der Gegenwart und die Beziehung erschafft den Zusammenhang zwischen den beiden Kontexten von Ich und Du. Buber führt seine Argumentation in diese Richtung weiter, wenn er die Bewegung des Du zwischen der Welt des Subjekts und der Welt der Objekte wieder aufgreift. Dies geschieht bis zu einer weiteren interessanten Wendung, die uns wiederum einen Rückbezug auf den vorherigen Absatz anzeigen kann: Ein Kind wäre nämlich im Besitz eines eingeborenen Du, welches sich seit seiner Geburt in ihm situiert. Danach, so wie wir das schon etwas weiter oben sehen konnten, beginnt das Kind den Anderen zu suchen, was auch außerhalb seiner selbst geschieht. Eine weitere Fragestellung in diesen Vorlesungen betrifft die Augenblicklichkeit und die Kontinuität des Du in der Beziehung. Es geht dabei um die Problematik des Augenblickes. Wenn wir nämlich das Du nur in einigen Augenblicken realisieren können, entginge uns damit die Möglichkeit, eine kontinuierliche Beziehung mit dem Du anzunehmen und damit wäre auch der Bezug zur Gegenwart nicht gegeben. Einen mög-

---

[81] *Vgl.* dazu Horwitz, Rivka: Buber's way to I and Thou. *Ebenda*, S. 87f.

[82] *A.a.O.* S. 103.

lichen Ausweg aus diesem Dilemma zeigt uns Buber auf, indem er das ewige göttliche Du einführt. Das ewige Du kann eine ewige Gegenwart darstellen, weil es sich sowohl in der Welt der Objekte als auch in der Welt der Subjekte befindet.[83]

In diese Richtung gehen die Ansätze von Theunissen zur Interpretation des Du bei Buber, wenn dieser die Charakterisierung des Du als Nichts vornimmt. Das Du steht in der Philosophie Bubers den Objekten der Es-Welt gegenüber. Während Letztere etwas darstellen, so erscheint uns das Du in einem ersten Moment als Nichts, da es erst in Relation mit dem Ich zu etwas Konkretem wird. Was beinhaltet diese Konkretisierung? Theunissen formuliert dies folgendermaßen: „Das bedeutet freilich nicht, daß das Du ein leeres Wort wäre, das keine Wirklichkeit erschlösse. Im Gegenteil: die Wirklichkeit, im Es bloß repräsentiert, ist im Du unmittelbar präsent […]."[84] Durch diese Aussage können wir schon festhalten, dass die Präsenz ein distinktives Merkmal des Du ist. Die Vergegenwärtigung des Du in der Relation zum Ich führt zur Präsenz desselben in einer zeitlichen Konstellation. Da wir aber wissen, dass das Merkmal des Ich in dieser Relation nicht die Grenzen sind, wie wir sie etwa in der Es-Welt vorfinden, so kann auch das Du nicht klar sein bzw. ein umgrenztes Etwas darstellen. Aufgrund dieser Feststellungen finden wir die von Albino Babolin eingeführte Kennzeichnung des Du als Geist (*lo spirito*) als treffend und nützlich, denn in der Bezugnahme auf den Geist können wir das Du definieren als nicht reduzierbares Wesen auf eine Objektwelt, insofern, als dass dort der Geist nicht impliziert ist.[85] Dieser Geist steht im Einklang mit der Deutung des buberschen Du als ein Nichts in den Reflexionen von Theunissen, zumal auch der Geist als unbegrenzt anerkannt werden kann. Wie aber führt Buber selbst seine Darstellung des Du fort?

Im Buch „Ich und Du" greift Buber die Frage nach dem Du wieder auf, indem er das Du in der ersten Beziehung der Urworte ausführt und dies in Abgrenzung vom Es realisiert, denn „[d]as Reich des Du hat anderen Grund."[86] Zu dieser Begründung des Du

---

83 *Vgl. a.a.O.* S. 107ff.

84 Theunissen, Michael: Der Andere. *Ebenda*. S. 303.

85 *Vgl.* Babolin, Albino: Essere e alterità in Martin Buber. *Ebenda*. S. 131.

86 Buber, Martin: Ich und Du. *In:* Werke. Band I. Philosophische Schriften. *Ebenda*, S. 80.

gesellt sich bei diesem die Vorstellung der Freiheit von Grenzen. Jedes Es – sprich jedes Objekt – hat andere Objekte, woran sich sein Sein abgrenzt. Jedes Objekt wird von anderen Objekten begrenzt. Im Unterschied dazu hat das Du keine Grenzen. In einer kurzen, dafür aber prägnanten Formulierung liefert uns Buber eine Definition zur Ankunft des Du: „Das Du begegnet mir von Gnaden – durch Suchen wird es nicht gefunden. […] Das Du begegnet mir."[87] Es ist also die Unmittelbarkeit, welche das Du charakterisiert. Seine Möglichkeit der Begegnung wird bei Buber besonders hervorgehoben. Die angeführte Unmittelbarkeit wird erst dadurch mittelbar, wenn das menschliche Du zurückkehrt zu seiner Objekthaftigkeit. Das menschliche Du bei Buber ist besagter Rückkehr in die Welt der Objekte verpflichtet; sogar ein gewisser Zusammenhang über die Essenz lässt sich zwischen dem Du und den Objekten ausmachen. Wiederum unter Verwendung von Metaphern zeigt uns Buber die Relation zwischen dem Du und dem Es: Das Es sei der Kokon, während das Du der Schmetterling wäre.[88] Wir können also eine erste Entwicklung des Du konstatieren: ein Du, welches noch in der Objektwelt verhaftet ist und ein Du, welches dann aus dem „Gefängnis" der Objekte ausbrechen kann und in Beziehung mit dem Ich tritt.

Das Thema der Objekte im Bezug auf das menschliche Du kehrt nochmals zurück in einer Diskussion der Trennung. Wir werden dann im nächsten Teil die Trennung noch besser analysieren können, wenn wir die Vorstellung zum Individuum bei Lévinas genauer erörtern. Buber jedenfalls zeigt auf, dass die Welt der Objekte mit der Trennung zu identifizieren ist. Wenn das Du der Beziehung wiederum zurückkehrt zur Objektwelt, dann kehren damit auch die abgelegten Grenzen zurück und die Trennung zwischen dem Objekt und dem Subjekt ist wiederum da.[89] Nun stellt sich uns in diesem Kontext auch die Frage, wer nun zwischen den Subjekten bei Buber bevorzugt wird. Für Buber ist klar, dass das Ich eigentlich Ausgangspunkt ist für den Ruf des Anderen, während gleichzeitig das Ich im Suchen des Du nicht erfolgreich sein wird. Trotz letzterem Aspekt geht es darum, dass das Ich aus seiner Vereinzelung in der Welt hin zur Beziehung geführt wird. Im Rückgriff

---

87 *A.a.O.* S. 85.

88 *Vgl. a.a.O.* S. 89.

89 *Vgl. a.a.O.*

auf die besondere Situation der Beziehung können wir Folgendes lesen: „Die Duwelt hat in Raum und Zeit keinen Zusammenhang.“[90] Somit sind das Ich und das Du von der Zeitlichkeit und der Verortung der Objekte in der Welt befreit. Jedes Objekt hingegen ist begrenzt und dank dieser Begrenzung besteht die Möglichkeit einer Verortung des Objektes. Die Verwirklichung eines Objektes ereignet sich in der Zeit, welche auch das Werden des Objektes verdeutlichen kann: Damit ist nun seine Seinsmodalität geklärt.

Das sind also mehr oder weniger die ersten Beschreibungen des Du bei Buber. Während seines gesamten Werkes müssen wir jedoch feststellen, dass Buber immer wieder Versuche unternimmt, der Frage nach dem Du sich anzunähern. Ein Beispiel kann hier der Text „Elemente des Zwischenmenschlichen“ sein, worin Buber nochmals die begründenden Aspekte des Du im Kontext des Zwischenmenschlichen abhandelt. Es gibt dafür drei Konditionen: a) die Beziehung zwischen zwei Wesen darf nicht der Welt des Scheins zugeordnet werden und das Du darf deshalb ebenfalls nicht Schein sein; b) jedes der beiden in Beziehung stehenden Wesen muss sich den jeweils anderen Part der Beziehung vergegenwärtigen und als persönliches Wesen erkennen und c) keiner der beiden Wesen darf den jeweils anderen Part unterdrücken.[91] Das Du hat deshalb denselben Wert wie das Ich und es gibt keine Hierarchie zwischen den beiden Instanzen. Im Buch „Bilder von Gut und Böse“ entwickelt Buber das Argument der Bestätigung. Die Bestätigung ist sehr bedeutend in der Beziehung, da durch diese das Ich ein Bild von sich selbst erhält. Es handelt sich um eine Bewertung durch den Anderen, welche dem Ich ein Bewusstsein von sich selbst schafft. Durch das Du wird das Ich in seiner Selbstheit bestätigt und kann somit Dieser-Mensch-Sein.[92] Die Bestätigung unseres Seins ist somit eine der wichtigsten Aufgaben des Du.

Wir wollen ein wenig bei den ontologischen Implikationen der Philosophie Bubers verweilen, da klar sein dürfte, dass sich in ihnen auch das Wesen des Du genauer umreißen lässt. Dem Du wird nämlich in der Sekundärliteratur des Öfteren ein gewisses ontologisches Apriori gegenüber dem Ich zugeschrieben. Denn erst durch den Ruf

---

90 *A.a.O.* S. 100.

91 *Vgl.* Buber, Martin: Schriften zur Psychologie und Psychotherapie. *Ebenda,* S. 101.

92 *Vgl. a.a.O.* S. 66.

des Du in seiner Präsenz entsteht die ontologische Gegebenheit für das Ich, in welche beide abtauchen können und zu der Unbegrenztheit ihrer selbst gelangen. Die Präsenz des Du ist hierbei eine unmittelbare Präsenz des Seins und im Zwischenraum, welcher sich zwischen Ich und Du einschreibt, gibt sich Sein als solches.[93] Dazu können wir einige Gedanken ebenfalls aufnehmen, wie sie uns Theunissen in seinen Überlegungen gibt: „So kommt das im Du erlebte Sein nicht als es selbst zur Sprache, sondern nur in Bildern, die es letztlich in die Es-Sphäre hinabziehen. Nur was das Du nicht ist, nicht, was es ist, bleibt gewiß."[94] Das Du wird deshalb durch das beschrieben, was es nicht ist, weil auch das Sein der Relation Ich/Du nicht Zur-Sprache-Bringen ist. Nichtsdestotrotz muss die Sprache als untergeordnete Ebene des Seins anerkannt werden, da das Zustandekommen der Relation in der Rede sich ausschließlich sprachlich vollzieht. Der Ruf des Du und das Angerufen-Sein des Ich stehen im Zentrum des In-Beziehung-Tretens, um dem Sein zu einer Kontinuität zu verhelfen. Jeder Versuch sich das Du bildlich vorzustellen ist zum Scheitern verurteilt, da Bilder immer nur Vorstellungen aus der Es-Welt wiedergeben können. *More philosophico* gesprochen ist das Seiende in der Relation Ich/Du ohne Form und darum jeglicher menschlichen Imagination entleert.

Wir haben bis jetzt hauptsächlich vom menschlichen Du gesprochen und die Relation zwischen dem Ich und dem Du als Präsenz interpretiert. An dieser Denkweise wollen wir nichts ändern und trotzdem müssen wir eingestehen, dass dieser Präsenz die Kontinuität in Hinsicht zur Ontologie vermeintlich fehlt. Denn das In-Beziehung-Treten vom Ich zum Du kann unserer Ansicht nach immer nur momentan und partiell sein, wobei grundsätzlich die zeitliche Dauer und Beständigkeit zu fehlen scheint. Wie aber gelangt Buber zu dieser zeitlichen Beständigkeit? An dieser Stelle ist es sinnvoll zu beginnen, vom göttlichen Du zu sprechen. Im Grunde

---

93 *Vgl.* Babolin, Albino: Essere e alterità in Martin Buber. *Ebenda*, S. 169. Babolin arbeitet seine Interpretation in dieser Richtung weiter aus und spricht in diesem Kontext auch vom Du-Sein und der Epiphanie des Du in der Relation mit dem Ich (*Vgl.* z. B. S. 195). Für unsere Belange genügt es, dem Du ein ontologisches Apriori zuzuerkennen, was der Eigenständigkeit des Ich entgegenwirken kann. Damit nähern wir uns langsam auch schon der gegenseitigen Intentionalität zwischen dem Individuum und dem Anderen in der Freundschaft an.

94 Theunissen, Michael: Der Andere. *Ebenda*, S. 307.

genommen fehlt in gewisser Art und Weise dem menschlichen Du der seinsbegründende Charakter für die Es-Welt, d.h. das Du, selbst im Zusammenhang mit dem Ich, kann nicht aus sich selbst das Seiende der Welt sein. Das menschliche Du wird immer nur ein Du sein, welches kommt und geht, von dem wir Abschied nehmen müssen.[95] Wer kann aber die Kontinuität des Seins in der Welt im Abschied vom Du garantieren? Für diese Zwecke hat Buber die Vorstellung des göttlichen Du eingeführt. Denn dieses Du ist ewig und erschafft die ontologische Kontinuität der Welt. Diesem Du ist nach Theunissen eine andere „Seinsart" inhärent, die nicht gleichzusetzen ist mit jener des menschlichen Du oder des menschlichen Ich.[96] Aufgrund dieser Feststellung kann aber auch das Ich nicht vom menschlichen Du konditioniert werden, weil beide überlagert werden von einem absoluten ewigen Du.[97] Wenngleich das Ich ein menschliches Du anspricht, so ist ständig auch das göttliche Du mit angesprochen, welches den Urgrund für die menschlichen Beziehungen im Sinne Bubers bildet.

Das ewige Du ist seiner Struktur gemäß noch schwerer zu fassen, als dies schon das menschliche Du ist und deshalb wollen wir aus den Texten zur Bibel und zum Chassidismus von Buber einige Beispiele herausholen für eine Klärung dieses Begriffes. Einleitend ist unserer Ansicht nach dabei ein in den „Erzählungen der Chassidim" aufgenommenes Lied als Beispiel dienlich:

„Wo ich gehe – du!
Wo ich stehe – du!
Nur du, wieder du, immer du!
Du, du, du!
[...]
Himmel – du, Erde – du,
Oben – du, unten – du,
Wohin ich mich wende, an jedem Ende
Nur du, wieder du, immer du!
Du, du, du!"[98]

---

[95] *Vgl. a.a.O.* S. 340 und 343.

[96] *Vgl. a.a.O.* S. 334.

[97] *Vgl.* Babolin, Albino: Essere e alterità in Martin Buber. *Ebenda,* S. 62.

[98] Buber, Martin: Die Erzählungen der Chassidim. *In:* Werke. Band III. Schriften zum Chassidismus. *Ebenda,* S. 331.

Dieser nichtphilosophische Text beinhaltet unserer Ansicht nach eine Reihe von Elementen, die für die Charakterisierung des ewigen Du fundamental sind. Der repetitive Charakter dieses Gedichts, wo das Du als wiederholendes Element heraussticht, erzählt von der allumfassenden Gegenwart des göttlichen Du, kann aber in vielen Fällen auch als das menschliche Du verstanden werden. Das erzählende bzw. singende Ich ist in allen räumlichen (Himmel, Erde, an jedem Ende), aber auch in allen zeitlichen (wieder, immer) Belangen von einem Du umgeben und eingefasst. In diesem Sinne haben wir Bubers ewiges Du umfasst, welches über das menschliche Du den Seinsgrund für das Ich und die Welt anzubieten vermag.

Wir kennen bereits aus dem ersten Kapitel die Differenzierung Gottes in ein Ich als sprechendem Gott und in ein Du als angesprochenem Gott. Die Situation des Gebets ist selbstverständlich eine solche intime Form des Sprechens mit dem ewigen Du, das durch das Sprechen Gottes mit einem menschlichen Du wiederum eine Inversion erfahren kann, sei dies jenes Du der Figur der Einsamkeit des Propheten oder jenes Du des Menschen allgemein.[99] Ein wesentliches Anliegen ist Buber gerade in seiner Bibelübersetzung die Verwendung des Du und auch des Er als kennzeichnende Elemente für Gott.[100] Das Wort *Jah* wird in diesem Sinne mit diesen zwei Personalpronomina übersetzt und führt uns ebenfalls wieder auf die Bedeutung des Wortes Du für Gott hin. Weg von der Übersetzung hin zu einem praktischeren Bezug geht Buber mitunter auch auf das Zwiegespräch mit Gott ein. Buber vergleicht dieses mit der dialogischen Situation, die sich genau so wie das Gespräch mit Gott verhält. Das angesprochene Ich wird dabei von einem Geist beseelt, „[...] der eben nichts anderes ist als das Aufgenommensein in das dialogische Verhältnis zur Gottheit, in das Zwiegespräch."[101] Dieses Gespräch mit Gott ist dann die höchste Stufe des Kontaktes mit dem Seinsurgrund, der die besagte Welt und das Individuum

---

[99] Auf diesen Punkt kommt Buber gelegentlich in seinen Schriften zur Bibel zurück. Dies steht dann im Kontext des Dekalogs: „Vermöge seines ‚Du' bedeutet der Dekalog die Erhaltung der göttlichen Stimme." Buber, Martin: Moses. *In:* Werke. Band II. Schriften zur Bibel. *Ebenda,* S. 150 oder z. B. Buber, Martin: Was soll mit den Geboten geschehen? *In: a.a.O.* S. 897.

[100] Ein Beispiel für diese Vorgangsweise findet man in Buber, Martin: Recht und Unrecht. *In: a.a.O.* S. 955 und die Erklärung dazu in Buber, Martin: Die Schrift und ihre Verdeutschung. *In: a.a.O.* S. 1129.

[101] Buber, Martin: Moses. *In: a.a.O.* S. 190.

umfasst. Wir haben aber schon im vorigen Kapitel zur Einsamkeit gesehen, dass eine Einsamkeit des Ich mit diesem ewigen Du nicht möglich ist, weil das ewige Du immer da ist und das Individuum in dieser Positivität der Einsamkeit nicht wirklich allein zu sein vermag. Deshalb kann angenommen werden, dass über die Relation des Ich zu einem menschlichen Du und der darin implizierten Beziehung zu Gott die Einsamkeit aufhört zu bestehen.

Damit wir aber doch noch handfeste Elemente für das menschliche Du erhalten, wollen wir noch ein praktisches Beispiel für die Diskussion des Du geben: In seinen „Reden über Erziehung" versucht Buber den Begriff des Du sogar in das Denken der Erziehung zu integrieren, da seiner Ansicht nach die Erziehung immer nur als Dialog existieren kann. Noch besser wäre es, wenn wir sagen würden, dass die pädagogische Diskussion von einer dialogischen Situation antizipiert wird. Sie wird also antizipiert in einer Erfahrung vonseiten des Du, welche das Ich in seiner Existenz berührt. Unterdessen kann man die Beziehung mit dem Anderen nicht lernen. Es handelt sich hierbei nicht um die Erlernung des objekthaften Seins, da wir keinerlei kreativen Akt gegenüber dem Anderen setzen können. Wir könnten nur einen gewissen Trieb zur Beziehung mit dem Du akzeptieren. Damit wäre die Erziehung eine der Möglichkeiten in die Welt der Beziehungen einzutreten und deshalb ist man als Erzieher nahezu gezwungen, den dialogischen Weg entlangzugehen als das Du, welches dieses und jenes Ich in seinem Sein bestätigt.[102] Mit dieser Bezugnahme zur Erziehung sind wir bezüglich der Aspekte des Du bei Buber an einem Endpunkt angelangt. Wir haben in etwa den Denkweg verfolgen können, den Buber in der Darstellung des Du zwischen dem Ich und dem Sein eingeschlagen hat, ohne aber noch besonders den Zusammenhang vom Du mit der Einsamkeit des Individuums klargemacht zu haben. Dieser für uns von besonderem Interesse seiender Aspekt soll nun im folgenden Abschnitt eine Analyse erfahren.

3.2. *Der Bezug des Du zur Einsamkeit des Ich*

Wir haben im vorigen Abschnitt eine Analyse des Du unternommen, die alle wichtigen Aspekte und Ausdifferenzierungen umfasst

---

[102] *Vgl.* Buber, Martin: Reden über Erziehung. *In:* Werke. Band I. Philosophische Schriften. *Ebenda,* S. 792 und für die vorherigen Argumente *a.a.O.* S. 801 (oder in der Werkausgabe 140f und 148).

hat. Für unsere Thematik ist es von Bedeutung, dass ganz deutlich wird, wie sich im Denken des Anderen bei Buber die Einsamkeitsvorstellung verändert und darum wollen wir an dieser Stelle nun genauer auf diesen Teilbereich des Du eingehen: Es geht vornehmlich um die Frage, wie sich das Du im Zusammenhang mit der Einsamkeit des Ich verändert bzw. entwickelt. Interessanterweise finden wir diesen Aspekt bei Buber nur selten thematisiert; von der Seite des Ich aus wissen wir, dass die Einsamkeit sich auf dieses senkt, wenn kein Du vorhanden ist, wenn sozusagen die Rede des Ich auf keine Antwort stößt. Wie aber können wir dies wohl verstehen in Bezug auf das sich in die Relation der Dialogik einschaltende Du? Weshalb beginnt für dieses Du die Einsamkeit des Ich zum Problem zu werden oder wie verändert sich das Du im Zusammentreffen mit dem einsamen Ich? Diese Fragen können nur dann beantwortet werden, wenn wir uns Gedanken darüber machen, wie Buber das Verhältnis vom einsamen Ich zur Gemeinschaft versteht. Obzwar das Du im eigentlichen Sinn eine besondere Form der Gemeinschaft bzw. deren Beginn ist, reduziert Buber seine Betrachtungen nicht ausschließlich auf ein Du, sondern eben auf die Gemeinschaft in ihrer Gesamtheit, was heißen mag, dass dies eine Gemeinschaft von Gleichgesinnten, eine Religionsgemeinschaft, usw. sein kann. Erst in der Deutung dieses Verhältnisses des Ich zu einer Gemeinschaft offenbart sich der Sinn der Einsamkeit für das Du.

Der Ausgangspunkt für eine Beschäftigung mit der Wirkung der Einsamkeit auf das Du wird also vorerst auf eine Untersuchung der Relation von einem Ich zur Gemeinschaft erweitert werden, das nichtsdestoweniger schon immer implizit das Du mitdenkt. Nur genügt unserer Ansicht nach dieses Mitdenken nicht unbedingt. Wir beginnen trotzdem mit einem Hinweis auf eine Zweierrelation, die uns Buber in seinen philosophischen Schriften näher zu bringen versucht:

> „[...] im Partnertum erst wird ihm [dem Menschen] Welt und Geschick zur Sprache. Auch noch wenn ihm in zurufloser Einsamkeit das hörerlose Wort die Kehle bedrängt, haftet diesem das von urher Mögliche, das Empfangenwerden an."[103]

---

[103] Buber, Martin: Beiträge zu einer philosophischen Anthropologie. *In: a.a.O.* S. 447.

Wir sehen also klar, dass dem menschlichen Individuum schon ehedem eine Anlage zum Eintritt in eine Partnerschaft inhärent ist, wodurch er sich aus seiner Einsamkeit lösen kann hin zu einem Du. Ein besonderes Augenmerk sei in diesem Kontext auch der Verwendung der auf das Reden bezogenen zwei Adjektive „zuruflos" und „hörerlos" gewidmet, insofern, als dass damit genau auf den Sachverhalt des Sprachlichen der dialogischen Relation verwiesen wird. Die dargestellte Einsamkeit ist eine negative Einsamkeit, die in gewissem Sinne auf das Fehlen einer Relation verweist. Wir möchten sie auch als unsprachliche Einsamkeit demarkieren. In diesem Vorstadium des noch nicht sich voll realisierenden Ich und dem Noch-Nicht der Beziehung, schreibt sich die Einsamkeit ein, aus der das Ich einen Ausweg sucht. Aus der Perspektive des Du geschieht mit dem Eintritt in die Relation ein Wandel der Einsamkeit zu einer Partnerschaft, wie dies Buber treffend beschreibt.

Buber vermerkt in seinen immer wieder von Gegenwartsbezügen durchsetzten Texten deutlich, dass das Ich nicht nur dem Du ausgesetzt ist, sondern gleichfalls der Gemeinschaft - dem Kollektiv - ausgeliefert ist. Diese Tendenz erscheint uns ein sinnvoller Übergang zu sein, um speziell auf die Gemeinschaft als Überbegriff der Zweierbeziehung eingehen zu können. Buber schreibt im Hinblick auf die Gemeinschaft und die Zweierbeziehung Folgendes:

> „[...] der Mensch [fühlt sich] von der Kollektivität getragen, die ihn der Einsamkeit, der Weltangst, der Verlorenheit enthebt, und in dieser für den modernen Menschen wesentlichen Funktion scheint das Zwischenmenschliche, das Leben zwischen Person und Person, mehr und mehr gegen das Kollektive zurückzutreten."[104]

Wir sehen mit Buber den Übergang von der Zweierbeziehung zur Gemeinschaft als Ausdruck des modernen Menschen gegeben. Die inzwischen sehr gut beschriebenen Massenphänomene, die auch Buber in seiner Zeit sehr beschäftigt haben dürften, sind zur Genüge bekannt und genau auf dieser Ebene sieht dieser Philosoph im praktischen Leben einen Rückgang der „einfachen" Zwischenmenschlichkeit auf das „Kollektive". Mit dieser Aussage thematisiert er einen sehr problematischen Umstand für seine theo-

---

104 Buber, Martin: Schriften zur Psychologie und Psychotherapie. *Ebenda,* S. 91.

retischen Überlegungen zur Dialogik, welche ja im Besonderen die Zwischenmenschlichkeit zwischen dem Ich und dem Du inkludiert. Was als Verhängnis für das Ich zu deuten wäre, ist diesem gleichzeitig seine Rettung, denn die Gemeinschaft kann ebenso wie das Du als das rettende Element vor der Einsamkeit dienlich sein. Buber beschreibt in seinen „Reden über Erziehung“ von 1926 diese Bewegung metaphorisch so: „[...] wie aus dumpfen, ummauerten Einsamkeiten sich eine in Zu- und Gegenblick bekundete Werkgemeinde fügte [...]“[105]. Die Werkgemeinde kann als Synonym von Gemeinschaft und Kollektiv gelesen werden und bekundet die Möglichkeit der Elimination der Einsamkeit durch den Eintritt in besagte Gemeinschaft.

Wir haben es mit der Vorstellung zu tun, dass sich in dieser Gemeinschaft bzw. daraus folgend durch das Du das Ich von seinen Einsamkeiten befreien kann. Dies funktioniert einerseits über das Gefühl der Verbundenheit, denn es geht darum: „[...] im Angesicht der einsamen Nacht, die hinterm Fenster sich bereitet und einzudringen droht, die Verbundenheit zu erfahren.“[106] Die Verbundenheit erschafft jenes Milieu, wo das Zwischenmenschliche gedeihen kann und worin Buber den primären Vollzug des dialogischen Prinzips anzusiedeln vermeint. Andererseits steht uns das Prinzip der Beweglichkeit des Ich zur Verfügung, das im Zusammentreffen mit dem Du Veränderungen unterliegt. Die nach Buber notwendige Beweglichkeit des Ich zeigt sich nach diesem folgendermaßen, indem er uns eine Empfehlung für das Zusammenwirken von Einsamkeit und Gemeinschaft gibt, wobei er darauf hindeutet, dass eine anfängliche Einsamkeit das Ich hin zu einem Du bzw. einer Gemeinschaft oder Gesellschaft führen soll, dieser Vorgang dann aber nicht mehr umkehrbar sein darf, was bedeutet, dass von der Gesellschaft nicht wieder in die Einsamkeit zurückgekehrt werden sollte.[107] Über das Gefühl der Verbundenheit und der Beweglichkeit des Ich kann das Du reduktionistisch auf die Einsamkeit des Individuums einwirken und zur vollen Bedeutung für die Dialogik

---

105 Buber, Martin: Reden über Erziehung. *In: a.a.O.* S. 790. Dieser Aufsatz wurde ebenso in die neue Werkausgabe im Band 8 aufgenommen. *Vgl.* Buber, Martin: Schriften zur Jugend, Erziehung und Bildung. *Ebenda*, S. 139.

106 Buber, Martin: Schriften zur Jugend, Erziehung und Bildung. *Ebenda*. S. 141. Das Element der einsamen Nacht taucht nochmals etwas später auf in: *a.a.O.* S. 150.

107 *Vgl. a.a.O.* S. 102.

gelangen. In diesem Sinn ist dann im dritten Teil unserer Arbeit auch unsere Kritik an der Vorstellung Bubers zu verstehen, der unserer Ansicht nach in erster Linie darauf bedacht ist, die Einsamkeit des Individuums beinahe zur Gänze aus dem philosophischen Diskurs zu tilgen, indem er die Prinzipien der Dialogik einführt.

Diese vorerst sehr simpel anmutende Beschreibung des Vorganges der Reduktion bzw. in dieser Folge dann der Elimination der Einsamkeit bei Buber ist dann doch aus der Sichtweise von im zweiten Kapitel ausgeführten verschiedenen Einsamkeiten noch wesentlich komplizierter. Denn an gewissen Textstellen lässt Buber gerade im Bezug auf die Gemeinschaft immer wieder auch etwas von der negativen Erscheinung der Gemeinschaft durchblicken. Eine solche verkörpert die folgende Stelle:

> „Beide Lehren wollen den Menschen aus der Verfangenheit ins Gemeinschaftliche zur Freiheit der überwindenden Abgeschiedenheit führen, die Lehre der Upanischaden in die Einsamkeit über die Welt hinaus, die daoistische in die Einsamkeit mitten in der Welt.“[108]

Buber analysiert in diesem Textausschnitt zwei Formen der Einsamkeit in Hinblick auf unterschiedliche Ausdifferenzierungen in zwei verschiedenen Lehren. Die Differenz zeigt sich unserer Meinung nach im Bezug zur Welt. Wenn die erstere indische Lehre eine über die Welt - und wir ersetzen diese Welt mit der Gemeinschaft – hinausweisende Einsamkeit propagiert, so kann in der chinesischen Lehre des Daoismus ein Rückzug in der Welt erkennbar sein. Zweierlei Bezüge zeigen uns ganz eine neue Herangehensweise zur Thematik der Relation vom Individuum zum Anderen in der Einsamkeit. In dieselbe Richtung der Komplexität verläuft auch folgendes Zitat in Form einer Frage:

> „Aber erfahren wir nicht in der Tiefe jeder echten Einsamkeit, daß es auch noch jenseits aller Sozialität, ja dort erst recht, eine Spannung zwischen Gut und Böse, zwischen Erfüllung und Ver-

---

[108] Buber, Martin: Beiträge zu einer philosophischen Anthropologie. *In:* Werke. Band I. Philosophische Schriften. *Ebenda,* S. 468.

fehlen dessen gibt, was mit uns, mit diesem einzelnen Menschen gemeint ist?"[109]

In der Jenseitigkeit der Einsamkeit, die als „echte" Einsamkeit ausgewiesen wird, gibt es mitunter noch eine Sphäre der Werthaftigkeit für das Ich, die nicht verhaftet ist in der Präsenz des Du. Als Frage von Buber formuliert, können eigentlich nur wir selber wiederum eine Antwort finden: Es gibt unserer Ansicht nach in Bubers Philosophie diesen Raum nicht. Denn weder ist es möglich mit Buber zu entscheiden, welches die richtige und welches die echte Einsamkeit sei, noch worin die Bewertung außerhalb jeglicher Sozialität bestehen sollte. Darum müssen wir diese Frage Bubers mit einer negativen Antwort versehen, weil uns das theoretische Material zur Beantwortung dafür fehlt.

Einen Ausweg aus diesem Dilemma können wir bei Buber jedoch dann wiederum finden, wenn er die Rückkehr zum Dialog im Zwischenmenschlichen exemplifiziert und darauf verweist, dass dadurch das Ich seiner Einsamkeit enthoben wird. Wir haben im Zusammenhang mit der Jugend[110] als Figur der Einsamkeit nicht den gesamten Abschnitt zitiert, sondern nur einen Teil davon, und wollen nun, da dies hilfreich ist, kurz davor einen Satz Bubers zitieren:

> „Diese Intellektualisierung macht einsam, denn nur von Mensch zu Mensch und so von Geist zu Geist, nicht aber von Denkapparat zu Denkapparat führt die Brücke unmittelbarer Gemeinsamkeit, heiße sie nun Liebe, Freundschaft [*sic!*], Kameradschaft, Genossenschaft."[111]

Bezug nehmend auf die Intellektualisierung der Jugend zeigt uns Buber nochmals klar und deutlich, dass erst im zwischenmenschlichen Raum, wie auch immer dieser zu definieren sei, sich eine Möglichkeit ergibt, die Einsamkeit des Ich durch die Gemeinsamkeit zu ersetzen. Dieser Wandel führt dann dazu, dass die Rede mitunter das Schweigen ersetzt und ein Denkapparat vom Gespräch abgelöst wird. In dieser Relation kommt unserer Meinung nach endlich die Bedeutung des Du in Bezug auf die Einsamkeit des Ich zum Vor-

---

[109] Buber, Martin: Gottesfinsternis. *In: a.a.O.* S. 515.

[110] Siehe ab S. 54 im Abschnitt 2.2. Figuren der Einsamkeit.

[111] Buber, Martin: Schriften zur Jugend, Erziehung und Bildung. *Ebenda,* S. 116.

schein, wobei das Du nicht nur eine untergeordnete Funktion innehat, sondern wirklich eine tragende Rolle spielt in der Elimination der Einsamkeit, da die Einsamkeit nach Buber nicht unbedingt einen besonderen Stellenwert in der philosophischen Diskussion haben sollte.

Am Ende dieses Kapitels und des gesamten ersten Teils angelangt, können wir nochmals rekapitulierend die wichtigsten Erkenntnisse markieren: Der Ausgangspunkt für unsere Reflexionen stellt bei Buber das Urwort des Ich/Du dar, worin sich sowohl jedes der beiden menschlichen Wesen entfalten kann als auch jeweils die Einsamkeit zuerst im Ich sich manifestiert, dann aber durch das Auftreten des Du reduziert wird bis zur gänzlichen Elimination. Als Ausnahme von dieser Vorstellung haben wir die Figur der Einsamkeit des Propheten kennen gelernt, welche sehr wohl ein notwendiges Bedürfnis an Einsamkeit aufzeigt. Grundlegende Merkmale des Ich sind seine Verbundenheit mit zwei verschiedenen Relationen Ich/Du und Ich/Es, worin sich das Ich verändert; ebenfalls von Bedeutung war die Interpretation des Ich als eigenständiges Element, das sich eine der beiden Relationen jeweils auswählen kann. Die Einsamkeit des Individuums wurde bei Buber zuerst in einer historischen Analyse in deren Verwandlungen dargestellt, während wir in einem nächsten Schritt die Figuren der Einsamkeit – die Jugend, den Urheber/den Künstler und den Propheten – vorgestellt haben. Im dritten Kapitel waren wir dann in der Lage das Du in seinen unterschiedlichen distinktiven Merkmalen genauer kennen zu lernen, wodurch wir schlussendlich einen Einblick bekamen in die Bedeutung des Du in Hinblick auf die Einsamkeit des Individuums. Der nächste Schritt ist für uns, bei Emmanuel Lévinas zu erörtern, ob diese aus Bubers Werken gewonnene Erkenntnis von Lévinas in einer unterschiedlichen Art und Weise interpretiert wurde oder ob wir es mit denselben Vorgehensweisen und Interpretationen zu tun haben. Die Wahl dieses Philosophen beruht ja gewissermaßen auf der Annahme, dass es sich um einen Philosophen handelt, der sehr ähnliche Gedankengänge wie Martin Buber unternommen hat und nicht zuletzt auch mit diesem in einer denkerischen Relation, aber auch Abgrenzung, gestanden hat. Deshalb wollen wir nun zum zweiten Teil übergehen.

Teil II: Das Denken des Anderen mit der Einsamkeit bei Emmanuel Lévinas

4. Die Realisation des Individuums[112]

Wie wir bei Martin Buber gesehen haben, ist die Beschäftigung mit dem Ich in der Philosophie der Begegnung zu zweit ein wichtiges Bestandteil, welches trotz der Bedeutungsverlagerung auf das Du bzw. den Anderen nicht außer Acht gelassen werden darf. Weggehend von einer strikten Bezugnahme auf das Ich, welches etwa bei Fichte in der Aufklärung sich und die Welt setzt, muss selbstverständlich berücksichtigt werden, dass der Andere sich als der Vereinnahmung widerstrebendes Element manifestiert. Wenn man so will, dann gesellt sich zu der Dualität von einem Ich 1, welches wahrnimmt und dem das Ich 1 wahrnehmenden Ich 2 noch das vom Anderen wahrgenommene Ich 3. Während das Ich 2 nur dann besteht, wenn es aus sich selbst in der Vorstellung heraustritt, so ist die Wahrnehmung durch den Anderen schon immer eine Außenansicht, die sich vom Ich nicht vereinnahmen lässt, einmal abgesehen von Begriffen wie Täuschung oder Verstellung.[113] Die Wahrnehmung durch den Anderen ist eine dritte Position, welche sich außerhalb des Wirkungsbereiches der beiden Ich (1 und 2) be-

---

[112] Dieser gesamte Teil beruht einerseits auf dem eigenen Studium des Gesamtwerkes von Lévinas, andererseits haben einige Monografien bzw. eine Biografie der wichtigsten Kenner der Philosophie von Emmanuel Lévinas Eingang in diesen Text gefunden. Zu nennen sind vor allem: Chalier, Catherine und Abensour, Miguel (Hrsg.): E. Lévinas. – Paris: Le livre de poche. 1991; Chalier, Catherine: La trace de l'infini. – Paris: Les Éditions du Cerf. 2002; Chalier, Catherine: Lévinas. L'utopie de l'humain. – Paris: Éditions Albin Michel. 1993; Derrida, Jacques: Violence et métaphysique. Essai sur la pensée d'Emmanuel Lévinas. S. 117 – 228. In: Derrida, Jacques: L'écriture et la différence. – Paris: Èditions du Seuil. 1967; Lescourret, Marie-Anne: Emmanuel Lévinas. – Paris: Flammarion. 1994 und Rolland, Jacques: Parcours de l'autrement. Lecture d'Emmanuel Lévinas. – Paris: PUF. 2000.

[113] In unserem Text werden diese beiden Begriffe nicht näher erläutert, da sie sich außerhalb unseres Themenbereiches abspielen. In diesem Zusammenhang soll aber z. B. die Scham (*honte*) nicht unerwähnt bleiben, welche bei Jean-Paul Sartre durch den Blick des Anderen im auf ein Objekt reduzierten Individuum evoziert wird. *Vgl.* unter anderem Sartre, Jean-Paul: L'être et le néant. Essai d'ontologie phénoménologique. – Paris: Gallimard. 1943. Auch Lévinas hat die Scham schon relativ früh in seinen philosophischen Überlegungen mit einbezogen. Im 1935 erschienenen Text *DE* führt Lévinas die Relation vom puren Sein zur Scham aus. *Vgl. DE,* S. 111ff. – 117.

findet und aus diesem Blickwinkel unzugänglich für das Selbst ist. Während also ein steuerbarer Vorgang die ersten beiden Formen des Ich leitet, so handelt es sich bei der Wahrnehmung durch den Anderen um eine von dieser wohl unterschiedenen Perspektive und doch wird diese von einer unauflösbaren Interdependenz zwischen dem Ich und dem Anderen festgehalten und eingebunden.

Lévinas hat in seinen ersten Werken nach der Einführung der Phänomenologie Husserls in Frankreich begonnen zuerst einmal das Ich zu definieren und eine Umgrenzung zu schaffen, die es im Weiteren zulässt, das Denken des Anderen zu initiieren. Das Hauptproblem stellt dabei das schon von uns angeführte Ich im deutschen Idealismus dar, welches aus sich selbst die Welt und den Anderen wahrzunehmen in der Lage ist. Zu einer in dieser Tradition stehenden ähnlichen Position kommt es dann bei Hegel, welcher in seiner „Phänomenologie des Geistes" dazu tendiert, das Andere vom Selben zu resorbieren. In beiden Fällen verwendet Lévinas zur Beschreibung dieser Art der Vorstellung vom Ich den Begriff Totalität (*totalité*), welcher zugleich auch im Titel des ersten Hauptwerkes von Lévinas aufscheint (*TI*). Mit diesem Werk wird unter anderem die Intention verfolgt, von den beiden Positionen zum Ich wegzuführen, hin zu einer eigenen Vorstellung vom Ich. Diese eigene Vorstellung vom Ich spaltet sich nun aber in mindestens vier Teile auf, welche immer wieder neu von Lévinas aufgegriffen werden und in unterschiedlichen Kontexten auftauchen. Wir wollen nun *peu à peu* systematisch versuchen diese verschiedenen Ansätze zum Ich auszuführen und beginnen hierbei mit der Einführung des Sich (*soi*), welches genau genommen noch jenen Rand darstellt, welcher sich z.B. an die Philosophie Fichtes und Hegels anschließt.

4.1. Die Sich-Struktur als Indikator der Ontologie

Lévinas beginnt seinen eigentlichen philosophischen Weg mit einem Buch zur Philosophie Edmund Husserls (*ThI*). Die von diesem eingeführte Richtung der Philosophie – die Phänomenologie – manifestiert für Lévinas die erste Möglichkeit philosophischer Auseinandersetzung und wird für sein gesamtes Schaffen von großer Bedeutung sein. In der phänomenologischen Methode der *epoché* sieht Lévinas einen Ansatzpunkt für seine Überlegungen, die nach diesem ersten Werk sich langsam zu konkretisieren beginnen. Ist es vorerst ausschließlich Husserl, dem sein Interesse gilt, so wird im Folgenden auch Heidegger für den weiteren Denkweg von Lévinas wesentlich sein. Insbesondere Heideggers „Sein und Zeit" und die darin enthaltene Trennung vom Sein und dem Seienden[114] taucht immer wieder in den bei Lévinas ausgeführten Reflexionen auf. In diesem Zusammenhang und für das bessere Verständnis seiner Schriften ist es nun wichtig, den ersten wesentlichen Unterschied zwischen Heidegger und Lévinas einzuführen, welchen Letzterer in *EE* formuliert hat, wo er sich noch zu Beginn auf die Trennung vom Sein und dem Seienden konzentriert, dann aber in Bezug auf den Zusammenhang vom Sein zum Nichts folgende Bemerkung einfließen lässt:

> „Die Dialektik des Seins und des Nichts fährt fort die Ontologie Heideggers zu dominieren, wo das Böse [*le mal*] immer ein Fehler bzw. eine Schwäche, ein Fehlen des Seins bzw. ein Nichts ist." (*EE*, S. 20)

Lévinas bemerkt bei Heidegger den direkten Zusammenhang vom Bösen als die Abwesenheit des Seins, während er selbst das Böse als Bestandteil des Seins ausmachen möchte und nicht als Absenz vom Sein. Gerade in Hinblick auf den Tod und die Angst des Individuums davor will Lévinas ausdrücklich feststellen, dass wir ein Sein ohne das darin enthaltene Böse nicht denken können. Weshalb aber müssen wir diese Feinheit der lévinasschen Philosophie in unsere Diskussion einbringen? Der Grund dafür ist, dass unserer Ansicht nach genau an dieser Stelle die Verschiebung von einer Ontologie zu einer Ethik in der Philosophie bei Lévinas beginnt. Auf dieser Basis nämlich kann das Unterfangen begonnen werden, auch das Individuum vorsichtig aus der Ummantelung des Seins, der Formhaftigkeit des Seins, zu lösen.

Unter dieser Prämisse nämlich, dass das Böse im Sein integriert sei[115] und sämtlicher Rückbezüge, die Lévinas zwischen dem Krieg und dem Sein herstellt, können wir uns auch der Ver-

[114] Wichtig hierbei und für den weiteren Verlauf unserer Arbeit ist der terminologische Vermerk, dass Lévinas in der Verwendung der beiden Begriffe Sein und Seiendes nicht vom *être* und vom *étant*, sondern vom *exister* und vom *existant* spricht. *Vgl. TA*, S. 24.

[115] Das Böse wird bei Lévinas nicht nur in das Sein integriert, sondern bisweilen sogar mit diesem identifiziert. *Vgl. TA*, S. 29.

wendung einer ersten Konzeption zum Individuum annähern. Die vorher angedeutete Randhaftigkeit zum Individuum des deutschen Idealismus liegt unserer Meinung nach darin, dass die erste Realisation des Individuums im Umstand besteht, Sein zu sein. Aus der Ontologie heraus kristallisiert sich bei Lévinas der Begriff des *Sich* (*le soi*). Während sich dem idealistischen Individuum im philosophischen Kontext der Geist zuordnen lässt, so wird das Sich bei Lévinas eindeutig mit der Materialität des Körpers[116] zu identifizieren sein. Die Materialität des Körpers ist an die Zeitstufe der Gegenwart gebunden. Die Gegenwart wiederum ist verkettet mit dem Sich (*Vgl. TA*, S. 36). In dieser Verkettung spielt die Identität des Individuums eine große Rolle, insofern, als dass sie nach Lévinas sowohl die Bewegung weg vom Sich als auch jene zum Sich hin verdeutlicht. Wie aber ist eine solche Kreisbewegung zu verstehen? Lévinas erklärt dies mit der Eigenschaft der Identität, welche als Notwendigkeit identifiziert wird, sich um sich selbst zu kümmern (*de s'occuper de soi*). In der Sorge[117] um *sich* selbst – sprich seinen eigenen Körper – entfernt sich und kehrt die Identität permanent zu sich zurück. In der Sorge um das Sich, welches nach Lévinas weder Gefäß für die Seele, noch Gegensatz zu dieser ist, steht ebenso das „Ausgeliefert-Sein an Krankheit, Leiden und den Tod"; in diesem Sinne charakterisiert Lévinas das Sich auch als Empfindlichkeit (*susceptibilité*). (*Vgl.* dazu die Fußnote 2 in AE, S. 172). Trotzdem ist das Sich die offensichtlichste ontologische Differenz zum Anderen. Unsere VerKörperlichung ist also als Angriffsfläche und zugleich als Differenz zu verstehen. Eine große Gefahr hierbei besteht im Rückzug auf sein eigenes Sich, wodurch eine reine Selbstbezüglichkeit gegeben wäre. Solange das Individuum ausschließlich auf seine eigene Materialität des Körpers Bezug nimmt - somit also auf sein Sein rekurriert -, kann kein

---

116 Mit der Materialität ist jedoch nicht das ganze Konzept zum Körper von Lévinas gemeint. Vielmehr muss dieses in insgesamt vier unterschiedliche Begriffe aufgeteilt werden: den Eigenkörper (*le corps propre*), den objektiven Körper (*le corps objectif*), den expressiven Körper (*le corps expressif*) und in das Fleischliche (*le charnel*). *Vgl.* dazu die deutsche Ausgabe von *TI* „Totalität und Unendlichkeit", S. 334. Wir führen diese vier Begriffe nicht weiter aus, weil sie uns im Wesentlichen keine neuen Perspektiven zu den Konzepten des Individuums eröffnen.

117 In: *HAH*, S. 48 verwendet Lévinas genau diese Wendung von der Sorge um das Sich (le souci de soi).

Denken des Anderen geschehen. Das Sein des Seienden wird immer wieder auf sich zurückgeworfen in die eigene Gegenwart. Selbst die bloße Reflexion auf das Sich verhindert ein Denken des Anderen und eine Distanzierung von sich selbst (*Vgl. HAH*, S. 55f.).

Ein anderes Bild von Lévinas kann uns in dieser Diskussion nochmals weitere Informationen zum Sich geben. Unter anderem hat sich dieser Philosoph auch Aspekten in seiner Philosophie zugewendet, welche ursprünglich nicht unbedingt in den philosophischen Diskurs aufgenommen worden sind, wie etwa der Schlaflosigkeit (*insomnie*) oder auch der Scham (*honte*). Darunter befinden sich ebenfalls Begriffe wie z.B. der Traum, welcher für unsere Zwecke momentan verwendet werden kann. Schreibt Lévinas in *TA* von der Identität als „[...] der Gegenwart des Seins und nicht des Traumes" (*TA*, S. 36), so formuliert er in EE folgende Möglichkeit:

> „Die Gegenwart ist dem Sein verpflichtet (*assujetti*). Sie ist ihm untertan (*asservi*). Das Ich (*moi*) kehrt fatalerweise zum Sich (*soi*) zurück. Es kann sich im Traum vergessen, aber es wird ein Erwachen geben." (*EE*, S. 134).

In dieser Textstelle werden einige Begriffe angedeutet, die von uns erst im folgenden Abschnitt spezifischer aufgearbeitet werden sollen. Dazu zählen wir einstweilen das Ich (*moi*), welches – und hier wollen wir dem besagten Abschnitt schon vorgreifen - zusammen mit dem Sich (*soi*) das Ich (*je*) konstituiert. Wiederum haben wir die Verkettung vom Sich mit dem Sein und der Gegenwart, bereichert diesmal um den Traum, welcher dem Ich (*moi*) das Vergessen gestattet. Denken wir mit Lévinas das Bild des Traumes weiter, so gibt es eigentlich nur eine Situation, wo das Sich außerhalb des Vergessens im Traum eine ausschließliche Absenz darstellt, nämlich in der Schlaflosigkeit, wo in einer nie enden wollenden Wachsamkeit das Individuum kein *in* oder *an* sich (*en soi*) mehr darstellt, sondern schlicht und einfach *ohne-sich* (*sans-soi*) ist. Weshalb ist es wichtig, sich von dem eigenen Sich zu distanzieren? Nun, hier beginnt nach Lévinas der Eintritt in das Denken des Anderen und er deklariert dazu: „Die Infragestellung des Sich ist genau genommen der Empfang des vollkommen Anderen." (*HAH*, S. 53). Das Ohne-Sich wäre hierbei die größtmögliche Distanz vom Sich und idealer Ausgangspunkt, um das Denken des Anderen zu initiieren.

Indem wir nun an diesem Punkt des Ohne-Sich angelangt sind, so können wir eigentlich sagen, dass das Sich als der ontologische Teil des Individuums – die Materialität des Körpers – in der Konzeption Lévinas' durchwegs pejorativ behaftet ist; d.h. je weiter das Individuum imstande ist sich von seinem Sich zu distanzieren, desto besser funktioniert es. Währendessen kann die totale Absenz des Sich nur in einem nicht dem eigenen Willen unterworfenen Zustand – der Schlaflosigkeit – erreicht werden, was bedeutet, dass das Individuum immer in gewisser Art und Weise dem Sich ausgeliefert sein wird. Damit wird dem individuellen und differentiellen Sein Rechnung getragen. Es gibt aber noch eine andere Möglichkeit der Distanzierung des Individuums vom eigenen Sich, nämlich im Begriff des Vergnügens (*jouissance*)[118]. Lévinas sieht im Vergnügen eine Öffnung hin zu einem Außer-Sich-Sein (*Vgl. TA*, S. 46) und versieht es mit den Begriffen Wissen und Erkenntnis. Das Vergessen des Sich (*l'oubli de soi*) im Vergnügen schafft aber eben nur eine Distanzierung vom Sich, nicht aber eine vollständige Trennung vom Ich. Lévinas formuliert die Distanzierung als: „Keineswegs Verschwinden vom Sich, aber Vergessen des Sich und wie eine erste Selbstverleugnung [*abnégation*]." (*TA*, S. 52 und ähnlich S. 47). Unserer Meinung nach können wir gerade im Sprechen von der Verleugnung des Selbst einen Nexus einbringen, welcher zwischen dem Sich und dem *Selbst* vorherrschen muss. Dies lässt sich wunderbar in Einklang bringen mit der schon angeführten lévinasschen Kritik von Hegels Versuchen, das Andere dem Selbst einzuverleiben. Ersterer Philosoph versucht nämlich offensichtlich den umgekehrten Weg, nämlich die Distanzierung vom seinsverhafteten Selben zum Anderen hin.

Eine in ganz anderem Kontext verwendete Formulierung könnte hier die gesamte Breite des Sich umfassen und nochmals verdeutlichen: „Die Nacht kehrt jeder nach Hause [*chez soi*] zurück. Es ist das private Leben, Desintegration und Individualismus." (*ADV*, S. 39). Die als Metapher verwendbare Nacht stellt jene Zeit der Einkehr in das eigene Sein dar, wobei das eigene Leben einer-

[118] In der deutschen Übersetzung von „*Totalité et infini*" wird der Begriff *jouissance* mit „Genuss" übersetzt. Wir bevorzugen das Wort „Vergnügen", da es sich eher in Einklang bringen lässt mit der ekstatischen Existenz, von welcher Lévinas in diesem Zusammenhang spricht und auf die wir noch zurückkommen werden.

seits Individualismus, andererseits ebenso Absenz von Integration bedeutet. Die Nacht kann man ebenso ansehen als den Zeitraum des Schlafs und des Traumes, wo wir erfahren mussten, dass sich das Ich (*moi*) darin vergessen kann. Das Auf-sich-selbst-Zurückfallen ins eigene Sein verwehrt das Denken des Anderen und ist im folgenden Kapitel für uns auch der Ausgangspunkt für das Denken der Einsamkeit bei Lévinas. Vorher jedoch sollen die anderen Arten des Individuums bei Lévinas in unsere Überlegungen integriert werden.

4.2. Das „Ich" (moi) als Verschiebung zur Ethik

Im letzten Abschnitt wurde deutlich, dass Lévinas das Sich als ontologischen Bestandteil des Individuums anerkennt und dadurch der philosophischen Tradition des Idealismus Rechnung trägt, jedoch weist dieser Bestandteil keine positiven Konnotationen auf. Über die Verkettung vom Sich mit dem Sein, wobei das Sein wiederum als integrierten Teil das Böse[119] umfasst, schreibt sich das Sich für Lévinas in rein pejorativen Relationen ein. Nun können wir uns die Frage stellen, ob Lévinas dann überhaupt keine positive Bestimmung des Ich akzeptieren will? Selbstverständlich gibt es in der Konzeption des Individuums sehr wohl eine positive Seite und diese wollen wir vorerst mit Lévinas das Ich (*moi*) nennen und dann sehen, weshalb dies nicht unbedingt als solches allein schon den positiven Teil des Individuums umfasst. Bis jetzt haben wir in der Terminologie bevorzugt das Subjekt als Individuum gekennzeichnet, um eventuellen Missverständnissen durch andere Begriffe vorbeugen zu können und auch deshalb, weil im Französischen für das Ich eine größere Anzahl an feinen Unterscheidungsmerkmalen vorhanden ist. Hier jedoch ist es notwendig davon zu sprechen, dass unter dem Begriff Individuum eigentlich bei Lévinas das Ich (*je*) zu verstehen ist. Weshalb diese terminologische Wendung an diesem Punkt unseres Werkes? Dies hat damit zu tun, dass bei Buber sehr wohl vom Individuum die Rede sein kann, während jetzt bei Lévinas der Einstieg über das Sich noch eine Benennung durch das Individuum zulässt, ohne vom Ich (*je*) sprechen zu müssen, dann aber im Folgenden von diesem wiederholt für die Be-

---

[119] Die nur indirekt angedeutete Interdependenz zwischen dem Sich und dem Bösen wird z. B. direkt in den religionsphilosophischen Überlegungen in *DL* genau determiniert: „Der gewalttätige Mensch kommt nicht aus sich heraus." „Le violent ne sort pas de soi." (*DL*, S. 25).

zeichnung des Ganzen auch der Term *je* verwendet wird. Darin sind sowohl das Sich als auch das Ich (*m*oi) und das Ich, welches im Französischen bei Lévinas mit einem Großbuchstaben (*M*oi) grafisch unterschieden wird, beinhaltet. Zum besseren Verständnis verwenden wir auch weiterhin den Begriff Individuum für die Gesamtheit, in den Zitaten jedoch wird Ich (*je*) verwendet, gefolgt vom französischen Original.[120]

Bevor wir *in medias res* die Differenz zwischen dem Sich und dem ethischen Ich darstellen können, erscheint uns eine Darstellung der zuvor gemachten terminologischen Finesse wichtig, da Lévinas immer wieder auf den Unterschied zwischen dem Individuum bzw. Ich (*je*) und dem ethischen Ich (*moi*) hinweist. Sie verhalten sich zueinander nicht wie das Ganze zu einem seiner Teile. Rekurrieren müssen wir hierbei anfänglich auf eine Trennung vom Ich (*je*) zum Sich: „Die Rückkehr der Gegenwart zu sich selbst ist die Affirmation des Ich [*je*], schon angeheftet an ein Sich, schon um ein Sich verdoppelt." (*EE*, S. 135f.). Die Gegenwart ist also die Zeit, wo das Individuum zu einem Ich und einem Sich verdoppelt wird. Somit kann das Ich (*je*) niemals mehr das Statut eines Objektes erhalten, da dieses vielmehr ein Ereignis des Seienden darstellt (*Vgl. EE*, S. 136). Obzwar die Verbindung zwischen dem Ich und der Gegenwart nahezu als eine tragische Verstrickung beschrieben wird, erklärt uns Lévinas seinen neuen Zugang in folgender Manier: „An Stelle des ‚Ich' [*je*], welches in der Zeit zirkuliert, setzen wir das ‚Ich' [*je*] als das Ferment selbst der Zeit in der Gegenwart, als Dynamik der Zeit." (*EE*, S. 158). Über diese Veränderung des Individuums wird nun die Möglichkeit eröffnet, durch die Einführung des ethischen Ich eine Instanz zu erschaffen, die nicht mehr an die Gegenwart gebunden ist.

In der Überschrift dieses Abschnittes liegt eigentlich schon die vollständige Formulierung der Bedeutung des Ich (*moi*) für das Individuum. Insofern das Sich der ontologische Teil des Individuums ist, muss also das Ich (*moi*) etwas anderes sein und im folgenden Zitat gelangt dies bestens zum Ausdruck, wenn Lévinas von der Begegnung mit dem Antlitz spricht:

---

[120] Diese Wahl unsererseits hinkt ein wenig, wenn wir berücksichtigen, dass Lévinas selbst die von ihm eingeführte terminologische Trennung bisweilen etwas verwischt und nicht über das gesamte Werk konsequent und einheitlich diese zu verwenden bereit war.

„Diese menschliche Umkehrung des In-Sich und des Für-Sich, des ‚Jeder für sich', in ein ethisches Ich [...], diese Substitution des Für-Sich des Starrsinnes des Seins durch ein Ich [...] realisierte sich in dem, was wir die Begegnung mit dem Antlitz des Anderen nennen."[121]

Ganz klar kommt in diesen paar Zeilen zum Vorschein, dass die Distanzierung vom Sich durch den Eintritt des Anderen in unsere Sphäre den Raum für das ethische Ich (*moi*) schafft. So gesellt sich zum ontologischen Sich ein Ich, welches der Ethik verpflichtet ist. Einer Ethik, welche Verpflichtung gegenüber dem Anderen ist und sich z. B. in Form der Verantwortung für den Anderen realisieren kann. Das Antlitz bedeutet die Übersetzung vom philosophischen Terminus *visage*, dem Gesicht, welcher die Manifestation des Anderen versinnbildlicht. Der Andere ist in seiner Erscheinung für das Individuum immer zuerst Gesicht, Antlitz.

Im Buch: *„Totalité et infini"* wird die gesamte Darstellung rund um das ethische Ich sehr viel klarer, weil dort Lévinas eine distinktive Beschreibung vom Individuum (je) zum ethischen Ich vorlegt. Lévinas geht dabei nicht auf das Sich ein, sondern verweilt allein bei genannter Distinktion:

„Ich [*je*] äußern – die nicht reduzierbare Singularität eingestehen, wo die Verherrlichung weitergeführt wird – bedeutet im Besitz einer bevorzugten Stellung zu sein in Hinblick auf die Verantwortungen, für welche niemand mich substituieren kann und von welchen niemand mich lösen kann. Sich nicht entziehen können – das ist das Ich [*moi*]." (*TI*, S. 275)

In diesen Zeilen manifestiert sich mehr oder weniger das Faktum, dass die Differenz zwischen dem Individuum und dem ethischen Ich in der Differenz zwischen Aktivität und Passivität liegt. Die Affirmation der Singularität des Individuums und die Unmöglichkeit, dieser Abhängigkeit durch das ethische Ich entkommen zu

[121] „Cette inversion humaine de l'en-soi et du pour-soi, du 'chacun pour soi', en un moi éthique [...], cette substitution au pour-soi de l'obstination ontologique d'un moi [...] se produirait dans ce que nous appelons rencontre du visage d'autrui. " (*EN*, S. 221)

können, sind zwei Modi. Beide Modi gehören zur Beschreibung der Gesamtheit des Individuums.

Wenn Lévinas in seinen philosophischen Überlegungen in *TI* das ethische Ich behandelt, spricht er manchmal auch von der Einzigartigkeit des ethischen Ich (*l'unicité du moi*). Im Bezug auf die Einzigartigkeit genügt sich das ethische Ich selbst und benötigt keinen weiteren Bestandteil in der Diskussion des Individuums: „[...] die Einzigartigkeit des Ich [*moi*] fasst einerseits die Genügsamkeit des Seins und meine Teilhaftigkeit, andererseits meine Position gegenüber dem Anderen als Antlitz zusammen." (*TI*, S. 236). Während wir uns das ethische Ich jeweils als Teil eines einzigartigen Individuums vorstellen können, so ist des Anderen Antlitz jene Opposition, die auf diese Einzigartigkeit einwirkt und sie verändert im Sinne einer Verpflichtung gegenüber diesem Anderen. Das nahezu gewaltsame Herausgerissenwerden aus der eigenen Einzigartigkeit wird von Lévinas im folgenden Satz formuliert:

> „Die Erklärung des Sinns, welchen das *Für-mich* [*pour moi*] – das wesentliche Ich – ein Ich anders als Ich, hat, beschreibt die Art, wie der Andere mich aus meiner Hypostase herausreißt, aus dem *Hier*, aus dem Herzen des Seins oder aus dem Mittelpunkt der Welt, wo ich mich privilegiert und in diesem Sinne wesentlich setze." (*EN*, S. 95)

Man spürt die Kraft, die der Andere gegenüber diesem Teil des Individuums besitzt; eine Kraft, die im Wesentlichen nicht das Sich verändern kann – dazu muss der Antrieb vom Individuum selbst kommen -, sondern in der Lage ist das ethische Ich anzusprechen.

Unserer Ansicht nach kann im Kontext vom ethischen Ich ein Zusammenhang hergestellt werden mit dem Vergnügen. Wir haben im vorherigen Abschnitt schon davon gehört, dass das Vergnügen uns gestattet unser eigenes Sich zu hintergehen. Lévinas sagt, dass das ethische Ich sich eigentlich mit seiner wahren Natur vorwiegend im Vergnügen zeigt. Die Frage stellt sich uns nun, weshalb gerade das Vergnügen solch eine Bedeutung zugesprochen bekommt. Die Verbindung der beiden Begriffe ist dadurch gegeben, dass trotz der Einzigartigkeit des ethischen Ich, dieses nicht autoreferenziell sein darf, sondern vielmehr durch den Anderen aus seiner eigenen Bahn herausgezogen wird. Das Vergnügen gibt als Richtung einen Verweis vom Individuum auf den Anderen vor. Noch verständlicher wird diese Richtungsweisung gerade, wenn wir in *TI* lesen, dass das ethische Ich sein Vergnügen nur im Nicht-Ich (*non-moi*) finden kann. (*Vgl. TI*, S. 152). Dies ist ein Verweis auf eine Exteriorität bezüglich des Vergnügens, welche nur durch den Anderen entsteht. Zur Rekonstruktion dieses Gedankens wollen wir ihn nochmals zusammenfassen. Das Vergnügen, in welchem das ethische Ich sich entfalten kann, welches im selben Moment auch vom Sich wegweist, kann ausschließlich aus einem Nicht-Ich entstehen. Dieses Nicht-Ich wird durch den anderen Menschen dargestellt, der uns in unserer Einzigartigkeit stört.

Lévinas geht in seinen Überlegungen davon aus, dass das Sich Bestandteil des Seins ist und deshalb auch das Böse mit integriert. Als Opposition dazu wird deshalb das ethische Ich eingeführt, welches sich im Guten, wenn man so möchte, konkretisiert. Lévinas spricht in Hinblick auf den zeitlichen Rahmen für die beiden Formen des Ich von der Diachronie: „Als ob das Ich [*moi*] - für den Anderen verantwortlich - eine uralte Vergangenheit [*passé immémorial*] hätte, als ob das Gute vor dem Sein bestanden hätte, vor der Gegenwart." (*DMT*, S. 207). Während das Sich mit der Gegenwart zu identifizieren ist, wird das ethische Ich mit dem Guten zu verbinden sein. Sinnbildlich sind für diese unterschiedlichen Verwendungen die jeweiligen Ableitungen der Teile des Individuums. Das Sich ist in einen ontologischen Kontext zu stellen und das in diesem Abschnitt behandelte Ich in eine ethische Umgebung. Wenn auch bei Lévinas bisweilen etwas vom Ethischen ins Ontologische hinüber zu gleiten droht, so wird von diesem Denker doch insbesondere die Bedeutung der Ethik hervorgehoben. Interessant ist am obigen Zitat noch, dass hier das Zusammentreffen von zwei unterschiedlichen Zeitformen hervorgehoben wird. Einerseits geht es um die Gegenwart und das Sein der Gegenwart, andererseits haben wir es mit dem Begriff der „uralten Vergangenheit" (*le passé immémorial*) zu tun. Die uralte Vergangenheit ist jenes unveränderliche Statut des ethischen Ich, welches in gewisser Art und Weise immer schon da war, mit seinen sämtlichen Implikationen: die Verantwortung gegenüber dem Anderen[122], die dem ethischen Ich von Natur aus vorausgeht, das Ausgeliefert-Sein an den Anderen, welches nicht rückgängig gemacht werden kann, usw. Wichtiger für

[122] Vgl. dazu *EN*, S. 71: „Ich-Sein [*être moi*], das bedeutet immer eine zusätzliche Verantwortung zu besitzen."

uns im Moment bleibt das Wissen davon, dass das Gute mit dem ethischen Ich verbunden ist.

In den zuvor ausgeführten Gedanken aus dem Werk *„Totalité et infini"* konnten wir den Begriff der Einzigartigkeit des ethischen Ich kennen lernen. In seinem zweiten Hauptwerk *„Autrement qu'être ou au-delà de l'essence"* erweitert Lévinas den Gebrauch des ethischen Ich, indem er erstmals von zwei Aspekten der ethischen Relation zum Anderen spricht, die sowohl in der Zeit als auch in der Bedeutung verankert sind: das Sagen (*dire*) und das Gesagte (*dit*). Unter dem Sagen ist eine vorsprachliche Instanz zu verstehen, die jeder Kommunikation vorausgeht, gleichzeitig aber einen stillen Diskurs darzustellen vermag, der im Ausgeliefert-Sein zum Anderen signifikant zu werden beginnt. Das Gesagte hingegen umfasst jegliches sprachliche Element und wird *more philosophico* als jener Prozess verstanden, in welchem das Sein, die Essenz und das Wesen allen Seins beschrieben werden.[123] Deshalb sind beide Formen nicht nur sprachlich als Gegenwarts- und Vergangenheitsform unterschieden, sondern auch in ihrer Bedeutung widersprüchlich. Klarerweise lassen sich die verschiedenen Formen des Individuums auf diese Dichotomie umdeuten. Wenn also das Sich dem Bereich des Gesagten unterzuordnen ist, wo die BeSchreibung des Sich stattfindet, so kann das ethische Ich mit jener Sphäre des Sagens wiedergegeben werden, welche Wiedergabe eines sublimierten Diskurses ohne Worte ist, sich wiedergebend allein im Unterworfen-Sein durch den Anderen. Lévinas spricht vom „[…] sich wieder-gebend [*se pro-duisant*] im Sagen *vom ethischen Ich [moi] oder dem Ich [je]"* (*AE*, S. 182). Das Individuum ist gezwungen die Geisel des Anderen zu sein; das Herausgerissen-Sein aus dem ontologischen Raum des Sich realisiert sich nach Lévinas ausschließlich im Sagen.

Bisher haben wir uns drei verschiedenen Teilen des Individuums bei Lévinas angenähert: dem Sich als dem ontologischen Teil, dem

[123] Eine sehr genaue Beschreibung der Differenz zwischen dem Sagen und dem Gesagten hat Paul Ricœur in seinem kurzen Text: „Autrement. Lecture d'Autrement qu'être ou au-delà de l'essence d'Emmanuel Lévinas. – Paris: PUF. 1997. (Les Essais du Collège International de Philosophie). S. 1ff.-18 vorgelegt.

ethischen Ich als dem der Ethik verpflichteten Teil und dem Ich/Individuum als die beiden Teile umfassende Singularität. Gehen wir nun von den beiden Hauptwerken *„Totalité et infini"* und *„Autrement qu'être ou au-delà de l'essence"* aus, so können wir noch eine vierte Subform feststellen, die bisweilen jedoch immer wieder mit den anderen drei Teilen des Individuums zu verschwimmen scheint, und deshalb wollen wir dieser Form keinen eigenen Abschnitt mehr widmen, sondern nur ansatzweise mögliche Unterschiede zu den einzelnen Teilen anführen.[124] Mit dieser Analyse soll auch nochmals das Gesamtkonzept zum Individuum bei Lévinas vor Augen gehalten werden, weil dann im nächsten Kapitel immer wieder auf diese einzelnen Teile des Individuums rekurriert werden muss im Hinblick auf die Einsamkeit und deren Interpretation. Jetzt aber wollen wir noch diesen von uns als Subform bezeichneten Teil des Ich, welchen Lévinas in seinen Texten mit einem Großbuchstaben (*Moi*) grafisch kennzeichnet, genauer betrachten. Das Auftreten dieser Subform konnten wir erstmals im zweiten Hauptwerk von Lévinas feststellen. Weshalb führte Lévinas aber noch eine zusätzliche Ausdrucksweise des Individuums ein, da er doch schon den ontologischen Teil und den ethischen Teil des Individuums untersucht hatte? Wir werden nun den Grund kennen lernen, der für diese Überlegungen notwendig war.

Unserer Ansicht nach ist die Distinktion zwischen dem ethischen Ich und diesem Ich (*Moi*) zweiter Ordnung, wenn man dies so nennen kann, viel interessanter, als es z. B. jene der Gesamtheit des Individuums zum ethischen Ich war. Wie gesagt findet man diese Distinktion nur äußerst selten in *„Totalité et infini"*[125], dafür um

---

[124] Jacques Rolland hat in seinen Analysen festgestellt, dass die Möglichkeit besteht, die beiden Hauptwerke überhaupt daran zu unterscheiden, wie Lévinas jeweils an das Ich (*Moi*) herangeht. Wird in *„Totalité et infini"* noch von einer Phänomenologie des Ich zu sprechen sein, welche in einer Beschreibung dieses Ich mündet, so kann in *„Autrement qu'être ou au-delà de l'essence"* davon ausgegangen werden, dass das Ich im Sinne einer Archäologie nach dem Kontakt mit und der darum erfolgten Veränderung durch den Anderen analysiert wird. *Vgl.* den Kommentar Rollands in Fußnote 2 von *DMT*, S. 158 und die Ausführungen in dessen Buch: Parcours de l'autrement. Lecture d'Emmanuel Lévinas. *Ebenda*, S. 42.

[125] Lévinas schreibt dazu auch explizit in *„Dieu, la Mort et le Temps"*, dass es sich bei seinem ersten Hauptwerk hinsichtlich des Ich um das Ich zweiter Ordnung (*Moi*), um eine Vor-Geschichte (pré-histoire) handle. (*Vgl. DMT*,

so häufiger in den späteren Werken. Eine gute Definition des Ich zweiter Ordnung (*Moi*), in Abgrenzung zum Sich und zum ethischen Ich, finden wir in den Vorlesungen zu Gott, dem Tod und der Zeit:

> „Das Ich [*Moi*] situiert sich in oder gegenüber der Welt und diese Position ist Gegenwart des Ich [*Moi*] zu sich selbst. Das Subjekt als Ich [*Moi*] hält sich, hat sich in Gewalt, es ist Herr seiner selbst und des Universums [...]. Die Setzung des Subjekts ist schon seine Absetzung. Ich-Sein [*être moi*] (und nicht Ich [*Moi*]), das bedeutet nicht Beharrlichkeit in seinem Sein, dafür aber Substitution der Geisel für die gerade noch widerfahrene Verfolgung büßend." (*DMT*, S. 212)

Aus diesen Sätzen verstehen wir, dass Lévinas seine Unterscheidung vom ethischen Ich zum Ich zweiter Ordnung auf den Anderen fokussiert. Das Ich zweiter Ordnung ist jenes Ich, welches noch nicht mit dem Anderen in Berührung gekommen ist, oder anders formuliert: Das Ich zweiter Ordnung hat die Begegnung mit dem Anderen noch nicht interpretiert. Das Ich zweiter Ordnung ist deshalb vorzeitlich und an keine Verantwortung für den Anderen gebunden, weil der Andere in dieser Beziehung noch nicht auftritt. Hingegen ist das ethische Ich sich durchwegs bewusst, dass es die Geisel des Anderen ist im Sinne eines Ausgeliefert-Seins. Wenn das Subjekt als Ich zweiter Ordnung zu verstehen ist, so muss die Absetzung desselben so zu verstehen sein, dass durch den Eintritt des Anderen das Ich zweiter Ordnung in den Hintergrund gerät und dem ethischen Ich Raum zugestehen muss. Gerade aber die uns schon bekannte Weltverhaftetheit des Sich und die Distanzierung dazu durch das ethische Ich findet ebenfalls in der Erschütterung des Ich zweiter Ordnung durch den Anderen statt.

Wo genau liegt aber nun die Differenz zwischen dem Ich (*je*) als Individuum und dem Ich zweiter Ordnung, welches ebenfalls einen Absolutheitsanspruch in sich birgt? Lévinas erklärt diesen Sachverhalt in den oben erwähnten Vorlesungen, wenn er dem Ich/Individuum eine wesentliche Funktion von Exteriorität zuschreibt. Das Ich/Individuum, welches wir als Gesamtheit des Individuums bezeichnet haben, steht *per definitionem* „[...] außerhalb

---

S. 205).

vom Ich [*Moi*], außerhalb vom Begriff." (*DMT*, S. 158). Die Außenseite des Individuums, wir können sie auch die Form des Individuums nennen, ohne jedoch zu der Trennung von Form und Materie unmittelbar einen Bezug herstellen zu wollen, beinhaltet sämtliche anderen Teile des Individuums. Diese Art der Verschachtelungen wird aber noch um einiges komplexer, wenn wir durch die Darstellung des Ich zweiter Ordnung bei Lévinas erkennen müssen, dass dieses nochmals auf einer tieferen Ebene sich im ethischen Ich einschreibt. Der Philosoph deutet auf diesen Umstand hin, als er folgende Formulierung wählte: „Das Ich [*Moi*] (hinterlegt im Ich [moi]) […]" (*DMT*, S. 158). Wir können annehmen, dass das Ich zweiter Ordnung im ethischen Ich sich angetrieben durch die Epiphanie des Anderen zurückzieht und dadurch seinen Status der Unschuld verliert. Mit Unschuld ist in diesem Kontext dieser vorzeitliche Zustand gemeint, in welchem das Ich zweiter Ordnung seinen absoluten Standpunkt zum Sein und zur Welt, die es umgibt, innehat.

Nicht außer Acht lassen dürfen wir, dass das im ethischen Ich „aufbewahrte" Ich zweiter Ordnung trotz allem ein Faktor bleibt, der das ethische Ich davon abhält, sich ganz dem Anderen zu verschreiben. Das Ich zweiter Ordnung bleibt sozusagen ordnende Kraft, die die letzte Differenz zwischen dem Individuum und dem Anderen bestehen lässt, jenseits vom Verfallen-Sein dem Anderen gegenüber. Lévinas beschreibt diese Bewegung vom Getrennt-Sein bis zum Einen-ins-Andere-Übergehen wie folgt:

> In der Einzigartigkeit des ethischen Ich „[…] wo keine Rede mehr ist vom Ich, aber vom Ich. Das Subjekt, welches nicht mehr ein Ich ist – aber dass Ich ein ich bin – ist nicht zu einer Generalisierung imstande und ist kein Subjekt der Generalisierung; das, was zurückkehrt im Übergehen vom Ich zum Ich, das ich bin und nicht ein Anderes."[126]

Wiederum finden wir auch den Verweis darauf, dass es sich nicht um ein generalisiertes Subjekt handelt, was schon mit der Gesamtheit im Individuum gegeben ist, sondern nur ein Ich zweiter

---

126 Die Einzigartigkeit des Ich, „où il n'est plus question du Moi, mais de moi. Le sujet qui n'est plus un moi – mais que je suis moi – n'est pas susceptible de généralisation, n'est pas un sujet en général, ce qui revient à passer du Moi à moi qui suis moi et pas un autre." (*AE*, S. 29).

Ordnung, welches zurückfällt auf die Instanz des Überwachens des ethischen Ich. Damit haben wir aber auch schon alle Aspekte des Ich zweiter Ordnung dargestellt und können in unseren Überlegungen fortfahren, die sich nun auf die Einsamkeit und den Bezug vom Individuum zur Einsamkeit beziehen.

An diesem Punkt angelangt, müssen wir nochmals kurz rekapitulieren, was uns die Analyse des Individuums bei Lévinas für unterschiedliche Begriffe eingebracht hat. Die Gesamtheit des Individuums konnten wir mit dem Ich identifizieren, welches den Außenrahmen erschafft für sämtliche Teile des Individuums. In der Gesamtheit sind drei verschiedene Teile des Individuums verankert. Wir haben im Sich den Bereich des Seins im Individuum kennen gelernt, welcher die Materialität des Körpers umschließt. Das Sich ist in permanenter Konkurrenz zum Teil des ethischen Ich zu verstehen, wobei Letzteres in der größtmöglichen Distanzierung vom Sich versucht, der Begegnung mit dem Anderen gerecht zu werden. Bevor diese primäre Begegnung mit dem Anderen stattfindet, konnten wir das Ich zweiter Ordnung ausmachen, welches noch jenen absoluten Standpunkt zum Sein und zur Welt ausdrückt, der unbeschädigt von der Begegnung sich selbst setzt. Sobald die primäre Begegnung stattgefunden hat, wird das Ich zweiter Ordnung im ethischen Ich „hinterlegt" und die naive Position des Ersteren wird zugunsten des wissenden Teiles – sprich des ethischen Ich – fallen gelassen. Hiermit haben wir nochmals die Basis umrissen, auf welcher wir nun im nächsten Kapitel die Chance haben, die verschiedenen Bewegungen und Verstrickungen der Einsamkeit im Zusammenhang mit den einzelnen Teilen des Individuums genauer darstellen zu können.

5. Die Einsamkeit als Ausdruck der Ontologie

In einem Dialog mit Emmanuel Lévinas beginnt Philippe Nemo seine Auseinandersetzung mit *„Le temps et l'autre"*, indem er die Annahme formuliert, dass die Einsamkeit an sich ein Problem sei (*vgl. EI*, S. 49) und trifft unserer Ansicht nach damit sehr gut einen Punkt in der Philosophie von Lévinas, der insgesamt wichtig ist: die Problematisierung der Einsamkeit. Die Überschrift des Kapitels zeigt schon sehr gut auf, worum es in diesem Kapitel genau gehen wird, denn Lévinas demonstriert mit seinen Texten, dass die Einsamkeit ausschließlich in jenen Bereich des Individuums fällt, der sich mit dem Sein identifizieren lässt. Einsamkeit gleich Sein besitzt mehrere Implikationen, die immer auch im die Ethik bevorzugenden Gesamtkontext von Lévinas Philosophie gelesen werden muss. Denn eine Konsequenz, die dieser Philosoph aus der Reflexion zum Sein zieht, ist die schon bekannte Verschiebung von der Ontologie zur Ethik. Wir müssen nicht notwendigerweise von einem bestimmten Zeitpunkt ausgehen, an dem diese sich vollzieht, da Lévinas von Beginn seiner Reflexionen an in gewissen Begriffen und Aussagen die Basis dafür legt und somit den Rahmen schafft für die im Spätwerk dann offensichtlich sich schon vollzogene Verschiebung zur Ethik hin. Diese Verschiebung entwickelt sich auf der Ebene vom Zusammentreffen des Anderen mit dem Individuum; diese Verschiebung manifestiert sich aber auch innerhalb des Individuums selbst, wo dem Sich immer weniger Raum zuerkannt wird und an dessen Stelle das ethische Ich seinen Platz einnehmen muss. Die Notwendigkeit zur Verschiebung äußert sich ebenfalls auf unseren Zugang hin, nämlich jenem der Einsamkeit. Zwei Fragen stellen sich zu Beginn unserer Überlegungen: Wie realisiert sich diese Reflexion der Einsamkeit im Sein und weshalb unternimmt Lévinas diesen denkerischen Schritt von der Einsamkeit zum Sein?

Die erstere Frage nach der Art und Weise lässt sich unserer Ansicht nach leichter beantworten als die zweite Frage nach dem Grund. Eine akribische Analyse der Texte von Lévinas gibt nämlich sehr genau Aufschluss darüber, wie Lévinas die Relation von Einsamkeit und Sein zustande bringt. Eine Diskussion, die den Grund schafft für besagte Relation, muss jedoch nochmals eine Schicht tiefer ansetzen und über mehrere Hypothesen zu einer konkreten

Antwort gelangen. Der Zugang von Lévinas in diesem Sinne ist unserer Ansicht nach kein simpler Zugang, sondern ein komplexes Konstrukt von Interrelationen, die erst beim genaueren Hinsehen ihre Fülle und Ausdehnung aufzeigen. In diesem Sinne werden unsere Überlegungen, die von einer sehr kompakten, dafür aber klar ausdifferenzierten Form des Individuums ausgehen, uns nun nützlich sein können und einen guten Eindruck davon vermitteln, weshalb Lévinas die Relation von Einsamkeit und Sein einführt. In vier Konferenzen von 1946/1947 thematisiert Lévinas erstmals den Zusammenhang von der Einsamkeit und dem Sein. Diese vier Konferenzen wurden dann zusammengefasst im Buch *„Le temps et l'autre"*, worin eigentlich der Ausgangspunkt für jegliche philosophischen Überlegungen zur Einsamkeit besteht. Wir werden nun in den folgenden Abschnitten erkennen können, wie so ein Zugang möglich ist.

5.1. Die Zeit und das Andere

Abgesehen vom ersten Werk Lévinas', welches sich in erster Linie den Überlegungen zur Philosophie Husserls widmet, hat Lévinas schon sehr früh damit begonnen, das Fundament für seine eigenen Reflexionen zu kreieren. Hierbei denken wir vor allem an das Buch: *„De l'existence à l'existant"*, wo zwar im Wesentlichen auf andere Philosophen – insbesondere Heidegger[127] – zurückgegriffen wird, zugleich aber erstmals die Ontologie infrage gestellt wird und zwar über die unpersönliche Ausdrucksweise des „es gibt" (*il y a*). Lévinas sieht in besagtem Werk den ersten Widerstand gegen eine Philosophie des Denkens des Anderen. Denn in der nicht personalen Bezüglichkeit des „es gibt" verbirgt sich das Sein und im Zusammenhang damit der Totalitätsanspruch desselben. Gemeint wird hier jenes Sein, welches das Böse in sich inhibiert und nicht, wie wir im vorherigen Kapitel schon erkennen mussten, einem Bösen als Nichts außerhalb von sich selbst entgegen gestellt ist. Selbstverständlich wird in diesem Kontext unterschieden zwischen dem Sein und dem Seienden nach Heidegger und doch hinterlässt

---

[127] Gerade Heidegger aber scheint für Lévinas als Inspiration im Bezug auf seine Überlegungen zur Einsamkeit zu gelten. In den *Carnets de captivité* finden wir dazu einen Hinweis. *Vgl.* Lévinas, Emmanuel: Carnets de captivité. Suivi de Écrits sur la captivité et notes philosophiques diverses. (Œuvres d'Emmanuel Levinas, 1). - Paris: Éditions Grasset & Fasquelle. 2009, S. 52.

die Lektüre des Textes den Eindruck, dass Lévinas sich davon wieder distanzieren möchte oder eine andere Verwendung für die beiden Begriffe im Sinn hat. Dabei geht es ihm mehr um die Trennung der beiden Themen vom Sein und vom Seienden. Darum wird auch in den weiteren Ausführungen immer mehr das Sein als das Negative identifiziert, während das Seiende grundsätzlich der Positivität zugeschrieben werden kann.

Bevor wir in die Analyse von *„Le temps et l'autre"* übergehen wollen, erscheint uns ein kurzes Innehalten notwendig zu sein, um die bis zu diesem Werk schon ausgeführten Beschreibungen der Einsamkeit in *EE* ein wenig in den Vordergrund zu rücken. Denn es gibt wirklich schon zwei sehr wichtige Aussagen zur Einsamkeit, die beide vor *TA* konkretisiert werden. Damit wollen wir sagen, dass die Einsamkeitsbetrachtung bei Lévinas eigentlich schon mit *EE* beginnt, obzwar *TA* das erste und ausführlichste Werk zur Einsamkeitsbeschreibung ist und auch in der Sekundärliteratur zu dieser Thematik am häufigsten zitiert wird. Es gibt also schon zuvor Merkmale der Einsamkeit, die wir nun ausführen möchten. Eine erste Definition der Einsamkeit finden wir in folgenden Sätzen:

> „Die Einsamkeit des Subjekts ist mehr als die Isolation eines Lebewesens, mehr als die Einheit eines Objekts. Es ist, wenn man dies so sagen kann, eine Einsamkeit zu zweit; dieses Anders-als-Ich verfolgt wie ein begleitender Schatten das Ich [*moi*]." (*EE*, S. 151).

Nach dieser Angliederung der Einsamkeit an das ethische Ich, welches ständig als eine Art von Schatten dasselbe verfolgt, schreibt Lévinas weiter:

> „Dualität der Langeweile, unterschieden von der Sozialität, welche wir in der Welt kennen und wohin das Ich [*moi*] seiner Langeweile entkommt; auch unterschieden von der Beziehung mit dem Anderen [*autrui*], welche das Ich [*moi*] von seinem Sich [*soi*] abspaltet." (*A.a.O.*).

Die Einsamkeit ist also einerseits die ontologische Differenz innerhalb der Objekte und innerhalb der Subjekte, sie stellt aber zugleich mehr dar, wenn wir von den Subjekten zu sprechen beginnen, denn dort schreibt sich die Einsamkeit, wie im ersten Teil der Definition gut zu sehen ist, in das Individuum ein bzw. begleitet dieses unablässig. Die Einsamkeit ist aber nicht identifizierbar mit dem Individuum, sondern nur ein Teil, der das ethische Ich begleitet.

Mit in der Diskussion integriert wird hier die Langeweile (*l'ennui*), die von der Gemeinschaft unterschieden wird. Wieso aber gerade die Langeweile? Vorerst können wir uns darüber keine Klarheit verschaffen, denn hier wird die Langeweile als Abgrenzung zur Gesellschaft zugleich der Einsamkeit zugeführt. Möglich wäre eine Bestimmung über die Negativität der beiden Begriffe für das Individuum, wir sind aber in unseren Reflexionen jetzt noch zu wenig weit fortgeschritten, um genauere Zusammenhänge geben zu können. Vorerst sei nur wiederholt, dass das Ich vor der Langeweile zur Sozialität flüchtet. Diese Flucht ist der Erwähnung halber also ebenso Flucht vor der Einsamkeit. Interessant für uns ist, dass Lévinas nochmals eine weitere Unterscheidung trifft: Das Denken des Anderen gilt ebenso wenig als Indikator für die Einsamkeit, sondern wird in Opposition dazu dargestellt. Das Erscheinen auf der Bildfläche des Anderen ist nicht unbedingt mit der Sozialität gleichzusetzen, auch wenn dies im späteren Werk von Lévinas immer wieder so den Anschein haben mag. Wir können hier eigentlich auch schon vorab den noch sehr einfach formulierten Dreischritt feststellen, der vom Individuum zum Anderen und weiter zur Gesellschaft fortführt. Mitunter wäre hier die Unterscheidung zwischen Mikro- und Makrokosmos der Gesellschaft angebracht, wo nur die Gesellschaft dem Makrokosmos zuordenbar ist. Wie gesagt, ist die Erscheinung des Anderen auch Grund zu einer Abspaltung von der Einsamkeit. Jedoch ist der Andere noch ein auslösender Faktor für einen anderen Mechanismus. Es geht dabei um den uns bekannten Mechanismus der Trennung und Distanzierung zwischen dem ethischen Ich und dem Sich. Etwas später, in der Diskussion anderer Werke, werden wir dazu Genaueres erfahren.

Wenn nun die Einsamkeit in ihrem Anders-als-Ich sich manifestiert, können wir schon in *EE* einen zweiten wesentlichen Faktor erkennen, der für die spätere Analyse notwendig ist, denn Lévinas spricht in diesem Buch im Zusammenhang mit der Einsamkeit eigentlich grundsätzlich immer nur von einer determinierenden Bezeichnung, nämlich vom Endgültigen (*définitif*). Was bedeutet aber dieses Endgültige? Dieses Endgültige hat unserer Ansicht nach eine gewisse Ähnlichkeit mit dem, was wir bis jetzt die ontologische Differenz genannt haben. Unter der ontologischen Differenz ist jenes Getrennt-Sein vom Anderen zu verstehen, in welchem sich das

Individuum seit seiner Geburt befindet. Niemals der Andere sein können lautet hierbei die Devise. Unser Körper trennt uns vom Anderen in seiner Materialität bzw. Körperlichkeit. Und exakt so beschreibt Lévinas bisweilen in *EE* die Endgültigkeit, die sich in der Einsamkeit zeigt. (*Vgl. z. B. EE*, S. 142 und 144). Wenn wir uns nun in diesem Werk noch weiter den Nennungen der Einsamkeit zuwenden, so fällt im Kontext des Endgültigen ein Satz besonders auf, der richtungweisend für dieses ganze Kapitel sein wird. Gemeint ist der Satz, in welchem einer der Gründe für die negative Konnotation der Einsamkeit formuliert wird: „Die Einsamkeit wird nicht für sich selbst schon verdammt, sondern wegen ihrer ontologischen Bedeutung des Endgültigen." (*A.a.O.*). Um es vorwegzunehmen: Der Begriff der Einsamkeit bei Lévinas ist negativ besetzt und deshalb werden wir auch in den folgenden Abschnitten immer wieder auf diesen Aspekt zurückkommen müssen.

Diese einleitenden Absätze waren notwendig, weil das Buch *EE* als Einleitung zu den großen Hauptwerken verstanden werden kann, aber im selben Moment schon Themen wie etwa das „es gibt" beinhaltet, die zum Verständnis von *„Le temps et l'autre"* wichtig sind. Insofern auch wichtig, als dass in *TA* diese Themen weiterentwickelt und in Relation zu den Vorstellungen zur Einsamkeit gestellt werden. Lévinas beginnt seine Reflexionen in *TA*, indem er die Wichtigkeit unterstreicht, welche die Vertiefung der Einsamkeit in sich birgt, die im Zusammenhang mit der Zeit steht (*vgl. TA*, S. 17). Diese Überlegung führt Lévinas an, um gleich darauf zu erklären, dass für ihn die Einsamkeit nicht nur eine Kategorie der Psychologie sei, sondern in ihr ein besonderer Bezug zur Ontologie besteht. In diesem Kontext will Lévinas: „[...] die Einsamkeit als eine Kategorie des Seins darstellen [...], den Platz der Einsamkeit in der generellen Ökonomie des Seins [...]" (*TA*, S. 18) festlegen. Damit nun sieht Lévinas seine Reflexionen sowohl der Daseinsanalyse Heideggers als auch den Definitionen der Einsamkeit überlegen, die sich von der Sozialität abgrenzen. Gleichzeitig soll dieser Rückgang auf die ontologischen Wurzeln der Einsamkeit uns dazu führen, diese Einsamkeit überwinden zu können (*Vgl. TA*, S.18f.). Wir haben auf den ersten Seiten dieses Werkes also schon die deutliche Aussage von diesem Philosophen, dass er nicht den Weg vorangegangener Interpretationen der Einsamkeit betreten will, sondern seine Idee einführen möchte, von der Einsamkeit als einer ontologischen Einsamkeit[128]. Nur über diese ontologische Einsamkeit ließe sich bis zum Grund derselben vorstoßen, um diese dann aus ihren Verankerungen heben zu können.

Genügt diese Formulierung der Einsamkeit als Darstellung der Einsamkeit schon vollständig oder benötigen wir mehr, um eine ausreichende Definition geben zu können? Lévinas beginnt in bewusst gewählter phänomenologischer Manier, sich des Phänomens der ontologischen Einsamkeit gewahr zu werden, wobei er eine Relation von der Existenz mit der Einsamkeit deskriptiv darlegt. Es geht in diesem Text um die trennende Grenze zwischen dem Individuum und seiner Umgebung. Jedes Individuum ist nämlich von Geburt an mit dem Anderen – Welt und Lebewesen – konfrontiert. Trotzdem *ist* niemand der Andere. Die ontologische Differenz zwischen zwei Individuen ist unhintergehbar. Getragen wird diese Differenz von der Existenz, welche wie das Sein nicht austauschbar ist. Lévinas verwendet zur Beschreibung der Differenz die zwei Termini „transitiv" und „intransitiv" (*vgl.* dazu *TA*, S. 21f.). Wenn nun die Einsamkeit in diesen Kontext der Existenz eingeschrieben wird, so bedient sich hierbei Lévinas der Differenzierung in Sein und Seiendes. Die unüberwindliche Einheit der beiden Begriffe realisiert sich im Begriff der Einsamkeit. Lévinas formuliert dies so: „Die Einsamkeit besteht im Umstand selbst, dass es Seiendes gibt" (*TA*, S. 22); wenn nun aber die Einsamkeit selbst überwindbar wäre, dann würde diese Einheit angegriffen und infrage gestellt werden. Lévinas gibt uns hier den sehr wichtigen Begriff der *Hypostase* zur Hand, der genau besagtes Infragestellen des Zusammenhangs von Sein und Seiendem bezeichnet.

Sehr behutsam führt uns Lévinas nun von der Hypostase als Ereignis zwischen Sein und Seiendem weiter zu einzelnen Themen, die wir schon bei der Darstellung des Sich genauer erörtert haben. Zu nennen sind hierbei die Identität und der zeitliche Rahmen der Gegenwart (*vgl. TA*, S. 31f.). Hilfreich für unsere Analyse ist hier vor allem der zeitliche Rahmen der Gegenwart. Wir können, wie schon erwähnt, das Sich mit der Gegenwart identifizieren und erhalten dadurch einen Bruch mit der Vergangenheit, bei Lévinas z. B. mit

[128] In der Sekundärliteratur ist der Begriff der ontologischen Einsamkeit durchwegs akzeptiert. Catherine Chalier verwendet diesen Begriff z. B. in ihrem Werk: *„La trace de l'infini"*. (*Vgl.* Chalier, Catherine: La trace de l'infini. *Ebenda*, S. 86, S. 117f. und S. 124).

der uralten Vergangenheit (*le passé immémorial*) des Ich gleichgesetzt. Die Gegenwart wird vom Von-Sich-aus-Beginnen (*à partir de soi*) vervollständigt (*vgl. TA*, S. 32). Nur in der Gegenwart realisiert sich die Hypostase. Lévinas geht dabei noch einen Schritt weiter, wenn er die Hypostase Freiheit nennt und damit darauf hinweist, dass das Seiende eigentlich das Sein beherrscht. Die Freiheit des Seienden ist es, sich z. B. durch die Berührung mit dem Anderen von seinem eigenen Sein der ontologischen Differenz distanzieren zu können. In der Zurücksetzung des Sich kann das Seiende diese Übermacht des Seins brechen und vermittels des ethischen Ich in der Welt bestehen. Die uralte Vergangenheit gewinnt dabei Oberhand und widersetzt sich dem Einbruch der Gegenwart.

Lévinas grenzt nun den Begriff der Einsamkeit nochmals ab, indem er schreibt: „Die Einsamkeit ist die Einheit selbst des Seienden, ist der Umstand, dass es irgendetwas im Sein gibt, von welchem aus sich die Existenz entwickelt." (*TA*, S. 35). Wir benötigen nun die Einsamkeit dazu, dass überhaupt irgendetwas existieren kann und damit fallen wir wiederum zurück in die ontologische Differenz. Denn die Einheit des Individuums – des Unteilbaren - bedeutet genau besagtes Einsamsein. Lévinas rekurriert hier das erste und vielleicht einzige Mal darauf, dass die Einsamkeit auch etwas anderes sein könnte, als die ausschließlich negativ besetzte Einsamkeit, indem er ihr Begriffe wie Männlichkeit, Zuversicht und Souveränität zuschreibt.[129] Unserer Ansicht nach ist dies jedoch nur eine geschickt getarnte Implikation, um zu verschleiern, dass Lévinas sich der Einsamkeit eigentlich so gut wie möglich entledigen möchte. Die Diskussion des Begriffs der Einsamkeit, sehr wohl notwendig in Relation zum Seinsbegriff, wird in den folgenden Werken langsam aber sicher der Bewegung von der Ontologie zur Ethik zum Opfer fallen.

Zuvor wollen wir uns jedoch weiterhin auf die Analyse der Einsamkeit beziehen, die bei Lévinas nun immer weiter eine Wende nimmt hin zu der oben ausgeführten Materialität des Körpers. Die Materialität des Körpers, die das Sein darstellt, ist nun Träger der Einsamkeit als ontologischer Differenz. Hierbei erwähnt Lévinas die

---

[129] Im Zusammenhang mit einer Passage aus dem Talmud äußert Lévinas ebenfalls eine der wenigen Male Positives zur Einsamkeit: „La vérité est donnée dans la solitude …" Lévinas, Emmanuel: Carnets de captivité. *Ebenda*. S. 341.

Tragik der Einsamkeit und deren Grund: „Die Einsamkeit ist nicht tragisch, weil sie Entzug des Anderen [*l'autre*] ist, sondern weil sie eingesperrt ist in der Gefangenschaft ihrer Identität, weil sie Materie ist." (*TA*, S. 38; *vgl.* auch *TA*, S. 44). Das, was wir umgangssprachlich in der Formulierung „Nicht aus sich selbst herauskönnen" kennen, bewahrheitet sich nun für den Teil des Individuums, der dem Sein zugeschrieben werden muss. Gemeint ist damit das Sich, welches geradezu in seiner eigenen Identität eingeschlossen ist und daraus durch keine Umstände herausgenommen werden kann. Sehr prägnant wird dieser Sachverhalt einmal in den *Carnets de captivité* formuliert: „Der Preis [*rançon*] für das Licht: Einsamkeit – Rückkehr vom Ich [*moi*] zum Sich."[130] Auch wenn Lévinas, wie wir weiter oben erfahren haben, den Körper nicht als Gefängnis der Seele im platonischen Sinn verstehen will, so ist doch bei dieser Textstelle unterschwellig ein Anklang zu Platon zu erkennen. Natürlich wird nicht die Dichotomie von Körper und Geist evoziert, sondern viel eher die Identifizierung der ontologischen Einsamkeit mit der Materie vorgenommen; die Metapher bleibt irgendwo doch dieselbe. Das Andere – gemeint dürften sowohl die Objekte als auch die anderen Subjekte sein – als Grenzfläche und WiderStand für das Individuum wird nicht unbedingt als tragisches Element der Einsamkeit zugerechnet, sondern vielmehr als ein Nebeneinander von Individuum und Anderem angesehen.

Hier jetzt macht Lévinas in *TA* einen weiteren Schritt und erklärt, dass die Einsamkeit viel mehr im gewöhnlichen Leben eines Individuums eingreift, als wir dies annehmen würden. Lévinas weist auf den sehr engen Zusammenhang zwischen dem Alltag und der Einsamkeit hin: Aus dem Alltag erwächst die Einsamkeit, während sie ebenfalls den Vollzug der Einsamkeit verkörpert. (*Vgl. TA*, S.39). Wir können uns dies vorstellen, indem wir uns bewusst machen, dass die Einsamkeit als Materie immer zugleich auch Bedürfnisbefriedigung bedeuten muss. Lévinas versucht wirklich den Begriff der ontologischen Einsamkeit auf dieser Ebene zu platzieren, wo es um die Befriedigung unserer Bedürfnisse geht: anzuführen ist z. B. die Ernährung. In *TA* wird dabei vorerst von der Antinomie zwischen der Sozialität und der Einsamkeit gesprochen, denn sämtliche Momente des Kontakts mit dem Anderen, mit den Dingen, die uns umgeben oder mit der Gesellschaft als Gesamtheit, gehen in der

---

130 *A.a.O.* S. 425.

Erfahrung der Einsamkeit unter, sie werden schlicht und einfach abgewertet. (*Vgl. TA*, S. 40). Nur eine Philosophie der Einsamkeit[131] könne diesem Mechanismus Sorge tragen. Zunehmend jedoch findet in diesem Abschnitt von *TA* die Beziehung zwischen der Einsamkeit und dem Tod Erwähnung, auf die wir aber erst später genauer eingehen werden. Gleichzeitig wird angedeutet, dass der Alltag zwar mit der Einsamkeit zusammenhängt, jedoch auch die Möglichkeit bietet, sich von dieser zu distanzieren.

Wie kann diese doppelte Form des Alltags aber möglich gemacht werden? Es ist nicht einfach, diesen Gedankengang nachzuvollziehen, wir können aber sagen, dass ein Grund für den Alltag als Distanzierungsmöglichkeit von der Einsamkeit darin liegt, sich nicht ausschließlich nur auf das Zusammenleben mit den Anderen zu konzentrieren. Lévinas erreicht diese Distanzierung durch die Zentrierung auf das Vergnügen, welches wir schon beim Sich genauer kennen gelernt haben. Im Vergnügen schafft es das seinsverhaftete Individuum seinem Sein möglichst „weit" zu entkommen; Lévinas nennt diesen Vorgang unter anderem die ekstatische Existenz (*vgl. TA*, S. 46). Der Teil des Seins, das Sich, entfernt sich mehr und mehr von seiner Bindung im Individuum selbst und deshalb wird in einer langsam fortschreitenden Passage dem ethischen Ich vermehrt Raum zuerkannt. Mit dieser zu Beginn schon da gewesenen Materialität des Individuums verschwindet langsam auch die in der Ontologie stehende Einsamkeit und der Ausdruck dieser gesamten Bewegung lässt sich im Alltag bemerken. Damit ist der Alltag sowohl Verbindung mit als auch Abstand von der Einsamkeit und ein erster Schritt zur Befreiung von der ontologischen Einsamkeit (*vgl. TA*, S. 45f.). Wir müssen aber auch dem Rechnung tragen, dass das Vergnügen nicht zur Gänze das Sich verschwinden lässt, sondern eigentlich mehr mit dem Vergessen des Sich zu tun

---

[131] Lévinas führt diese Forderung nach einer Philosophie der Einsamkeit in *TA*, S. 40 an. Eines der umfassendsten Beispiele für eine solche Philosophie der Einsamkeit hat Friedrich Parpert in seinem Buch: Philosophie der Einsamkeit. - München: Reinhardt. 1955 vorgelegt. Er geht dort von drei verschiedenen Seinsformen der Einsamkeit aus, die im Mittelalter, in der Aufklärung und im Zeitalter der Technik, wie er dieses nennt, verankert sind. Aus diesen Überlegungen heraus und über die Erörterung von mehreren Ansätzen etwa bei Leibnitz, Heidegger und Jaspers gelangt Parpert dann zu elf Aspekten von Einsamkeit in der aktuellen Diskussion des Begriffs der Einsamkeit.

hat. Damit stellt sich uns das Vergnügen als ein Bereich der Existenz dar, der eine erste Verneinung der Einsamkeit initialisieren kann, keineswegs aber schon eine Tilgung derselben (*vgl. TA*, S. 52) beinhaltet.

Peu à peu tauchen in der Diskussion der Einsamkeit bei Lévinas andere Zusammenhänge zur Philosophie auf. Gemeint sind hier die Vernunft, die Erkenntnis und das Wissen. Ein erster Hinweis wird uns gegeben in folgendem Satz:

> „Die Vernunft [*raison*] und das Wissen für sich vollziehen die Einsamkeit des Seienden als Seiendes und vervollkommnen sein Schicksal für alles der alleinige und einzige Bezugspunkt zu sein. Alles umfassend in seiner Universalität findet sich die Vernunft selbst in der Einsamkeit wieder." (*TA*, S. 48).

Die Einsamkeit des Seienden wird hier als der Bezugspunkt für alles präsentiert, als der erste und alleinige Bezugspunkt für die Vernunft. Die Einsamkeit des Seienden liegt allem anderen zugrunde, begründet aber nicht sämtliche Aspekte der Realität. Trotz ihres begründenden Charakters fällt die menschliche Vernunft auf das Seiende und damit auf die Einsamkeit zurück. Nicht ohne Hintergedanken lässt Lévinas den Begriff des Solipsismus einfließen, wenn er von der Relation der Einsamkeit zur Vernunft spricht. Sowohl die Vernunft als auch die Erkenntnis distanzieren uns vorerst zwar von anderen Dingen, dies vollzieht sich aber nach Lévinas nur in ihrer Seinshaftigkeit. Das Individuum wird dabei immer wieder zu seiner eigenen Seinshaftigkeit zurückgeholt, in welcher das Sich die Rolle des Separierenden und des Begründenden innehat. Selbst die Objektivität des Wissens, so erklärt Lévinas, würde keineswegs die Einsamkeit aus der Verbindung mit der Vernunft ausschließen können; vielmehr müssten wir uns damit abfinden, dass in diesen Bereichen immer ein solipsistisches Substrat zurückbleibt. (*Vgl. TA*, S. 48).

Diese Vielzahl von genannten Aspekten, welche alle mit der Einsamkeit bei Lévinas etwas zu tun haben, sind in gewissem Sinne Indikatoren für das Fehlen von Transzendenz. Wir können hier etymologisch das Präfix trâns- von Transzendenz als „über" verstehen, welches das Übersteigen von Grenzen in Transzendenz bedeutet. Die Grenzen sind in diesem Kontext die Grenzen des Individuums, als äußere Form der Trennung zu denken. Lévinas will uns vermitteln, dass alle an das Sein gebundenen Aspekte immer nur ein Wirken auf sich selbst zulassen, ohne die Möglichkeit über besagte Grenze hinauszugehen; grundsätzlich wird diese Grenze mit der Haut bzw. der Form des Individuums identifiziert. Die damit verbundene ontologische Einsamkeit lässt keine Exteriorität zu, sondern nur den Regress auf sich selbst als *Perpetuum mobile* des ewigen Selbstbezuges. Um aus dieser Totalität des Selbstbezuges einen Ausweg zu bahnen, bedient sich Lévinas unter anderem des Begriffes des Vergnügens und des Begriffes der Ernährung. Seiner Ansicht nach kann die Grenze des Individuums sowohl durch die Ekstase im Vergnügen als auch in der Bedürfnisbefriedigung durch die Ernährung überschritten werden bzw. transzendiert werden. Das Bedürfnis des Individuums in Form von Hunger und Durst deutet grundsätzlich über dieses hinaus und eignet sich darum sehr gut zur Überschreitung der Seinsgrenze, die zwischen Individuum und Welt implementiert ist. (*Vgl. TA,* S. 51). Die Transzendenz, vorerst noch ohne den Bezug zum Anderen eingeführt, zielt bei Lévinas darauf ab, den eigenen Bereich des Sich verlassen zu können, der samt und sonders in der ontologischen Einsamkeit verhaftet ist. Trotzdem wird durch diese Art von Transzendenz nur etwas in Bewegung gesetzt, das immer nur zu sich selbst zurückkehrt und deshalb diese Art nicht ausreicht, um vollständig das Sich wieder verlassen zu können.[132]

Mit der Transzendenz regt Lévinas die für ihn sehr wichtige Bewegung an, die sich vom Individuum zum Anderen vollführt und damit im philosophischen Diskurs der Einsamkeit keinen Raum mehr lässt. Bevor wir aber ans Ende dieser Bewegung kommen, müssen noch weitere Aspekte der Einsamkeit angeführt werden. Über Heidegger und dessen philosophischer Untersuchung zur Arbeit und dem zuhandenen Werkzeug sind es zwei weitere wesentliche Elemente, die Lévinas in seine philosophischen Überlegungen mit einbezieht: der Schmerz und das Leid. Beides sind für ihn Phänomene, welche in der Einsamkeit des Seienden zum Vor-

[132] Inhaltlich können wir diese Form der Rückkehr zum Sich sowohl in einer philosophischen Notiz in: Lévinas, Emmanuel: Carnets de captivité. *Ebenda.* S. 243, als auch in dem Vortrag *Les Nourritures* (in: Lévinas, Emmanuel: Parole et Silence et autres conférences inédites au Collège philosophique. (Œuvres d'Emmanuel Levinas, 2). - Paris: Éditions Grasset & Fasquelle. 2011, S. 163) wiederfinden. Lévinas bezeichnet dort dieses Für-Sich-Sein als Alleinsein ohne Einsamkeit.

schein kommen. (*Vgl. TA*, S. 54). Diese beiden Begriffe stehen in Beziehung, sei es mit dem Bedürfnis und der Arbeit, sei es mit dem Tod des Individuums. Wir können nun einerseits das Begriffspaar von Schmerz und Leid dem Vergnügen bei Lévinas konträr entgegenstellen, während andererseits der Tod noch keine spezifische Entsprechung hat. Das Gefühl des Schmerzes und des Leids steht also ebenso im Dienste der Transzendenz, des Von-Sich-Wegbegebens, wie dies das Vergnügen tut, nur unterstehen wir bei ersteren Begriffen der Bedürfnisbefriedigung und der damit verbundenen negativen Ausdifferenzierung, während letztere in der ekstatischen Existenz ihren positiven Niederschlag finden.

An die beiden Begriffe Schmerz und Leid bindet sich jedoch noch ein anderer wesentlicher Begriff an, den wir gerade eben kennen gelernt haben und im Werk Lévinas sehr ausführlich und wiederholt in Erscheinung treten sehen. Es handelt sich um den Tod. Der Tod stellt nach Meinung von Lévinas jenes Ereignis dar, welches vollständig als neue und andersartige Erfahrung über das Individuum hereinbricht und im selben Moment die Andersheit selbst widerspiegelt. Wenn wir den Begriff des Todes einer Zeitspanne zuordnen müssten, so folgen wir Lévinas, der für den Tod eine noch zu kommende Zeit angesetzt hat. Der Tod findet für das Individuum immer nur in der Zukunft statt, niemals aber in der Gegenwart. Da wir nun aber wissen, dass das Sein und die Einsamkeit Gegenwart sind, verstehen wir in ausgezeichneter Manier die folgende Aussage: „Meine Einsamkeit ist so nicht vom Tod bestätigt, sondern wird vom Tod zerbrochen.“ (*TA*, S. 63). Der Tod des Individuums nimmt diesem sozusagen im selben Moment seine Einsamkeit. Wir können uns jetzt mit Lévinas fragen, ob der Tod als das Moment der Andersheit, als Fremdheit gegenüber der Existenz, noch der Tod des jeweiligen Individuums ist. An dieser Stelle unterscheidet Lévinas beim Tod das Ereignis des Todes vom Tod des Individuums. (*Vgl. TA*, S. 65). Vorwiegend geht es aber nicht unbedingt um diese Unterscheidung, sondern vielmehr um einen möglichen Ausgang aus der Einsamkeit, welcher nicht vollständig den Tod ausfüllen kann. Damit unterscheidet sich der Tod wesentlich von der zuvor ausgeführten Transzendenz, die das Individuum danach wieder zu sich selbst zurückkehren lässt. Denn die Rückkehr ist nur möglich, indem das Individuum sich die äußere Welt „zueigen“ macht. Dies funktioniert beim Tod nach Lévinas nicht mehr.

Wenn wir nun erkennen müssen, dass der Tod als spezielles Ereignis imstande ist, die ontologische Einsamkeit zu untergraben, so können wir uns fragen, wie dieser Vorgang zu erklären ist. Eine Möglichkeit hat uns Lévinas schon zur Hand gegeben, indem er den Tod als das völlig andere deklariert und gleichzeitig die Unmöglichkeit aufzeigt, nach dem Tod in einer Kurve wieder zurück zum Sich gelangen zu können. Die Vereinnahmung des Anderen durch das Selbst findet also in diesen Belangen nicht statt. Für den weiteren Verlauf der philosophischen Reflexionen ist dies nun endlich der Ausgangspunkt, um eine wahrhaftige Bewegung vom Individuum zum anderen Individuum aufnehmen zu können. Der Andere in seiner Andersheit ist Ziel dieser Bewegung, aber auch Ziel dieser Reflexion auf die ontologische Einsamkeit bei Lévinas. Zugrunde liegt ihr die Transzendenz in der Form, die eine Rückkehr zum Individuum unmöglich macht. Im weiteren Verlauf von *TA* wird Lévinas noch auf einzelne Aspekte dieses Zielpunkts des Anderen eingehen, wie etwa die Weiblichkeit oder die Vaterschaft; für uns sind diese Aspekte momentan in diesen Einsamkeitsüberlegungen nicht von so großer Bedeutung und werden insgesamt erst im nächsten Kapitel etwas spezifiziert.

Grundsätzlich können wir zwar sagen, dass in *TA* die Herrschaft des ethischen Ich über das „es gibt" des Seins vorgestellt wird (*vgl. TA*, S. 13), trotzdem ist die Einsamkeit in ihrer Zeitlichkeit der Gegenwart und in ihrem Bezug auf das Andere besonders zu beachten. Die ontologische Einsamkeit ist hierbei der Angelpunkt und zugleich Basis für ein Denken des Anderen. Erst durch den Rückzug von dieser Einsamkeit in Form der Distanzierung - inzwischen können wir uns schon des differenzierteren Begriffes der Transzendenz bedienen -, gelingt nach Lévinas die Relation mit dem anderen Individuum als seinem Nächsten. Im selben Atemzug ist somit dem ethischen Ich mehr Raum gegeben, um sich entfalten zu können. Wir sollten aber in den folgenden Abschnitten unseres Buches jetzt genauer klären, welche Rolle die Einsamkeit nach diesem Frühwerk von Lévinas innehat und welche Veränderungen und Weiterentwicklungen wir verfolgen können. Dieses Ansinnen wollen wir im folgenden Abschnitt beginnen.

5.2. Partikularitäten der Einsamkeit

Bis zu diesem Abschnitt beruhte unsere Methode auf einer nahezu linearen Vorgehensweise, d.h. wir haben in der Analyse der Einsamkeit versucht, eine aufbauende Herangehensweise zu vollführen. Der Kommentar zum Werk *„Le temps et l'autre"* unterstützte uns, die Einsamkeit in dieser Art und Weise zu erörtern. Nun aber lässt sich in den verschiedenen Werken, die auf *TA* folgen, bemerken, dass Lévinas nicht mehr in dieser zusammenhängenden Form von der Einsamkeit spricht, sondern sich mehr und mehr auf bestimmte Aspekte der Einsamkeit je nach Bedarf einlässt. Darum haben wir diesen Abschnitt zu Lévinas auch mit den „Partikularitäten der Einsamkeit" intituliert, wobei wir besagte Partikularitäten schrittweise in unsere Analyse einbauen werden. Die chronologische Vorgehensweise wird zugunsten einer Zusammenschau der einzelnen Belange im Gesamtwerk von Lévinas fallen gelassen. Die aufbauende Vorgehensweise wird durch eine thematische Analyse nun weiter ausgeführt. Mitunter werden wir aber doch auf schon gemachte Analysen zurückgreifen müssen, um den Zusammenhang klar und deutlich formulieren zu können.

Wenden wir uns nun also einzelnen Partikularitäten der Einsamkeit bei Lévinas zu, wobei als erstes nennenswertes Beispiel dafür die Opposition von *Gesellschaft* und Einsamkeit anzuführen ist. Lévinas trennt streng zwischen einerseits der Gesellschaft und der Sozialität und andererseits der Einsamkeit des Individuums. Er schreibt dazu in *„En découvrant l'existence avec Husserl et Heidegger"*: „Es gibt in mir [*en moi*] eine Möglichkeit der Einsamkeit, trotz meiner Sozialität und der Präsenz der Welt für mich." (*EDE*, S. 69). Wir deuten den Satz so, dass im Individuum sehr wohl beide Bereiche vorhanden sind, diese jedoch unterschiedlichen Teilen angehören: die Einsamkeit dem Sich und die Sozialität dem ethischen Ich. Bekannt sein dürfte inzwischen aber auch, dass diese beiden Teile sich in einem Widerstreit um den Raum im Individuum befinden, somit also eine Opposition darstellen. Aus diesem Widerstreit zwischen den beiden Teilen resultiert ein Gefühl der Verdoppelung, auf welches Lévinas folgendermaßen Bezug nimmt und in diesem Zuge die Menschheit so bewertet: „[...] jeder hat den Eindruck einerseits in Beziehung mit der gesamten Menschheit, andererseits aber auch einsam und verlassen zu sein" (*ADV*, S. 88). Diese Ambiguität erwächst aus dem permanenten Prozess der

Distanzierung zwischen dem ontologischen Teil und dem ethischen Teil im Individuum. Keiner der beiden Teile kann vollständig Überhand gewinnen über den jeweils anderen Teil; es herrscht eine Form der Koexistenz vor, eine Koexistenz als Gegensatz.

Vielleicht waren wir mit der Formulierung von einem Nebeneinander des Sich und des ethischen Ich etwas voreilig, haben wir doch schon weiter oben gesehen, dass Lévinas mit allen ihm zur Verfügung stehenden Mitteln versucht, sich von der Ontologie zur Ethik hin zu bewegen. Und in diesem Sinne sind auch Hinweise in den Werken nach *TA* vorhanden, die die Sozialität eigentlich in einer gewissen Überhöhung sehen, auch deshalb, weil die Sozialität uns ermöglicht aus uns selbst und aus der ontologischen Einsamkeit herauszugelangen (*vgl.* z. B. *EI,* S. 52 und S. 101). Konkret legt Lévinas diese Aussage der Überhöhung der Sozialität in folgendem Satz vor: „Die Einsamkeit erscheint also hier [im Kontext der Existenz] als die Isolation, welche das Ereignis des Seins selbst markiert. Das Soziale befindet sich jenseits der Ontologie." (*EI,* S. 50). Wenn somit das Soziale – die Sozialität – sich jenseits der Ontologie befindet, so steht hier die Ontologie für das Sich. Die Unmöglichkeit der Nivellierung von Sozialität und Einsamkeit können wir jedoch noch besser in einem Satz aus dem Werk *„Entre nous"* erkennen:

> „Nähe der Transzendenz im Menschen, welche speziell die zusätzliche Tätigkeit [*le surcroît*] der Sozialität über die ganze Einsamkeit bedeuten würde, wo sich das Wissen der verstreuten Individuen im Genre aufhält." (*EN,* S. 200 und *vgl.* auch *AT,* S. 144).

Im Zerlegen dieses Zitats können wir besser verstehen, was Lévinas neben der Überhöhung der Sozialität noch erklären will: Die Bewegung der Transzendenz ist uns schon bekannt als jener Mechanismus, der es ermöglicht über die Grenzen des Individuums hinauszugehen; diese spaltet sich in zwei Arten auf – jene, die wieder zum Individuum zurückkehrt und jene, die auf die Andersheit an sich trifft und nicht mehr vom Individuum vereinnahmt werden kann. Auf der anderen Seite können wir den Begriff des Wissens deuten als Bereich, der zur ontologischen Einsamkeit gehört, weil er vom Individuum inhibiert wird. Wiederum haben wir die Opposition zwischen Sozialität und Einsamkeit gegenwärtig, während hier nun eine Asymmetrie eingeführt wird.

In dieser Konstellation können wir noch zwei Sonderformen erkennen, die thematisch sehr gut in diese Partikularität der Einsamkeit passen, in den einzelnen Werken aber nicht unbedingt näher ausgeführt sind. Zu nennen ist einmal die Liebe; es handelt sich bei der Liebe um eine Interrelation zwischen zwei Menschen, die bei Lévinas gesondert in Bezug auf die Einsamkeit abgehandelt wird. Schon in *„Totalité et infini"* unternimmt Lévinas im Kapitel: „Phänomenologie des Eros" den Versuch die Liebe und die Intimität als etwas Besonderes für die Einsamkeit zu beschreiben (*vgl. TI*, S. 287, S. 297). Und da wir gerade von der Opposition von Einsamkeit und Gesellschaft sprechen, wollen wir auch diesen einzigen Zusammenhang der beiden Begriffe präsentieren, der sich im Ausdruck „Gesellschaft der Einsamkeiten" realisiert, der von Lévinas zur Beschreibung der Liebenden verwendet wird: „Die Gesellschaft der Liebe ist eine Gesellschaft zu zweit, Gesellschaft der Einsamkeiten, unempfänglich für die Universalität." (*EN*, S. 30). Lévinas will uns damit sagen, dass selbst in der Liebe beide Individuen getrennt sind durch die ontologische Differenz. Die Einsamkeit verweist auf diese Trennung und deshalb kann es eine Gesellschaft der Einsamkeiten geben. Damit wird aber nicht die ursprüngliche Opposition von den beiden Begriffen aufgegeben. Neben dieser Gesellschaft der Einsamkeiten gibt es aber noch einen weiteren für uns interessanten Aspekt. Diesen Aspekt können wir in gewissem Sinne als Mittelstück bezeichnen, welches auf halbem Weg zwischen Gesellschaft und Einsamkeit sich manifestiert oder besser gesagt, keinem von beiden Extremen zugeschrieben werden kann. Wir beziehen uns hier auf die menschliche Spiritualität bzw. Religiosität, für welche Lévinas deklariert, dass sie Menschen davor schützen würde ganz in der Masse – der Gesellschaft – aufzugehen, bzw. sich in der Einsamkeit zu verlieren. (*Vgl. HS*, S. 34f.). Auf die Religiosität wollen wir im nächsten Abschnitt noch genauer eingehen, wenn wir von den Umfeldern der Einsamkeit bei Lévinas sprechen.

In einem Werk, das sich eigentlich hauptsächlich auf die Interpretation von Werken Maurice Blanchots beschränkt, finden wir einen guten Übergang zu einer weiteren Partikularität der Einsamkeit, auf die uns Jacques Rolland in einer kurzen Erläuterung aufmerksam macht. Lévinas versieht nämlich in jenen Interpretationen, wo er unter anderem auf die Opposition von Einsamkeit und Gesellschaft zurückgreift, die Einsamkeit mit dem Adjektiv *essenziell*. (*Vgl. SMB*, S. 14). In *„De l'évasion"* geht Rolland in einer kommentierenden Fußnote auf diese essenzielle Einsamkeit genauer ein, indem er die Einsamkeit bei Lévinas in Relation zur Furcht (*angoisse*) und dem Ekel aufspaltet. Beide Phänomene sind seiner Ansicht nach zutiefst einsame Phänomene. Während sich für ihn die Einsamkeit der Furcht, welche irgendwie noch das Sein zu beherrschen vermag, in Form einer gewissen Hoheit zeigt, kann die Einsamkeit des Ekels nur als Schwäche identifiziert werden - einer Schwäche, die den exponierten kranken Körper befällt. (*Vgl. DE*, S. 146f.). Unserer Meinung nach kann diese Distinktion eingeführt werden, wenngleich sie nicht unbedingt im Werk von Lévinas gestützt wird. Die Furcht lässt sich nämlich sehr gut z. B. mit der Verlassenheit in Zusammenhang stellen, die beide wiederum in einem Atemzug mit dem Tod zu nennen sind. Hingegen ist eine spezielle Einsamkeit des Ekels nur schwer als eigenständige Einsamkeit bei Lévinas anzuerkennen, weil nicht klar ist, worin der Ekel fundiert wird. Das Ausgesetzt-Sein des Körpers an die Krankheit kann schon als Abwehr und Ekel interpretiert werden, muss aber nicht unbedingt gleich Einsamkeit im Sinne von Lévinas bedeuten. Darum wollen wir uns jetzt bei der nächsten Partikularität der Einsamkeit mehr dem ersteren Aspekt, sprich der Furcht, zuwenden.

Nach diesem Intermezzo mit der essenziellen Einsamkeit stellt sich uns nun eine weitere Partikularität der Einsamkeit in den Weg, welche wir sehr gut an die Erwähnung der Furcht anschließen können. Denn die Einsamkeit, die Furcht und der *Tod* gehören alle drei zu jenem Vorgang in der Wirklichkeit, der als pathetische Situation zu bezeichnen ist. (*Vgl. EDE*, S. 141). Lévinas meint sicherlich den etymologischen Sinn von „pathetisch", dessen Wortwurzel im Altgriechischen „Schmerz" und „Leid" bedeutet. Und wirklich verwendet Lévinas unter anderem immer wieder den Schmerz, aber auch die Verlassenheit, um diese Situationen zu umschreiben (*vgl.* z. B. *HS*, S. 154f. oder *EN*, S. 102). Diesmal ist es der Schmerz des Individuums selbst, welches stirbt, aber wir können mit dem Schmerz und der Verlassenheit in der Hauptsache auf den Anderen rekurrieren, der im eigentlichen Sinn vom Tod des Individuums betroffen ist: als der Hinterbliebene, als jener, der auf den Tod des Individuums reagiert, dem in der Beziehung der Bezugspunkt genommen wird. Das Individuum stiehlt sich in gewisser Hinsicht aus dieser asymmetrischen Beziehung und lässt den Anderen zurück.

Selbstverständlich muss darauf auch die Einsamkeit reagieren. Wie hängen die Einsamkeit und der Tod nun aber genau zusammen? Ist der Tod nicht irgendwo das Ende des Sich und damit das Ende der ontologischen Einsamkeit?

Ein erster Hinweis zu dieser Frage zeigt sich unserer Ansicht nach in folgender Aussage bei Lévinas, worin dieser deutlich den Tod als Bruch beschreibt, der insgesamt mehr die Anderen betrifft als das Individuum:

> „Der Verlust von geliebten Menschen ist der große Schock, der das Glück unterbricht oder, noch genauer, der das Glücklichsein in einen erstickenden Griff der Einsamkeit invertiert; die Einsamkeit als das einzige, das garantiert wird." (*SMB*, S. 68).

Obgleich wir bis zu diesem Zitat eigentlich grundsätzlich nur von der Einsamkeit des Individuums gesprochen und dabei den ontologischen Teil des Sich beschrieben haben, so bringt unsere Lektüre in diesem Kontext einen Zusatz, nämlich den Zusatz der Einsamkeit der Anderen. Als Anfangs- und Endpunkt ist das Individuum selbst zu kennzeichnen, welches durch seinen Tod im selben Augenblick auch schon das Ende seiner eigenen Einsamkeit erreicht hat. Begonnen hat diese Einsamkeit mit der Geburt. Gewiss ist diese Einsamkeit zu Ende und doch überträgt sie sich auf irgendeine Art und Weise im Tod auf den jeweils Anderen. So können wir diesen Satz bei Lévinas verstehen. Die Übertragung der Einsamkeit findet statt und lässt den Anderen zurück in seiner Welt. Auch im Werk *„De Dieu qui vient à l'idée"* finden wir diesen Sachverhalt ähnlich ausformuliert: „Der Tod erhält in der Konkretisierung seine Bedeutung der unmöglichen Verlassenheit des Anderen an seine Einsamkeit [...]." (*DVI*, S. 246). Eine Umkehrung der Verhältnisse müssen wir diesen Prozess nennen. Ist zuvor nämlich das Individuum dem Anderen in der Verantwortung als Geisel ausgeliefert, so dreht sich dies im Tod um: Der Andere ist plötzlich mit jener Einsamkeit behaftet, die zuvor Teil des Individuums war.

Während wir nun erfahren haben, dass die Einsamkeit so oder anders als Ferment zurückbleibt, welches zuerst am Individuum haftet bzw. in seinem Sich situiert ist, welches dann aber zum Anderen überfließt, beinahe übergangslos und im Grunde genommen unverändert, sind wir jetzt in der Lage diesen Prozess des Übergangs auch aus umgekehrter Perspektive zu lesen, nämlich nicht ausgehend vom Individuum und dessen Tod, sondern ausgehend vom Anderen. Lévinas erklärt dies so: „Die Einsamkeit des Todes lässt den Anderen nicht verschwinden, sondern [...] macht noch die Anrufung des Anderen, an seine Freundschaft [*sic!...*] möglich [...].“ (*TI*, S. 260). Lévinas will uns damit erklären, dass noch im Tod derselbe Mechanismus – jener des Angerufen-Werdens durch den Anderen – funktioniert und noch ein letztes Mal das ethische Ich des Individuums einen Appell an den Anderen richtet. Dieser Appell kann sich an verschiedene Gefühle richten, z. B. an jenes der Freundschaft oder auch an das Mitgefühl des Anderen. Metaphorisch gesprochen ist die Einsamkeit das Erbteil des Individuums für den Anderen. Der Andere jedoch kann diese Erbschaft nicht ablehnen und ist gezwungen sich der Einsamkeit zu bemächtigen, die auf der sublimen Ebene des Appells übertragen wird. Ein letztes Mal wird der Andere angerufen, um vom Individuum jenes zutiefst Eigene zu übernehmen: seine Einsamkeit.

Wo situiert sich dabei aber der Andere? Muss er wirklich auf diese Übertragung der Einsamkeit eingehen, ihr zustimmen? Was macht der Überlebende? Lévinas versucht zumindest ansatzweise dieses Muss zu entkräften, wenn er von der Unmöglichkeit spricht, dem Anderen durch den Tod die Einsamkeit zu überantworten. Ein religiöses Konzept scheint Lévinas hierbei zu Hilfe zu kommen: die Nächstenliebe. Er artikuliert diesen Gedanken folgendermaßen:

> „Wenn man das, was die berühmte Nächstenliebe ist, definieren möchte – [...] ich denke, dass es dann notwendig ist, auf jene Beziehung mit dem Antlitz zurückzukommen als Sterblichkeit des Anderen und als Unmöglichkeit den Anderen seiner Einsamkeit zu überlassen.“ (*AT*, S. 167).

Möglicherweise könnte die Nächstenliebe der Ausweg aus dem Dilemma der Einsamkeitsverschiebung sein. Dadurch würde zwar nicht der Prozess der Einsamkeitsverschiebung aufgehalten, dafür aber die Liebe als Form der Annahme der Einsamkeit in den Mittelpunkt gesetzt werden. Wahrscheinlich verwendet Lévinas darum den Begriff der Unmöglichkeit für die Einsamkeit des Anderen. (*Vgl. AT*, S. 163). Nach Lévinas ist es auch möglich, nicht mehr mit den Termini Individuum und Anderer zu hantieren, sondern vom Gestorbenen und vom Überlebenden zu sprechen.[133] Ständig wird bei Lévinas der Bezug ausgeführt zum Tod des Individuums und der Unmöglichkeit der Einsamkeit für den Anderen, auch zu der Schwierigkeit, auf den Tod des Anderen zu antworten. Dem Ausgesetzt-Sein an den Tod kann sich nur die Form der Nächstenliebe in ausreichendem Maße entgegenstellen. (*Vgl. EN*, S. 156 und *AT*, S. 46). Die Nächstenliebe ist, wie wir bereits gesehen haben, als Hilfe anzusehen, die Einsamkeit des Individuums in seinem letzten Appell annehmen zu können. Der Andere kommt nicht darum herum, auf den Ruf des Individuums zu reagieren. Im Werk *„Altérité et transcendance"* steht dazu: „[...] ich musste antworten auf diesen Tod des Anderen [*mort de l'autre*] und ich musste antworten, den Anderen [*autrui*] nicht alleine zu lassen mit seiner Einsamkeit der Sterblichkeit." (*AT*, S. 46).

Eine der wenigen Studien zur Einsamkeit bei Lévinas, die sich eingehend mit diesem Phänomen auseinandergesetzt hat, ist jene von Françoise Mies[134]. Sie arbeitet sehr präzise einzelne Aspekte der Einsamkeit bei Lévinas heraus und vertieft in einem ersten Abschnitt den Zusammenhang von Einsamkeit und Ontologie, den wir schon kennen. Auch die Distanzierung vom Sich durch die Arbeit, die Transzendenz, usw. ist für uns nichts grundsätzlich Neues, da sich dieses Kapitel hauptsächlich mit diesen Aspekten beschäftigt.

---

[133] Vielleicht haben wir hier einen Punkt getroffen, der von manchen Denkern bloß als reines Sophisma abgetan würde, von anderen wiederum sehr ernst genommen wird. Es geht um die Frage der Trennung von Individuum und Anderem. Denn wie in unserem Fall gut aufgezeigt zu sein scheint, wird ja gerade der Andere durch den Tod des Individuums selbst wieder „nur" Individuum. Wichtig ist es, die Reihenfolge gut anzusetzen. Denn sowohl bei Buber als auch bei Lévinas geht es doch vordergründig um die Einhaltung der Reihenfolge Individuum/Anderer. Bei Ersterem wäre dies das Ich, bei Letzterem das Ich/Individuum. Jedes Ich und jedes Individuum besitzt einen Anderen, wobei dieser Andere das Individuum als Anderen anerkennen muss. Damit ist nur die Aussage der Reziprozität getätigt. Jeder Andere ist Individuum und Anderer zugleich, je nachdem in welcher Beziehung er steht. Durch den Einsatz von den Begriffen Überlebender und Sterbender wird zumindest die Klarheit in der Reihenfolge eingeführt, wer was ist. Ansonsten ist das Individuum gestorben, gleichzeitig der Andere aber zum Individuum geworden.

[134] Mies, Françoise: La solitude: point de vue d'une philosophie lectrice de Lévinas. *In:* Annales Cardijn: Vous avez dit „solitude"(s)?, Nr. 3. – Louvain-la-Neuve. 1987, S. 76 – 82.

Über einen Vergleich von Rousseau mit Denkern des 20. Jh. versucht sie zuerst aufzuzeigen, dass sich die Bewertung der Einsamkeit von einer positiven zu einer negativen Auffassung geändert hat.[135] Auf den Spuren von Lévinas und seinen Ansätzen kommt Mies zu jenem unpersönlichen Aspekt, den das „es gibt" des Seins umfasst. Besagtes unpersönliches „es gibt" beinhaltet noch im eigentlichen Sinn keine Form der Einsamkeit; diese wird erst durch das Auftreten eines Individuums mit der Einsamkeit angereichert. Daraus muss das Individuum wiederum einen Ausweg suchen, z. B. über das schon erwähnte Vergnügen, die Arbeit und auch das Denken, der Einsamkeit zu entkommen.[136] Diese Themen wurden von uns selbst schon bis zu einem gewissen Grad ausgearbeitet und deshalb wollen wir nicht noch weiters darauf eingehen. Es gibt aber bei Mies andere Vorstellungen, die durchwegs nützlich für unsere Reflexionen sein können.

Interessant hinsichtlich der Partikularität der Einsamkeit ist jene Analyse, die von der Immanenz des Anderen im Individuum ausgeht. Denn wie wir bereits analysiert haben, kann die Einsamkeit nur durch das Zusammentreffen mit der Andersheit reduziert werden und nur dadurch ist ein Zurückfallen auf das Individuum zu verhindern. Mies spricht in diesem Kontext von einer Einsamkeit, die erhalten bleibt und zugleich überwunden wird. Erhalten wird sie durch die Verantwortung gegenüber dem Anderen, überwunden wird sie hingegen durch den Eintritt des Anderen in die Sphäre des Individuums.[137] Die Intention von Mies liegt im Aufzeigen des *Sinns*, der im Zusammenhang mit der Einsamkeit erörtert werden kann. Wenn nun die Einsamkeit die Essenz des Menschen ausmacht, so steht dieser Essenz der Andere als ordnendes und gleichwohl Sinn gebendes Element gegenüber. Allein der Andere strukturiert das Individuum und trägt dazu bei, dass sich alle Teile des Individuums – ebenso das Sich mit der ontologischen Einsamkeit – im richtigen Verhältnis zueinander verhalten. Die Partikularität in diesem Zusammenhang ist eine Besonderheit des Sinns.

Wenn nun die Einsamkeit sowohl Essenz ist als auch Sinn im Individuum erzeugen kann, so wollen wir am Ende dieses Ab-

---

135 *Vgl. a.a.O.* S. 76.

136 *Vgl. a.a.O.* S. 79.

137 *Vgl. a.a.O.* S. 81.

schnitts noch auf eine letzte Partikularität verweisen, die wir bei der Einsamkeit im Sinne Lévinas zu bemerken glauben. Es geht dabei um die *Denk*bewegung, die wir bei Mies vorgefunden und kurz angeführt haben. An zwei Stellen seines Werkes versucht nämlich Lévinas eine Abgrenzung im Denken einzuführen, die ihm ebenso für seinen neuen Ansatz des Denkens des Anderen zur Verfügung steht. Lévinas verwendet für die Erklärung dieses „neuen" Denkens Platon als Figur, die noch für das alte Denken steht. Wie wir bei Platon z. B. im *Theaitetos* lesen können, ist der Denkprozess eine Tätigkeit, die sich in und mit der eigenen Seele abspielt[138]. Insgesamt also vollzieht sich das Denken in der Einsamkeit; wir können davon ausgehen, dass es ein einsames Denken ist, welches niemals aus diesem Kreislauf mit der Seele heraus gelangt. (*Vgl. DVI*, S. 168 oder auch *EN*, S. 82f.). An der angeführten Stelle stellt nun aber Lévinas der einsamen Seele nur anheim, dass sie in einem religiösen Sinn für die Bitte und das Gebet zu verwenden sei. Wie sieht dann also das „neue" Denken bei Lévinas aus? Wir setzten „neues" unter Anführungszeichen, weil es sich nicht wirklich um ein neues Denken handelt, sondern im eigentlichen Sinne nur ein Denken mit dem Anderen darstellt. Diese Form des Denkens, die Lévinas sein ganzes intellektuelles Leben über neben seiner philosophischen Tätigkeit in der Textauslegung des Talmud praktizierte, finden wir auch dort genauer spezifiziert. Über Rav Aschi gelangt Lévinas zu folgender Aussage: „[...] die Fruchtbarkeit des Studiums ‚in der Menge' würde das nicht einsame Studium bedeuten. Das wahre Denken ist kein ‚stiller Dialog der Seele mit sich selbst', aber eine Diskussion zwischen Denkern." (*ADV*, S. 67). Auch in diesem Kontext unternimmt Lévinas also einen Schritt aus der Einsamkeit heraus, vollzieht eine Distanzierung, diesmal vom platonischen Denken und geht über zu einem gemeinschaftlichen Denken. Im eigentlichen Sinne ist das keine wirkliche Partikularität der Einsamkeit mehr, sondern eine vorsätzliche Eliminierung derselben und doch finden wir sie notwendig, um auf die Umfelder der Einsamkeit bei Lévinas näher eingehen zu können.

---

138 „Λόγον ὃν αὐτὴ πρὸς αὑτὴν ἡ ψυχὴ διεξέρχεται περὶ ὧν ἂν σκοῇ" (Theaitetos 189e). Das Denken ist: „[…] eine Rede, welche die Seele bei sich selbst durchgeht über dasjenige was sie erforschen will." *In:* Platon: Sämtliche Werke. Band VI. – Frankfurt am Main: Insel Verlag. 1991, S. 300f.

5.3. *Die Einsamkeit und ihr Umfeld*

Nach dem Kommentar von „*Le temps et l'autre*" und den Partikularitäten der Einsamkeit im Gesamtwerk von Lévinas erscheint es uns angebracht zu sein, die Aufmerksamkeit auf einen weiteren Bereich der Einsamkeit bei diesem Philosophen zu lenken. Wie es uns andere Philosophen, so wie z. B. Nietzsche oder auch die Anachoreten und Mystiker aus verschiedenen religiösen Traditionen gezeigt haben, besteht das Einsamkeitsgefühl selbstverständlich einerseits in der subjektiven Auffassung des jeweils betroffenen Individuums, andererseits kann ein Gefühl der Ortsverhaftung ebenso ins Feld geführt werden, an einem Ort, wo sich Einsamkeit abspielt. Lévinas sieht dies nicht unbedingt so, da er eigentlich nie die Einsamkeit speziell im Rahmen der Ortsverhaftung beschreibt. Unausgesprochenes Verdikt in Lévinas' Philosophie ist, dass die ontologische Einsamkeit unabhängig vom Ort, dafür verhaftet in der Zeit der Gegenwart, sich im Individuum äußert und damit die Essenz des Menschen ist. Wenn nicht die Möglichkeit gegeben ist, sich die Einsamkeit bei Lévinas vorzustellen als eine Einsamkeit an einem bestimmten realen Ort, so lässt sich doch in gewisser Hinsicht bemerken, dass die Einsamkeit an verschiedene ideelle Orte oder Umgebungen, wie wir das nennen wollen, gebunden ist. Diese verschiedenen Umgebungen lassen es zu, dass wiederum die Metamorphose der Einsamkeit sich äußert und konkretisiert.

Bis jetzt haben wir vorsätzlich die Einsamkeit im Kontext des Individuums als ontologische Einsamkeit kennen gelernt, die innerhalb des Sich zum Ausdruck gelangt. Diese Einsamkeit ist einer permanenten Verschiebung und dem Drängen des ethischen Ich ausgesetzt. Der Tod als Ereignis hat diesen Raum vergrößert und ausgedehnt auf den Anderen. Die Bewegung der Einsamkeit vollzieht sich dort zwischen dem sterbenden Individuum und dem Anderen. An sich ist dies nach Lévinas eine unmögliche Bewegung, trotzdem wird sie von der Situation gefordert. Sprechen wir von den Umgebungen der Einsamkeit, so meinen wir in ersterem Fall das Individuum, in welchem sich Einsamkeit manifestiert. Diese Umgebung haben wir schon in ausreichendem Maße beschrieben und wollen nicht darauf zurückkommen. Die Umgebung des Anderen wäre die andere Umgebung der Einsamkeit, welche wir dann im nächsten Kapitel noch eingehender analysieren werden. Neben diesen beiden Umgebungen können wir noch eine übergeordnete Dichotomie von Umgebungen einführen, die uns in unseren Überlegungen ein Stück weiter bringen können. Beide Umgebungen – die Umgebung des Individuums und die Umgebung des Anderen - lassen sich nämlich in erster Linie als Umgebungen deuten, ohne jegliche religiösen Implikationen. Man weiß, wie schwer so eine Trennung bei Lévinas vorzunehmen ist, weil ja, ähnlich wie bei Buber, das Ich und der Andere Ausgangspunkte sind für eine Weiterführung hin zu einer göttlichen Instanz, die wir bei Lévinas im Begriff *„Illéité"* wiederfinden. Nicht vergessen darf man aber, dass wir uns auf der Ebene der Einsamkeit beim Individuum beinahe ausschließlich in einem ontologischen Diskurs befinden. Der ethische Diskurs wird dann erst durch den Anderen initialisiert. Wir nennen also diesen ersten ontologischen Bereich eine säkulare Umgebung der Einsamkeit. An diese säkulare Umgebung grenzt eine Umgebung an, die wir die religiöse Umgebung nennen möchten.

Die religiöse Umgebung muss in der Diskussion der Einsamkeit auf jeden Fall in Betracht gezogen werden und dies aus folgenden Gründen: Philosophisch gesehen kann normalerweise bei einem Teil der Denker des 20. Jh. das Denken über Gott und die Religion ausgeblendet werden. Ich denke dabei z. B. an Jean-François Lyotard oder Alain Badiou. In den philosophischen Reflexionen bei Lévinas besteht unserer Meinung nach diese Möglichkeit nicht, d.h. wir können nicht völlig von seinen religiösen Reflexionen absehen. Nicht nur die Fülle an Büchern, die sich mit den religiösen Themen beschäftigen – zu nennen sind die fünf ausgewiesenen Bücher zur Talmud-Interpretation, dann aber auch *„Difficile liberté"* und das dritte Hauptwerk von Lévinas: *„De Dieu qui vient à l'idée"* -, sondern ebenso jener zuvor schon angedeutete religiöse Zug im Bezug auf den Anderen müssen berücksichtigt werden. Reflexionen zum Judentum sind in der gesamten Philosophie von Lévinas vorhanden. In diesem Sinne ist Lévinas ein jüdischer Philosoph. Darum ist es auch relativ einfach zu erklären, dass die Einsamkeit in der Philosophie von Lévinas neben der säkularen Umgebung auch einen religiösen Bereich umfasst, der wiederum keineswegs in Opposition zu Ersterem stehen muss. Da auch eine Studie dieser Umgebung gewidmet wurde, wollen wir nun etwas genauer hinsehen, wie sich Lévinas die religiöse Umgebung der Einsamkeit vorstellt und wo genau in seinem Werk Aussagen dazu getätigt werden.

Im Laufe des Abschnittes zu den Partikularitäten der Einsamkeit haben wir schon z. B. im Zusammenhang mit der Gesellschaft von der menschlichen Spiritualität geschrieben, die ein Mittelstück zwischen der Einsamkeit und der Masse ist. Neben diesem Zwischending erfahren wir nun aber an anderer Stelle zur religiösen Umgebung Folgendes: „[...] eine Einsamkeit, die trotz der Präsenz von Gott besteht; eine Einsamkeit im Universellen." (*DL*, S. 60). Impetus für diese Feststellung ist das Denken der Frau. In dieser elliptischen Form des Satzes zeigt uns Lévinas ganz deutlich, dass die Einsamkeit nicht etwas ist, das durch Gott aufgehoben werden könnte. Trotz der Gegenwart von Gott ist die Einsamkeit allgegenwärtig; der Hinweis auf die Einsamkeit im Universellen soll so zu verstehen sein, dass die ontologische Einsamkeit unabhängig von Gott dem Individuum zueigen ist. Den innersten Kern des Individuums berührt Gott nicht, oder nur indirekt, wie die Reflexionen in *DVI* z. B. verdeutlichen. Kurz angeführt sei dabei nur, dass durch den Anderen, der im Individuum in ganz geringem Ausmaß vorhanden ist, die Vorstellung des Göttlichen eingepflanzt wird.[139] Für die religiöse Umgebung ist nun folgender Satz auch von gewisser Relevanz: „Der nach Macht dürstende Mensch, welcher nach der eigenen Vergöttlichung trachtet, ist konsequenterweise der Einsamkeit ausgeliefert." (*TI*, S. 308). Gerade in der Tendenz zur eigenen Vergöttlichung hin wird das Individuum auf sich selbst zurückgeworfen. Wir kennen diese Form der „falschen" Transzendenz schon, wo eine anfängliche Überschreitung der eigenen Grenzen mit dem Resultat endet, dass das Individuum zu sich selbst zurückkehren muss. Erst die Transzendenz, die in Berührung mit dem gänzlich Anderen kommt, der kompletten Andersheit, führt zu einer unwiederbringlichen Überschreitung dieser Grenzen.

Das Streben zur eigentlichen Vergöttlichung manifestiert also den falschen Weg in der religiösen Umgebung im Kontext der Einsamkeit. Dieses Streben führt nur dazu, dass das Individuum auf seine eigene Einsamkeit wieder notwendigerweise zurückfallen muss. In Relation zu einer anderen Thematik taucht das religiöse Umfeld für die Einsamkeit nochmals genauer auf: „Der Monotheis-

[139] Ein sehr komplexer denkerischer Vorgang ist die Analyse dieses Mechanismus, wofür aber in unserem Werk kein Platz ist, insofern, als dass sich für die Einsamkeit nichts verändern würde.

mus überschreitet und umfasst den Atheismus, aber es ist für denjenigen unmöglich, der nicht das Alter des Zweifels, der Einsamkeit und der Revolte erreicht hat." (*DL*, S. 34). Was kann dieser Satz bedeuten? Es geht in dieser Aussage darum, dass der im Werk von Lévinas inhärente religiöse Zug – identifizierbar mit dem Judentum – sehr eng mit dem Zweifel und der Einsamkeit zusammenhängt. Der Eingottglaube ist das zu erreichende Ziel, zu welchem das Individuum hinstrebt. Dies kann jedoch nur gelingen, wenn das Individuum den Zweifel und die Einsamkeit kennen gelernt hat. Durch diese beiden Zustände schafft es das Individuum, den Atheismus zu überwinden bzw. sich diesem überhaupt erst zu stellen. Wir haben zuvor schon kurz angedeutet, dass es eine kurze Studie zum Monotheismus und der Einsamkeit gibt, in welche wir uns nun etwas vertiefen wollen.

Massimo Durante in seiner Studie sieht eine enge Verbindung zwischen der Einsamkeit und dem Monotheismus.[140] Er entwickelt in seinem wissenschaftlichen Artikel die Idee des Monotheismus mit dem Ausgangspunkt im Judentum. In diese Reflexionen fließen Begriffe wie das Unendliche und die Einheit des Anderen ineinander. Wie ist das eine in Relation mit dem Anderen möglich?[141] Es geht bei dieser Frage um eine mögliche Positivität in der Relation zwischen der Einheit des Individuums und der Einheit des Anderen. Durante sieht nämlich dort das von uns schon ausführlich besprochene Aus-Sich-Heraustreten, welches notwendig ist, um eine Positivität in dieser Hinsicht zu erreichen. Und hier kommt die ontologische Einsamkeit ins Spiel, die uns bekanntlich diese Bewegung verweigert. Mit der Bewegung ist das Hinausgehen über die eigenen Grenzen des Individuums gemeint, die Transzendenz, die sowohl den Anderen als auch die Erkenntnis Gottes beinhaltet.[142] Wie wir im nächsten Kapitel noch genauer hören werden, ist der Andere genau jener Übergang zum Unendlichen und damit zu Gott; Übergang, oder besser formuliert, der Beginn für eine Relation zum Göttlichen. Soll also dieser Beginn ins Positive ver-

---

140 Durante, Massimo: Unicité et solitude. La compréhension du monothéisme chez Lévinas. *In:* Cahiers d'Etudes Lévinassiennes. Le monothéisme. Nr. 2. – Jerusalem: 2003, S. 131 – 153.

141 *Vgl. a.a.O.* S. 135.

142 *Vgl. a.a.O.* S. 140.

ändert werden, dann müssen wir mit Durante über den Zeitbezug vom Sich reflektieren.

Das Sich ist in der Gegenwart verankert, nun muss aber jede Beziehung zum Anderen und damit die Relation zu Gott weiter reichen, als dies die Gegenwart gestattet. Dieses über die Gegenwart hinausreichende Zeitmoment ist die Zukunft, eine noch zu kommende Zeit.[143] Diese Zeit ist auch die Zeit des Todes des Individuums. Hier wird korrekterweise das Spiel zwischen dem Individuum und dem Anderen im Tod evoziert und diesmal ist es die Liebe, eigentlich unseren Interpretationen gemäß die Nächstenliebe, die die Bürde der Einsamkeit des Individuums auf den Anderen übertragen lässt. Die These von Durante besteht darin, dass das religiöse Element und der Monotheismus bei Lévinas nur über die Annahme der Absolutheit des Subjekts und der damit zusammenhängenden ontologischen Einsamkeit verständlich sei.[144] Im weiteren Verlauf seiner Studie versucht Durante noch die Institutionen Staat und Frieden in diese Diskussion zu integrieren, muss dann aber selbst anerkennen, dass sich diese nicht auf die Zurücknahme des Individuums begründen lassen, sondern auf das Dasein *für* den Anderen. Ebenso hat der Monotheismus als Basis dieses Dasein *für* den Anderen, welches wiederum ausschließlich im Heraustreten aus dem Individuum fundiert ist. Damit können wir den Abschnitt zu den Umgebungen der Einsamkeit bei Lévinas abschließen.

In diesem kurzen Abschnitt haben wir den Versuch unternommen, die Einsamkeitsvorstellungen bei Lévinas in einen Kontext – eine Umgebung – zu stellen. Unserer Ansicht nach gehört nämlich zu jeder Einsamkeitsvorstellung auch ein Ort, worin sich die Einsamkeit abspielen kann. Ob dies nun das berühmte Zimmer bei Blaise Pascal ist oder ein ideeller Ort, wie jener des Judentums; immer wieder müssen wir uns fragen, was solche Umgebungen beitragen können zum Verständnis von der Einsamkeit in der Philosophie. Mit diesem Abschnitt sind wir an das eigentliche Ende unseres Kapitels zur Einsamkeit bei Lévinas angelangt. Über eine Determinierung des Einsamkeitsbegriffs in *„Le temps et l'autre"* sind wir fortgefahren mit jenen unterschiedlichen Aspekten, die wir die Partikularitäten der Einsamkeit genannt haben. Ein die Umgebun-

---

143 *Vgl. a.a.O.* S. 142f.

144 *Vgl. a.a.O.* S. 145.

gen der Einsamkeiten betreffender Abschnitt hat dieses Kapitel beendet. Wir konnten in diesen Analysen bemerken, dass wir von mehr als einer Einsamkeitsvorstellung ausgehen können, wenngleich die Einsamkeit sehr stark abhängig ist von der Ontologie. Die ontologische Einsamkeit ist dem unterworfen, was wir eine Metamorphose der Einsamkeit nennen. Sie wandelt sich im Zusammentreffen mit dem Anderen, wird kleiner und unbedeutender und sollte im Idealfall überhaupt durch dieses Aufeinandertreffen eliminiert werden. Dies alles geschieht zwischen der säkularen und der religiösen Umgebung. Während erstere Umgebung die Gefahr in sich trägt, das Individuum wiederum auf sich selbst zurückfallen zu lassen, so ist bei letzterer Umgebung ein notwendiges Aus-sich-Heraustreten unumgänglich hin zum Anderen, hin zu der Vorstellung von Gott. Die Transzendenz ist also jene Bewegung, die aus dem Individuum heraus weist zu etwas anderem. Das Andere oder der Andere wird im folgenden Kapitel einer genaueren Untersuchung unterzogen, damit wir auch aus dieser Perspektive einen Eindruck und eine Vorstellung erhalten. Wie wir nämlich bereits erkennen mussten, ist der Andere für die Elimination der Einsamkeit des Individuums von großer Bedeutung und es stellt sich uns die Frage, wie sich dieser Andere genau äußert.

6. Das Antlitz des Anderen und das Individuum

Wir konnten schon etwas davon sprechen, wie sich im deutschen Idealismus das Individuum konkretisiert hat, indem sowohl die Welt als auch das Du aus diesem heraus gesetzt wurden. Der Fokus auf das Subjekt hat in gewisser Weise verhindert, dass dem zweiten Individuum oder besser gesagt dem Anderen die nötige Aufmerksamkeit geschenkt wurde. Immer nur partiell wurde der Andere in die philosophischen Überlegungen aufgenommen und nur insofern er in das Subjekt bzw. das Selbe eingearbeitet werden konnte. Das Andere als eigenständiges Konstrukt war im Rahmen der idealistischen Philosophie nicht wirklich als solches wahrgenommen worden. Selbst Hegel wird von Buber und Lévinas wiederholt vorgeworfen, dass dieser zwar vorerst in das Selbst und das Andere trennen würde, dann jedoch dazu übergeht, das Andere im Selben zu integrieren. In den Reflexionen bei Lévinas haben wir diesen Aspekt in einer kreishaften Bewegung erkennen müssen, wo durch die Transzendenz zwar ein Überschreiten der Grenzen des Individuums zu gelingen vermag, diese Bewegung aber wieder auf das Individuum wirkt. Es fehlt dieser ersten Art von Transzendenz die nötige Kraft, um sich vollständig vom Selbst lösen zu können. Abhilfe schafft hierbei das schon angeführte Auftauchen der Andersheit des Anderen. Nur in diesem Anderssein, das „nichts" mehr mit dem Individuum zu tun hat, gäbe es laut Lévinas eine wahrhaftige Bewegung, die vom Individuum wegweist, ohne Rückkehr zu sich selbst.

Bei Lévinas werden wir nun erkennen können, dass nicht nur der Andere berücksichtigt, sondern in vielerlei Hinsicht sogar dem Individuum vorangestellt wird. Gerade in den ethischen Überlegungen, die tragendes Element der Philosophie bei Lévinas sind, wird der Andere zu jener asymmetrischen Überhöhung gelangen, von welcher aus das Individuum auf die Geisel, auf das zur Verantwortung bemüßigte Element reduziert wird. Vorerst bleibt noch unentschieden, ob es sich wirklich um eine Reduktion handelt. Im weiteren Verlauf unserer Analyse wird sich dann genau zeigen, wie sich der Andere in seinen Grundzügen zeigt. Dies wird aber nur der erste von zwei Bereichen sein, die uns in diesem Kontext interessieren. Der andere Bereich beinhaltet nämlich das Zusammenwirken des Anderen mit der Einsamkeit. Einige Berührungspunkte haben wir bei Lévinas schon kennen gelernt, zuerst bei der Behandlung der widerstreitenden Teile im Individuum – dem Sich und dem ethischen Ich –, dann bei der Behandlung des Todes. In ersterem Fall betraf der Widerstreit die Distanzierung des Sich (der Einsamkeit) durch das Auftreten des Anderen, während in letzterem Fall eine bewusste Übertragung der Einsamkeit vom sterbenden Individuum zum Anderen erfolgte. Weitere Zusammenhänge werden folgen. Von den vier Teilen des Individuums gehen wir jetzt über auf die Einheit des Anderen und später dann auf den Bezug zwischen der Einsamkeit und dem Anderen.

6.1. Elemente des Anderen

Nun wollen wir uns kontinuierlich den Elementen des Anderen in der Philosophie Lévinas' zuwenden. Schon der von uns verwendete Plural in der Abschnittsüberschrift verweist auf eine Mehrzahl von Elementen, die den Anderen ausmachen. Den Term Element verwenden wir deshalb, weil es sich um einige konstituierende Faktoren handelt, die unserer Ansicht nach in Hinblick auf die Behandlung des Anderen genauer betrachtet werden müssen. Wie wir bereits wissen, wird in Bezug zum Individuum noch von der Ontologie gesprochen, während der Andere den Weg aufzeigt, wie sich die Ontologie zur Ethik verschiebt. Die philosophiegeschichtliche Differenz zwischen der Ontologie und der Ethik bzw. deren Hierarchisierung wird somit bei Lévinas auf jeden Fall zugunsten der Ethik entschieden. Wenn nun die Konjunktion von der Ontologie mit der Einsamkeit erkannt wurde, dann ist natürlich mit dem Anderen auch die Einsamkeit in gewisser Weise hinfällig. Nichtsdestotrotz taucht der Andere in der Diskussion der Einsamkeit bei Lévinas auf als das vollständig Andere, als Notwendigkeit, welche die Distanzierung von der Einsamkeit einleiten kann. Wir glauben eine Vorstellung davon geben zu müssen, wie sich der Andere darstellt. Nun wollen wir deshalb ein wenig die Elemente des Anderen eingrenzen, da sie uns schlussendlich auch nützlich sein können, um das Bild der Einsamkeit genauer umreißen zu können.

Den ersten Ansatzpunkt in dieser Diskussion bilden einige allgemeine Charakteristika, welche den Anderen (*autrui*) klassifizieren können. Eine erste Klassifikation des Anderen erreichen wir dadurch, dass wir fragen, wer der oder das Andere sind. In seinem ersten Hauptwerk „*Totalité et infini*" gibt uns Lévinas eine mögliche Antwort: „Das Andere ist der Andere."[145] In einem ersten Augenblick kann uns eine solche Formulierung stutzig machen. Weshalb glaubt Lévinas, *das allgemein Andere* auf den Anderen als anderen Mensch, aber dann auch als das ganz Andere in der Form Gottes darstellen zu müssen? An einzelnen Stellen unserer Arbeit haben wir deklariert, dass nur das vollständig Andere die Macht hat, das Individuum oder besser gesagt das Sich des Individuums auf Distanz zu halten und dadurch die Transzendenz zu verwirklichen. Dieses ganz Andere des Anderen ist aber nicht ausschließlich auf die andere Welt zu reduzieren, jene Welt ist damit also gemeint, die durch die Objekte konstruiert wird. Nein, vielmehr müssen wir annehmen, dass dieses wirklich Andere nur in Form des Subjekts auftreten kann. Dieses selbst denkende Subjekt steht für Lévinas als die Alterität schlechthin fest und darum lässt sich diese Präzisierung sehr gut verstehen. Umformuliert würde diese kurze Aussage bedeuten, dass das Andere der Welt im Kern dargestellt wird als der andere Mensch. Damit ist auch schon der erste ethische Anklang erkennbar, der sich im Verlauf unserer Darstellung konkretisieren wird. Interessant ist dann wieder, dass wir in „*Le temps et l'autre*" lesen müssen, dass die Beziehung mit dem Anderen (*autrui*) die Abwesenheit vom Anderen (*autre*) bedeuten würde. (*Vgl. TA*, S. 83). Während also einerseits das Andere mit dem anderen Menschen identifiziert wird, so entwickelt sich die Beziehung zwischen dem Individuum und dem anderen Menschen in die Richtung zur Tilgung des Anderen in besagtem anderen Menschen. Die ungefähre Vorgangsweise in diese Richtung werden wir etwas später kennen lernen.

Die Beziehung von einem Individuum zum Anderen kann aber nicht als Relation mit einem Individuum identifiziert werden.[146] Das Andere führt eine totale Trennung zwischen dem Individuum und dem Anderen ein. Der Andere erscheint dem Individuum in Form eines Ereignisses. Schon in „*Le temps et l'autre*"

---

[145] „L'Autre est Autrui." (*TI*, S. 281 oder auch etwas früher in *TI*, S. 67).

[146] *Vgl.* dazu weiter oben unsere Feststellung in Bezug auf das Individuum und den Anderen, wobei die Reihenfolge der Nennung ausschlaggebend ist. Jeder Andere ist selbst Individuum, hat aber auch selbst wieder einen Anderen, der ihm gegenübersteht.

präzisiert Lévinas seine Vorstellung von diesem Ereignis und die Transformation des Anderen in den Anderen über dieses Ereignis:

> „Diese Situation, wo ein Ereignis dem Subjekt zukommt, welches dieses aber nicht erfüllt, welches also nichts in seinen Belangen ausrichten kann, aber wo währenddessen dieses Subjekt auf gewisse Art und Weise ihm gegenübersteht, das ist die Beziehung mit dem Anderen, das Gesicht-zu-Gesicht [*face-à-face*] mit dem Anderen, die Begegnung mit einem Antlitz, welches dem Anderen sowohl gibt als auch entwendet. Das ‚erfüllte' [*assumé*] Andere – das ist der Andere." (*TA*, S. 67)

Das erfüllte Andere ist im Augenblick des Zusammentreffens mit dem Individuum eine Verschiebung von der herkömmlichen Opposition zwischen dem Anderen und dem Selben. Somit wird das Andere zur puren Andersheit und verdichtet sich zum anderen Menschen. Die Beziehung ist hierbei wesentlich, welche zwischen dem Individuum und dem Anderen besteht. Die Beziehung ist nach Lévinas immer gleichzeitig ein Ereignis. Die Vorstellung vom Ereignis ist aber nicht als punktueller Vorgang in der Zeit zu verstehen, sondern als akute Permanenz des Immer-da-Gewesenen und Da-Seienden Anderen. Das Ereignis markiert „nur" den Wandel vom allgemein Anderen zum besonderen Anderen als anderem Menschen.

Das Andere im Allgemeinen hat aber ebenso bei Lévinas seinen Platz in den philosophischen Reflexionen und dies vorwiegend als das Andere in Unterscheidung zum Selben. Es wird uns das Andere als das Andere der Geschichte der Philosophie präsentiert, welches das Selbe (*le même*) mit der Frage nach der Identität verbindet. Wir möchten die Eingrenzung des Anderen mit einem Zitat erörtern, welches ein wenig außerhalb des philosophischen Diskurses zu lesen ist und zwar in den Talmudinterpretationen des Buches: *„L'au-delà du verset"*:

> „Das Andere wird nur fälschlicherweise als der Gegenspieler des Selben gedacht; seine Andersheit lädt ein – nicht zu einem dialektischen Spiel, sondern vielmehr zu einem ständigen Infragestellen, ohne Letztgültigkeit der Priorität und der Stille des Selben; dies also ist der Brand ohne Brennen einer unauslöschbaren Flamme." (*ADV*, S. 180).

Das Andere wird in diesem Kontext nicht als Antagonist des Selben eingeführt, sondern als ein Konzept, welches permanent das Selbe infrage stellt. Deshalb auch müssen wir z. B. davon absehen, dem Selben Selbstgenügsamkeit zuzusprechen oder gar einen reinen Selbstbezug für möglich zu erwägen. In jeder Situation ist das Selbe und die Frage nach der Identität mit dem Anderen konfrontiert und wird durch diese Konfrontation selbst wieder anders und verändert sich. Die Metapher der unauslöschbaren Flamme zeigt die Permanenz und Konstanz dieser In-Frage-Stellung in ausgezeichneter Manier an. Niemals wird sich das Selbe so weit vom Anderen entfernen können, dass wir davon ausgehen könnten, das Selbe ohne das Andere zu sehen. Das zwanghafte Miteinander der beiden Positionen prägt im eigentlichen Sinn die Interrelation.

Das Andere erscheint vor dem Individuum und lässt damit keinen einzelnen Platz für die individuelle Instanz. In diesem ontologischen Umfeld können wir davon ausgehen, dass ein exklusives Selbst-Sein im Grunde genommen gar nicht möglich ist. Zwar situiert sich das Andere noch in der Ontologie, überwindet aber zugleich dieses Feld, um den Weg zu bereiten für ein Denken der Ethik. So wie wir das Sein selbst als im Zusammenhang stehend mit der Gewalt und dem Bösen kennen gelernt haben, muss ebenfalls der Akt der Trennung von der Ontologie als Gewalt des Anderen angesehen werden. Indem sich das Andere auf der Bildfläche manifestiert, wird es gleichzeitig zum Spalter des Selben. Lévinas verwendet den Begriff der Spaltung an einer anderen Textstelle seiner Talmudlektüre für das Moment des Auftauchens des Anderen: „[E]s ist wirklich ein Wunder, als Störung der Ordnung, als Spaltung des Selben durch das Andere, welches Struktur - oder eben die Unstrukturiertheit [*dé-structure*] – der Transzendenz bleibt." (*NLT*, S. 34). Die unauslöschbare Flamme des Anderen bricht sozusagen in die vollständige Ordnung der Identität des Selben ein und verschafft sich dadurch eine Öffnung struktureller Natur, über welche die Transzendenz zustande kommt. Jene Transzendenz ist angesprochen, welche so notwendig ist für das Individuum, das seine eigene Begrenzung überwinden sollte, um aus dem Kreis des einsamen Sich ausbrechen zu können und sich darum kontinuierlich in Richtung der Ethik und Moral zu bewegen. All dies wird durch das Andere im Allgemeinen initialisiert.

Wie lässt sich nun aber beurteilen, ob das Andere wirklich auch mit dem Anderen zu identifizieren ist? Genügt schon die Aussage, dass das Andere der andere Mensch ist oder müssen wir nicht doch einen Schritt weitergehen und fragen, was nun dieser andere Menschen denn sei? Verschiedene Antworten gibt uns Lévinas zu dieser grundsätzlichen Frage; die vielleicht umfassendste Antwort eröffnet uns Lévinas im kleinen Buch: „*Liberté et commandement*":

> „Meiner Ansicht nach ist er [der Begriff des Anderen] nur dann möglich, wenn der Andere [*autrui*] nicht von Beginn an der Mitmensch oder der Nächste ist, sondern vielmehr dann, wenn er sehr weit entfernt ist; dann, wenn er das Andere ist; dann, wenn er jener ist, mit welchem ich anfänglich nichts gemein habe; nur dann, wenn es sich um eine Abstraktion handelt." (*LC*, S. 109).

Wiederum haben wir eine Allusion zum Anderen und diesmal auch noch eine nähere Spezifikation der notwendigen Eigenschaften, die dem Konzept des Anderen inhärent sind. Lévinas schließt nicht aus, dass der Andere auch zum Mitmenschen oder zum Nächsten werden kann; trotzdem realisiert der abstrakte Begriff jenes Konzept, welches vor den anderen Manifestationen sichtbar wird. Zeitlich gesehen antizipiert die Abstraktion die reale Konkretisierung des Anderen im Menschen. Die Andersheit als solche wird dadurch ebenfalls in die Sphäre der Abstraktion erhoben und im Fortlauf unserer Analyse werden wir erkennen können, dass sich wirklich die Vorstellung des Anderen grundsätzlich in dieser abstrakten Form bei Lévinas zeigen wird. Die Fremdheit[147] des Anderen wird hierbei besonders in den Vordergrund geschoben, wobei diese Fremdheit und die Andersheit[148] Synonyme für besagten Anderen sind. Distanz und Fremdheit können aber ebenso

[147] Wir nehmen in der Verwendung des Begriffs „Fremdheit" Bezug auf manch andere Textstelle, wo Lévinas ebenfalls das Fremde bzw. die Fremdheit als Bezeichnung für den Anderen verwendet. Jeder Andere ist in diesem Sinne ursprünglich fremd und damit wird die Bedeutung dieses Begriffs sehr weit ausgedehnt und eben nicht nur auf das Andere eingeschränkt. (*Vgl.* dazu *LT*, S. 77 oder auch S. 181).

[148] Eine Randbemerkung sei hier angeführt, die auf den von uns synonym verwendeten Begriffen Alterität und Andersheit beruht. Lévinas hat nämlich eine ganz klare Vorstellung davon, wo genau diese Alterität sich im Anderen einschreibt: „Es ist die Andersheit, welche das Andere [*l'autre*] als Essenz in sich trägt." (*TA*, S. 80). Als Essenz des Anderen finden wir also die Alterität konkretisiert, welche die wirkliche Transzendenz auszulösen vermag.

als Entfernung vom Anderen angesehen werden, nicht aber als Hinweis auf eine mögliche Absenz zu verstehen sein. Als Abstraktion ist dann nicht nur der Andere, sondern auch dessen Antlitz anzusehen, welches wir im weiteren Verlauf unserer Arbeit noch genauer eingrenzen möchten.

Wenden wir uns nun dieser abstrakten Position des Anderen bei Lévinas genauer zu. Zuerst muss darauf hingewiesen werden, dass der Andere nicht so ohne Weiteres integriert werden kann in einer Relation vom Ich zum Du, sondern eigenständig ein Konzept bildet. Bei Lévinas finden wir zwar ebenso als Bezeichnung für den Anderen das Du (*toi*), jedoch müssen wir klarstellen, dass das Du nach Buber jegliche Konzeptualisierung des Individuums bei Lévinas übersteigt. Diese Übersteigung ist in allen Teilen des Werkes von Lévinas evident vorhanden. Wenn wir nun vom Du ausgehen, so müssen wir noch festhalten, dass die Häufigkeit der Nennungen dieses Du uns keine Analyse *in extenso* erlaubt. Effektiv bleibt uns nur die Möglichkeit zugegen, diesen Begriff kurz zu umreißen, damit wir ungefähr eine Vorstellung davon bekommen, wie das Du zu verstehen ist. Eine besondere Schwierigkeit lässt sich hier nochmals bemerken, weil Lévinas ganz unterschiedliche Begriffe verwendet, um ein und dasselbe Konzept vorstellen zu können. Die Bezeichnungen sind: das Du (*tu*), das Du (*toi*), das Andere und der Andere. Die Gesamtheit dieser Terminologie wird bei Lévinas zum Begriff Antlitz gebündelt, der im weiteren Verlauf unserer Arbeit noch eine Bedeutung innehat, da wir ohne diese Bedeutung nicht den Gesamtsinn des Anderen bei Lévinas erfassen könnten. Gerade was die Ethik anbelangt, sind wir gezwungen, das Antlitz genauer in Betracht zu ziehen.

Zuvor wollen wir aber den Anderen, welchem wir gerade über das Andere ein wenig mehr habhaft geworden sind, noch genauer analysieren. Zuerst interessiert uns dazu die *Position des Anderen* in der Welt oder besser noch gegenüber dem Individuum, welches durch das Auftauchen des Anderen innehalten muss. Die Position gegenüber dem Individuum ist in der Sekundärliteratur oft mit dem Adjektiv asymmetrisch gekennzeichnet worden. Wenn wir bei Buber eine Relation zwischen Ich und Du analysieren konnten, welche vom Gedanken getragen wurde, dass sich das Ich mit einem Du auf ein und derselben Ebene begegnen, so steht uns bei Lévinas eine Reflexion zur Verfügung, die das Individuum auf einer tieferen Ebene ansiedelt als den Anderen. Bei Buber ist diese Relation getragen von der Reziprozität.[149] Jegliches Zusammentreffen der beiden Seiten folgt grundsätzlich dieser Erhöhung des Anderen. Lévinas sagt dazu: „In der Ethik, wo der Andere sowohl viel höher als das Ich als auch viel ärmer als Ich ist, unterscheidet sich das Ich vom Du nicht durch irgendwelche ‚Attribute', sondern durch die Dimension der Höhe […]." (*NP*, S. 40). Gemeint ist die eigene Positionierung des Anderen über dem Individuum. Dadurch entsteht die besagte Asymmetrie in der Beziehung zum Anderen, was mitunter ein Grund ist, weshalb wir in dieser Arbeit auch ein Kapitel mit Überlegungen zum Anderen bei Lévinas integriert haben. Das Individuum aus seiner „niederen" Position kann sich von der dem Sich anhaftenden Einsamkeit nicht selbst befreien, wie wir schon etwas früher im Kontext vom Individuum mit seinen Bedürfnissen, dem Vergnügen und der Transzendenz analysiert haben. Erst die Andersheit verschafft sich den Zugang zum/im Individuum und „befreit" dieses aus seinem Selbstbezug. Die Andersheit erscheint aus der Höhe mit dem Anderen und senkt sich auf das Individuum nieder, wird zu einem Widerstand und unumgänglichen Bezugspunkt. (*Vgl. TI*, S. 218).

Sehr stark ist also diese überhöhte Position des Anderen und unumgänglich, weil der Andere nicht nur passiv in der Höhe steht, sondern aktiv und permanent auf das unterhalb seiner selbst liegende Individuum einwirkt. In den *„Quatre lectures talmudiques"* kennzeichnet Lévinas in seiner Interpretation des Textes „Yoma" aus dem Talmud das Verhältnis Individuum/Anderer indirekt mit einer Frage als Verhältnis vom Schüler zum Meister. (*Vgl. LT*, S. 53 oder auch *TI*, S. 89). Der Andere präsentiert sich uns sozusagen von vornherein als unser Meister, was dieses Abhängigkeitsverhältnis sehr gut kennzeichnet, das zwischen den beiden Instanzen besteht. Lévinas erkennt nämlich ebenso eine Ursprünglichkeit von Schuld und Verpflichtung gegenüber dem Anderen an. In den Talmudlektüren von *„Du sacré au saint"* zeigt Lévinas sehr eindrücklich auf, wie sehr wir dem Anderen verpflichtet sind und dieser ein Recht hat, über dem Individuum zu stehen. Lévinas spricht:

[149] Eine Vielzahl von Textstellen bei Lévinas weisen auf diese Problematik hin: *HS*, S. 60; *AT*, S. 111; *NP*, S. 33 und 39f. und *EN*, S. 115 und 117.

„[…] von den Pflichten in Hinblick auf den Anderen, welche man nie zur Gänze erfüllt; eine Ordnung, wo man niemals seine Pflicht getan hat, aber wo die Pflicht vor allem anderen die Form der Verpflichtung in Bezug auf den Körper einnimmt, die Pflicht zu ernähren und zu beherbergen." (*DSS*, S. 19)

Wir sehen schon, dass dieser Pflicht (*dévoir*) etwas Ursprüngliches und immer schon Dagewesenes anhaftet. Diese Pflicht gegenüber dem Anderen steht vor jeglicher Verpflichtung, die das Individuum sich selbst gegenüber hat. Was die Pflicht zur Ernährung des Anderen betrifft, werden wir noch mehr dazu in der Darstellung des Antlitzes ausführen. Diese Pflicht gegenüber dem Anderen bei Lévinas ist getragen von der Vorstellung, dass der Andere Träger des Rechts ist - eines Rechts, welches verteidigt werden soll und dem das Individuum Sorge tragen muss. Es gibt keine triftigen Gründe, welche dieses Recht des Anderen und die daran gebundene Verpflichtung gegenüber diesem auflösen könnte. (*Vgl. DSS*, S. 17f.)

Nach der Positionierung des Anderen können wir nun zu einem weiteren Element des Anderen übergehen, das sich von dessen Position ableiten lässt: die *Verantwortung*. Die Verantwortung ist unserer Ansicht nach einer der wichtigsten Formen in der Ethik von Lévinas. Dies lässt sich damit begründen, dass durch das gesamte Werk mit Beginn bei „*Totalité et infini*" die Verantwortung als der erste Ausdruck präsentiert wird, durch welchen wir dem Anderen verpflichtet sind. Alle drei Hauptwerke sind dem Aspekt der Verantwortung gegenüber dem Anderen gewidmet.[150] Diese primäre Verantwortlichkeit gegenüber dem Anderen kann durch kein Einwirken, noch irgendwelche Mechanismen außer Kraft gesetzt werden: „Die Verantwortung für den Anderen kann nicht durch meinen Einsatz, durch meine Entscheidung begonnen worden sein." (*AE*, S. 24). Es liegt nicht dem Individuum anheim darüber zu entscheiden, ob es verantwortlich sein will oder nicht; dies liegt nicht in der Freiheit des Individuums darüber zu befinden. Die Einschränkung der Freiheit des Individuums durch den Eintritt des Anderen in die Sphäre des Individuums muss in dieser Hinsicht unterstrichen werden. (*Vgl.* dazu *TI*, S. 84f., 219 und *AE*, 24f.). Etwas

[150] In „*Autrement qu'être, ou au-delà de l'essence*" führt Lévinas die Verantwortung gegenüber dem Anderen sogar als Bestandteil der Hauptthese des besagten Buches aus. (*Vgl. AE*, S. 189).

später in *„De Dieu qui vient à l'idée"* geht Lévinas ebenfalls zur Genüge auf die Verantwortung für den Anderen ein und führt sie aus als ein möglicher Ansatzpunkt für die ethischen Überlegungen (*vgl.* z. B. *DVI*, S. 55).

Wir können nun übergehen auf das Element des *Psychismus* (*psychisme*), welches eine Relation zwischen dem Individuum und dem Anderen andeutet. Der Psychismus meint so etwas Ähnliches wie die Seele und ist zugleich laut Lévinas der einzige Bestandteil im Individuum, wo sich ein winziger Anteil des Anderen *im* Individuum erkennen lässt. Sämtliche anderen Teile des Individuums werden durch das Erscheinen des Anderen und dessen Antlitz nur in Bewegung gesetzt. Gemeint sind hierbei vor allem das ethische Ich und das Sich. Der Psychismus hingegen ist ein verankerter Teil, der eigentlich dem Anderen angehört, sich aber im Individuum selbst befindet. Der Terminus, welchen Lévinas hierfür verwendet, ist das Samenkorn des Wahnsinns (*grain de folie*).[151] Dieses Samenkorn ist sprachlich und legt im Individuum Zeugnis ab vom Anderen. Wie entsteht aber dieser Psychismus? Nun, Lévinas beschreibt dies folgendermaßen: „Die Einzigartigkeit des Ich, welche durch die Nähe des Anderen bedrängt wird, ist das Andere im Selben des Psychismus." (*AE*, S. 201). Etwas früher beschreibt Lévinas diesen Umstand noch besser: „Ich bin ‚an sich' durch die Anderen. Der Psychismus ist das Andere im Selben, ohne das Selbe zu verfremden." (*AE*, S. 178). Darin unterscheidet sich Lévinas grundsätzlich von Hegel, welcher in seinen philosophischen Reflexionen dazu übergeht, dem Selben das Andere zu integrieren. Lévinas will durch den Hinweis auf das Samenkorn auch auf die geringe Ausdehnung dieses Teils im Individuum eingehen und aufzeigen, dass dies nicht vom Individuum zur Gänze assimiliert werden kann. Nachdem wir nun den Psychismus als Element zwischen dem Individuum und dem Anderen kennen gelernt haben, wollen wir uns noch einem weiteren Aspekt zuwenden, der wichtig sein könnte.

---

[151] In einer Fußnote von *AE* finden wir dazu einen sehr umfangreichen Hinweis. Lévinas zeigt den Zusammenhang vom Samenkorn mit dem Psychismus wie folgt: „Die Seele ist das Andere in mir [*en moi*]. Der Psychismus - das Eine-für-den-Anderen - kann Besitz und Psychose sein, die Seele ist schon Samenkorn des Wahnsinns." (*AE*, S. 111, Fußnote 1)

Im Sinne der Elemente des Anderen können wir nun beim ersten umfangreichen Erörtern des Anderen durch Lévinas in *„Totalité et infini"* vom Element des *Unendlichen* sprechen. Das Unendliche ist in *TI* eng verbunden mit der Beziehung vom Selben zum Anderen. Das Unendliche schreibt sich in diese Beziehung selbst ein, wird sogar zu dieser Beziehung.[152] Dadurch wird jedoch nicht die Trennung der beiden Seiten – Selbes und Anderes – beeinflusst. Dieser Umstand der Trennung ist Lévinas nämlich ebenso wichtig wie der Zusammenhang beider genannten Bereiche. Wir können sogar behaupten, dass die Vorstellung des Unendlichen die Trennung in das Selbe und das Andere dringend benötigt. (*Vgl. TI*, S. 54). Gerade deshalb haben wir bis jetzt versucht, immer wieder auf die einzelnen Differenzen innerhalb und außerhalb des Individuums hinzuweisen, weil die Differenz/Trennung so wesentlich ist. Das Unendliche deutet noch auf einen anderen Teilaspekt hin, der leider nicht in seiner ganzen Breite hier diskutiert werden kann. Wir verlegen uns auf einen weiterführenden Hinweis, der in unserem Kontext aber keine wesentliche Bedeutung hat. Wichtig zu erwähnen ist unserer Ansicht nach, dass dem Unendlichen bei Lévinas das Konzept Gottes an die Seite gestellt werden kann. Dies führt Lévinas bei einer Diskussion der Vorstellung des Unendlichen in der Philosophie René Descartes ein. (*Vgl. TI*, S. 232). Gott ist das Andere. In einer der ersten Talmudlektüren wird dieser Anspruch sogar noch verstärkt, denn Gott ist eigentlich das Andere. (*Vgl. LT*, S. 36). Dieses absolut Andere in Form von Gott kann uns in unseren Überlegungen zum Anderen und der Einsamkeit nicht besonders weit führen und deshalb wollen wir jetzt auch einem anderen Aspekt Sorge tragen, der weitaus bedeutender ist. Es handelt sich um das Antlitz und dessen Manifestationen: Immer noch Element des Anderen, gleichzeitig aber auch elementar für die Erörterung des Anderen und der Einsamkeit.

Nach diesen einzelnen Elementen des Anderen geht unsere Analyse nun über auf einen weiteren Faktor von sozusagen elementarer Bedeutung, nämlich der Vorstellung vom Antlitz. Letztendlich bewegen wir uns mit dem Konzept des Anderen vom Individuum

---

[152] „[...] wir haben die Beziehung, welche das Individuum an den Anderen bindet, die Vorstellung des Unendlichen genannt." (*HAH*, S. 54).

und damit von der Ontologie weg; das Ende dieses Weges – die Ethik – ist in dem fundamentalen ethischen Konzept des Antlitzes gegeben. Damit ist das Antlitz auch das Andere der Einsamkeit, der extremste Gegensatz zum einsamen Sich. Damit wird das Antlitz auch zum Anderen des Sein, bzw. in der Terminologie von Lévinas das Anders-als-Sein (*autrement qu'être*). Lévinas zeigt diesen Umstand mit zunehmender Deutlichkeit in seinem Werk auf: Wo vorher in *„Totalité et infini"* manchmal noch eine Relation zwischen dem Antlitz und dem Sein zu bestehen scheint, wird schon in *„Autrement qu'être, ou au-delà de l'essence"* ein völlig von ontologischen Substraten gereinigtes Antlitz präsentiert. In Bezug zum Sein definiert Lévinas das Antlitz auf folgende Weise: „Das Antlitz ist die eigentliche Identität eines Wesens. Es manifestiert sich dort von sich selbst aus, ohne Begriff." (*EN*, S. 43). Seltsam anmuten mag in dieser Definition der Hinweis auf das Fehlen des Begriffs in Bezug auf das Antlitz. Diese Begriffslosigkeit kennen wir schon, wenn Lévinas vom Ich zweiter Ordnung spricht. Ist dann aber eine Eingrenzung bzw. eine Arbeit am „Begriff" des Antlitzes überhaupt möglich? Diese Frage lässt sich unserer Ansicht nach mit Ja beantworten, insofern, als dass wir durch das Gesamtwerk dieses Philosophen hindurch auf einzelne Akzidenzien des Antlitzes treffen.

Man könnte in der Verwendung des Antlitzes bei Lévinas von einem Zuwenig an Rigorosität sprechen, da wirklich mehrere Unklarheiten zu diesem Thema in der Sekundärliteratur vorherrschen. Erweitern sollten wir die erste Definition des Antlitzes um zwei weitere Hinweise dazu in *TI*: Einerseits steht für Lévinas fest, dass die Erscheinung des Antlitzes ethisch ist (*vgl. TI*, S. 218); in eine andere Richtung verläuft die Vorstellung vom Antlitz, wenn Lévinas beteuert, dass das Antlitz „[…] die wahre Essenz des Menschen […]" sei. (*TI*, S. 323). Die Essenz müssen wir eigentlich noch zur ontologischen Diskussion um das Antlitz zählen, wenn im selben Moment das Antlitz sich uns als ethisches Element präsentiert. Über diesen beiden Festlegungen steht die Aussage im Buch: *„Humanisme de l'autre homme"*, wo Lévinas das Antlitz als abstraktes Element kennzeichnet. In der Abstraktion sieht dieser Denker folgenden Aspekt:

> „Das Antlitz präsentiert sich in seiner Nacktheit: es ist weder eine verheimlichte Form – aber gerade deswegen hinweisend ein

Grund, noch ein verstecktes Phänomen – aber gerade deswegen verräterisch (verratend) ein Ding an sich." (*HAH*, S. 63).

Unter dem Antlitz dürfen wir weder das reale menschliche Gesicht verstehen, noch etwas jenseits vom Anderen als dem anderen Menschen. In diesem Spiel zwischen dem Offen*sicht*lichen und dem Ding an sich als Anspielung auf die kantsche Philosophie will Lévinas das Antlitz ansiedeln. Abseits vom Begriff konzipiert, soll sich dadurch dem Antlitz die Möglichkeit bieten, nicht gänzlich festlegbar zu sein. Die Anwesenheit des Antlitzes zeigt sich mitunter als deren abwesendes Bild, welches überindividuell und abstrakt, bisweilen ober- und bisweilen unterhalb der Vorstellung des Anderen steht.

Diesen Aspekt der abwesenden Anwesenheit können wir auch als Verdoppelung des Antlitzes erklären, das sichtbar unsichtbar ist oder besser gesagt in einer zeitlichen Verschiebung einmal sichtbar, dann wieder unsichtbar wird. Wir wollen dies die Ambiguität des Unbegrifflichen nennen. Das menschliche Gesicht lässt sich nicht als Antlitz nach Lévinas deklarieren, weil es *nicht* „[...] die Farbe der Augen, die Form der Nase, die Frische der Wangen, usw." (*EN*, S. 244) besitzt. Keines dieser Merkmale ist dem Antlitz zueigen und wir können keinesfalls das Antlitz Bubers mit jenem vergleichen, welches wir in den Reflexionen bei Lévinas vorfinden. Letzteres Antlitz versteht sich nicht im wörtlichen Sinne als solches. Aber auch das unsichtbare Element des Antlitzes finden wir in den Texten von Lévinas, wenn dieser von der fehlenden Form des Antlitzes spricht: „Das Antlitz ist eine lebende Präsenz; es ist Ausdruck. Das Leben des Ausdrucks besteht im Lösen [*défaire*] der Form [...]." (*TI*, S. 61). So wird das Sein eigentlich an seinen Rändern zuerst – in Form der Form –, aufgelöst und ins Ethische hinein eliminiert. Dies gilt zuvorderst für das Sein und die daran hängende Einsamkeit im Individuum. Die Objekte in der Welt haben kein Antlitz, da sie jeweils von einer Form eingefasst werden (*vgl. TI*, S. 149). Die Einrahmung des Objekts konstituiert seine Sichtbarkeit. Lévinas deutet an, dass das Antlitz auch zu einer gewissen Sichtbarkeit zurückkehren kann: „Antlitz, jenseits des sich dem Blick anbietenden Sichtbaren, im Dienste der Darstellung, welche den Anderen schon anstarrt[153] und nur eine plastische Form vorfindet."

[153] Außerhalb jeglicher Möglichkeit in der deutschen Sprache können wir das

(*HN*, S. 201). Wir sehen also nur eine plastische Form, was anders ausgedrückt als Ränder des Unsichtbaren zu demarkieren ist: Konkret ist dies also die Unsichtbarkeit der Andersheit, welche sich jenseits der herkömmlichen menschlichen Erfahrung einschreibt und nur als vollkommenes Element der Transzendenz zu deklarieren ist.

Wir haben in einem vorherigen Absatz davon gehört, dass Lévinas bisweilen von der Erscheinung des Antlitzes spricht. Durch diese Erscheinung zeigt sich erst der ethische Grund des Antlitzes. Was weniger akzeptabel ist, ist der Umstand, dass manchmal durch besagte Erscheinung die Unsichtbarkeit des Antlitzes gestört wird und in einer Umkehrung derselben mündet als ein Sichtbarwerden des Unsichtbaren. Dadurch wird das Antlitz noch komplexer, als es im Grunde eigentlich ist und vielleicht auch darum schafft es Lévinas selbst nicht zur Gänze, Klarheit in diese Überlegungen zu bringen. Ein erster Wandel des Antlitzes hin zur Sichtbarkeit lässt sich dann bemerken, wenn Lévinas die Erscheinung mit der Sprache identifiziert:

> „Die Erscheinung von jenem, welches sich sowohl direkt, als auch außerhalb und eminent präsentieren kann, ist *Antlitz*. Das Ausdrückende nimmt dort am Ausdruck teil, verschafft sich Unterstützung durch sich selbst, bedeutet, spricht. Die Erscheinung des Antlitzes ist Sprache [*langage*]." (*DL*, S. 439).

Wie wir in der Behandlung des Psychismus schon geklärt haben, kommt diese Sprache als die Sprache des Anderen zum Individuum. Das Antlitz beinhaltet aber in der ersten Form des Sichtbarwerdens auch noch ein spezielles Merkmal, welches in der Selbstständigkeit besteht. Einerseits haben wir deshalb eine eminente Erscheinungsweise bzw. ein aus der Höhe kommendes Scheinen des Antlitzes, welches andererseits in sich selber ruht und zu Sprache wird. Aus dieser Höhe bekommt das Antlitz im Individuum einen Raum bzw. nur einen winzigen Platz zuerkannt, wo sich die

---

von Lévinas angegebene Wortspiel nur in einer Erklärung wiedergeben. Lévinas verdeutlicht nämlich in der Verwendung des Wortes „anstarren", welches dem französischen Wort „*dévisager*" entspricht, durch einen Bindestrich die enge Relation zum „*visage*": „[…] la représentation qui déjà dévisage autrui […]." (*A.a.O.*).

Sprache des Anderen entfaltet. Nahezu als Punkt beschreibbar, kommt das sichtbare Antlitz nun zu seinem Recht.

Eine interessante Thematik reiht sich zu den Belangen der Erscheinung des Antlitzes dazu, wenn Lévinas vom Femininen spricht. Dieses Feminine sei einerseits das Andere des Anderen im Sohn[154] und andererseits „[...] das Antlitz, welches sich jenseits des Antlitzes bewegt [...]." (*Vgl. TI,* S. 291). Besonders in den ersten Büchern von Lévinas, worin dieser das Feminine deklariert, ist der Philosoph davon überzeugt, dass dieses Feminine eine hyperbolische Passage sei, die jenseits des Antlitzes und der Andersheit situiert wäre. Aus dieser Zeit stammen die Differenzierungen in eine Teilhabe am Antlitz sowohl im Femininen als auch im Maskulinen oder eben der Umstand, dass die Beziehung mit einer Frau zweitrangig sei (*Vgl. DSS,* S. 132 und 135). Neben dieser pejorativen Bewertung der Beziehung mit einer Frau gibt es auch noch eine Unterscheidung in eine diskrete Präsenz des Femininen, zum Unterschied einer Begegnung mit dem indiskreten Antlitz des Anderen, welches sich als Infragestellung des Individuums präsentiert (*vgl. TI,* S. 185). Die Gesamtheit der Überlegungen zum Femininen scheint wirklich eine Reflexion am Beginn des philosophischen Schaffens von Lévinas gewesen zu sein (*vgl. EN,* S. 123f.), wird dann aber im Verlauf der weiteren Bücher nach *„Du sacré au saint"* nicht mehr explizit angesprochen. Trotzdem glauben wir, dass das Feminine wichtig ist in Hinblick auf das Verständnis des Anderen bzw. des Antlitzes des Anderen. Das Geschlecht wirkt nämlich irgendwo in diese Überlegungen hinein, was zumindest ein Indiz dafür sein kann, dass es sich beim Denken des Anderen im Antlitz nicht ausschließlich um eine reine Abstraktion handelt, sondern um eine an den realen Menschen angelehnte und daran entwickelte Konzeption.

---

154 Wir haben es nicht für notwendig befunden, auf die Vorstellung zum Sohn und der damit zusammenhängenden Vaterschaft näher einzugehen, sind dies doch unserer Ansicht nach Randphänomene, die in unserem Buch keinen Bezug zur Einsamkeit darstellen können. Der einzige wirkliche Zusammenhang besteht bei der Vaterschaft in deren Definition: Vaterschaft bedeutet nämlich das Anders-Werden als Sich. (*Vgl. TA,* S. 85). Soweit wir das Sich als Sitz der ontologischen Einsamkeit festgestellt haben, würde die Geburt eines Sohns (seltsamerweise spricht Lévinas nie von einer Tochter) ebenfalls eine Distanzierung vom ontologischen Teil im Vater bedeuten.

Das Denken im Hinblick auf die Frau in *TI* enthält schon einen Teil der realen Konkretisierung hin zur Vorstellbarkeit des Antlitzes. Das, was wir nun aber die zweite Konkretisierung nennen wollen – eine Konkretisierung im Sichtbarwerden des Antlitzes – betrifft die Beziehung zwischen dem Antlitz und dem menschlichen Elend. Effektiv können wir in diesem Bereich davon reden, dass das Antlitz sich ein zweites Mal aus den Sphären der Transzendenz in der konkreten Welt konkretisiert. Dies geschieht in einer Entschleierung des Antlitzes vor dem menschlichen Elend, worauf Lévinas einige Male in seinen Reflexionen zurückkommt. Gleichzeitig ist diese Erscheinung/Entschleierung des Antlitzes ein großer Kritikpunkt von Lévinas in Hinblick auf die dialogische Philosophie. Eine genauere Identifizierung der Problematik finden wir im Buch: *„Sur Maurice Blanchot"*: „Aber in der Einsilbigkeit des Hungers, im Elend, wo Häuser und Dinge zu ihrer materiellen Funktion zurückkehren, im Herzen eines Vergnügens ohne Horizont, leuchtet das Antlitz des Menschen." (*SMB*, S. 25). In der menschlichen Misere erhält das Antlitz einen konkreten, wenngleich luminösen Charakter. Es sind die Bedürfnisse des Menschen, die sehr wohl das Antlitz des Anderen betreffen und inkludieren und vielleicht können wir aus dieser Situation am Besten die Pflicht verstehen, welche Lévinas immer wieder anspricht, *für* den Anderen und seine Bedürfnisse da zu sein. Immer schon sind die Pflicht und die Schuld gegenüber dem Anderen da und durch die zweite Konkretisierung des Antlitzes gelangen wir schlussendlich zur Erkenntnis der Notwendigkeit dieser Vorstellung in der Philosophie von Lévinas. Im nächsten Abschnitt soll schlussendlich der Bogen geschlossen werden von allen Elementen des Anderen zur Relation mit der Einsamkeit des Individuums.

6.2. Die Einsamkeit und der Andere

Bis zu diesem Zeitpunkt haben wir uns vorsätzlich mit den Allgemeinheiten und Elementen des Anderen in diesem Kapitel auseinandergesetzt, ohne insbesondere die Einsamkeit schon angemessen zu integrieren. Manchen Hinweis haben wir schon ausgeführt, es fehlt aber noch der gesamte Überblick von der Beziehung zwischen dem Anderen und der Einsamkeit. Vorläufig wissen wir, dass die Erscheinung des Antlitzes des Anderen mit dazu beiträgt, dass das Individuum sich von seinem Sich distanzieren kann. Die dem Sich anhaftende Einsamkeit gehört darum ebenfalls zu den Aspekten, von welchen sich das Individuum durch den Anderen distanzieren kann. Wir müssen uns jetzt fragen, wie schlussendlich die Einsamkeit zu dieser Distanzierung gelangt und unter welchen Voraussetzungen dieser Vorgang Gestalt annimmt. Diese letzte Analyse gewährleistet uns den Abschluss des Kapitels und des gesamten Teils zu Lévinas, da wir die notwendigen Bestandteile – das Individuum, die Einsamkeit und der Andere bzw. deren Relationen – gesammelt haben und eine Vorstellung bekommen konnten von der Komplexität und Verschränktheit der einzelnen Begriffe. Die bisweilen filigrane Ausdifferenzierung und darauf folgende Eingrenzung auf Einzelheiten gibt schon einen guten Einblick in das Gefüge vom Individuum und der Einsamkeit, nun bilden diese letzten Analysen den Abschluss dieses Gefüges, um dann im dritten Teil vorwiegend unsere eigenen Vorstellungen anbringen zu können.

Vergegenwärtigen wir uns nochmals die Ausgangsposition: Wir haben es mit einem Individuum zu tun, welches aus vier Bestandteilen zusammengesetzt ist. Unser besonderes Interesse erfährt dabei das Sich als ontologischer Teil, an welchen die Einsamkeit gebunden ist. Das Individuum selbst schafft nicht die Voraussetzungen, um sich von dieser Einsamkeit lösen zu können. Erst die Berührung mit der Andersheit an sich ermöglicht die Transzendenz und damit die Überschreitung der Grenzen des Individuums. In der Transzendenz wird der ontologische Teil des Individuums zurückgedrängt und distanziert, sogar nahezu ersetzt durch den Teil, welchen das ethische Ich ausmacht. Mit diesem Vorgang wird ebenfalls die ontologische Einsamkeit distanziert und muss dem ethischen Ich mehr Raum gewähren. Was philosophisch gesehen als Verschiebung von der Ontologie zur Ethik von Lévinas propagiert wird, ist auch eine Verschiebung der Einsamkeit. Initialisiert wird diese Verschiebung durch die Andersheit, die mit dem Anderen und dessen permanenter Präsenz eingeführt wird. Die Begriffe Exteriorität und Innerlichkeit verdeutlichen sehr gut den Vorgang der Verschiebung. Wir dürfen aber niemals vergessen, dass die Richtung der Transzendenz zuerst vom Anderen bestimmt wird, d.h. er ist es, der den Prozess in Gang bringt und nicht das Individuum selbst; dadurch entsteht das, was Lévinas die passivste Passivität nennt. Diese Passivität kommt dem Individuum in seiner Verantwortlichkeit für den Anderen zu (*vgl.* z. B. *AE*, S. 31) und ist ebenfalls für die Richtung der Transzendenz verbindlich. Das Individuum hat nicht die Entscheidungsgewalt über die Transzendenz.

Wir wollen nun versuchen, systematisch nochmals kurz die Relation vom Anderen zur Einsamkeit auseinanderzulegen. Eine Präzision in diesem Zusammenhang ist, dass der Andere selbst wiederum das Andere als Anderes der Welt mit ihren Objekten umfasst. Gerade zu diesem Weltbezug mit der Einsamkeit hat sich Lévinas an einigen Textstellen geäußert. Eine dieser Textstellen finden wir in seinem zweiten Buch *„De l'existence à l'existant"*, welche wir *in extenso* zitieren möchten, um damit die Bedeutung der Einsamkeit in der Welt feststellen zu können:

> „Die Welt und das Licht [*lumière*] sind die Einsamkeit. Ihre gegebenen Objekte, ihre bekleideten Wesen sind etwas anderes als ich selbst, aber sie gehören mir. Erhellt vom Licht [*lumière*] habe sie einen Sinn und konsequenterweise sind sie deshalb so, als würden sie von mir kommen. Im verstandenen Universum bin ich allein, sozusagen eingeschlossen in einer definitiv *einzelnen* Existenz [*une existence définitivement* une]." (*EE*, S. 144).

Das Andere der Welt gehört also zur Einsamkeit aufgrund der Möglichkeit des Individuums sich diesen Bereich zueigen zu machen. Das Wort „zueigen" weist auf den Besitz von etwas hin, das zum Bestand des Individuums beiträgt. Das Licht, was im Französischen auch „Wissen" oder philosophisch ebenso als „Zeitalter der Vernunft" (*l'âge de lumière*) übersetzt werden kann, bescheint im übertragenen Sinn alle diese Objekte und macht sie für die Sinne des Individuums sichtbar. Das Sichtbarwerden führt dann diesen Prozess weiter und wandelt sich in eine Integration der Objekte in das Universum des Wissenshorizontes des Individuums. Ähnlich wie in der hegelschen Philosophie mit der Integration des Anderen in das Selbe, bleibt das Individuum hierbei alleine mit sich selbst, denn die Objekte können nicht auf seine Bedürfnisse, insbesondere auf jenes der Transzendenz, antworten.

Die Welt selbst also kann nicht die Einsamkeit des Individuums destruieren, kann dem Bedürfnis des Individuums nach Sozialität keinen Widerstand bieten. Das Andere als solches genügt nicht, die Teile des Individuums in Bewegung zu versetzen; dazu benötigen wir eine Form des Übergangs, die uns Lévinas an die

Hand gibt. Es ist vorerst nicht das große Konzept des Anderen, dem wir in unserer passivsten Passivität „ausgeliefert“ sind, sondern ein Zwischenteil: der Eros und die Liebe. Durch diese beiden Elemente hat das Individuum die Möglichkeit sich von der Einsamkeit der Welt und des Lichtes zurückzuziehen. (*Vgl. EE,* S. 145). Die Objekte werfen nicht mehr ihre Schatten der Einsamkeit für die sich Liebenden. In seinem Versuch über eine „Phänomenologie des Eros“ schreibt Lévinas jedoch, dass diese Gemeinschaft der Liebenden selbst wieder Einsamkeit werden kann; die Einsamkeit der Liebenden ist eine „Einsamkeit, die nicht nur verneint und nicht nur einfach die Welt vergisst.“ (*TI,* S. 297). Sie unterscheidet sich ebenfalls von der Einsamkeit der Innerlichkeit des Individuums, da sie in Relation zu einem Geliebten steht. Diese Sonderform der Einsamkeit kann nicht mit der ontologischen Einsamkeit identifiziert werden. Lévinas kennzeichnet diese Einsamkeit als das Andere der Sozialität, in welchem die Liebenden: „[...] Intimität, Einsamkeit zu zweit, geschlossene Gesellschaft, das Nicht-Öffentliche schlechthin“ (*a.a.O.*) verkörpern. Eine Differenzierung führt Lévinas in diesem Belang zwischen der Freundschaft und den Liebenden ein, wobei er bei ersterer eher den Fall sieht, dass sich die Freundschaft zum Anderen hinbewegt, während die Liebenden auf ihre Zweiergemeinschaft zurückweisen. (*Vgl. TI,* S. 298). Wir können also sagen, dass diese Einsamkeit zu zweit der Liebenden durchaus ein Zwischenteil sein kann, welches sich zwischen dem Anderen als Welt und dem Anderen als anderem menschlichen Wesen einschreibt. Selbst bleibt dieser Zwischenteil aber dennoch Einsamkeit und erst der Andere kann diese Einsamkeit schlussendlich tilgen.

In der Literatur wird die Liebe als Topos bisweilen sehr eng mit dem Tod verbunden. Wir wollen in diesem Sinne diesen Abschnitt langsam abschließen, indem wir auf einen Bereich rekurrieren, welchen wir schon etwas kennen gelernt haben in Hinblick auf den Tod des Individuums. Die Frage steht hier im Mittelpunkt, wie sich die Einsamkeit im Tod des Individuums zum Anderen verhält. Wir wissen bereits, dass es zu einer Verschiebung und Übernahme der Einsamkeit durch den Anderen kommt. Dies geschieht durchwegs in einer Situation der Einsamkeit und der Verlassenheit – der Verlassenheit des Anderen. Lévinas beschreibt diese Situation unter anderem als Frage aus einer absoluten Einsamkeit heraus an den Anderen. (*Vgl. EN,* S. 139f. und auch *HS,* S. 154f.). Gleichzeitig wird dieser Frage im Tod des Individuums die Unmöglichkeit des Verlassens des Anderen entgegengestellt: „Der Tod bedeutet in der Konkretisierung des unmöglichen Verlassenseins des Anderen an seine Einsamkeit." (*DVI*, S. 246). Die Zweigleisigkeit des Todes – einerseits Erlösung des Individuums von seiner Einsamkeit, andererseits Einsamkeit für den Anderen – schafft vielleicht den einzigen Anhaltspunkt für den Weiterbestand der Einsamkeit in der philosophischen Reflexion. Wie wir aber bereits erkennen mussten, konstruiert Lévinas um diese Möglichkeit des Übergangs der Einsamkeit eine Sphäre der Unmöglichkeit, d.h. er beschreibt diesen Zustand des Übergangs als unmöglich (*impossible*). Sein Anliegen ist ja, die ontologische Einsamkeit zu reduzieren, um der Ethik zu ihrem Recht zu verhelfen. Die Schwierigkeit ist also, dass, falls die Einsamkeit des Individuums vom Anderen übernommen wird, der ontologische Diskurs nicht abgeschlossen werden kann. Denn zurück bleibt nach dem Tode des Individuums in diesem Sinne die „Einsamkeit des Antlitzes" (*HS*, S. 215). Deshalb also die Unmöglichkeit und die Hinführung des Anderen zu jener hohen Position, aus welcher er das Sich und die Einsamkeit in Bewegung setzen kann. Damit sind wir an den Schluss dieses Abschnittes angelangt.

Die Kürze dieses letzten Abschnittes ist damit verbunden, dass der Andere eigentlich dazu beiträgt, dass die ontologische Einsamkeit im Individuum getilgt wird. Im dadurch beginnenden ethischen Diskurs haben Einsamkeitsüberlegungen deshalb keinen besonderen Platz und ähnlich wie in der Philosophie Bubers kommt es dadurch zu einer Distanzierung der Einsamkeit, die soweit reduziert wird, bis sie im eigentlichen Sinn nicht mehr existiert. Auf diesen Missstand hinweisend, möchten wir nun übergehen auf einen dritten Teil, in welchem wir unser Interesse darauf fokussieren, ein eigenes Modell zu entwickeln, das sowohl die Einsamkeit als auch den Dialog bzw. das Denken des Anderen berücksichtigen kann. Einen unserer Ansicht nach sehr wichtigen Ansatz in diese Richtung hat Friedrich Nietzsche in seinen Reflexionen zur Einsamkeit geleistet, einer Einsamkeit, welche im Zusammenhang mit einem Konzept der Freundschaft steht. Wie wir jetzt am Schluss dieses zweiten Teils erkennen mussten, ist die Freundschaft in Abgrenzung zur Einsamkeit der Liebenden auch für Lévinas ein Sonderfall. Darin manifestiert sich seiner Ansicht nach die Bewegung vom Individuum zum anderen Menschen. Nirgends in den Texten von Lévinas wird diese Freundschaft näher ausgearbeitet oder aber als Chance gesehen, so wie wir das jetzt im dritten Teil unseres Werkes tun. Denn die Freundschaft als ein Fall des Denkens des Anderen kann uns die Möglichkeit geben, die Einsamkeit mit dem Denken des Anderen zu vereinen. Wieso ist uns diese Vereinigung ein großes Anliegen? Nun, das werden wir im folgenden Teil genauer auszuführen versuchen.

Teil III: Ein Modell zur Einsamkeit *und* zum Denken des Anderen

7. Vorüberlegungen und Annahmen zu einem Modell

Wie unsere Sätze aus der Einleitung gezeigt haben, war die Einsamkeit immer schon mehr oder weniger Gegenstand der Philosophie. Zu Beginn der europäischen Philosophiegeschichte können wird davon ausgehen, dass die Einsamkeit in der Hauptsache innerhalb von gesellschaftsrelevanten Themen diskutiert wurde, die den Staat und die Politik betrafen. Später konnte, wie wir gesehen haben, die Einsamkeit durchwegs auch in einem religiösen Kontext, insbesondere den Mystizismus betreffend, diskutiert werden. Mag sie manchen Philosophen heute nur als Randphänomen bekannt sein, so können einige aktuellere Arbeiten zur Einsamkeit aufzeigen, dass ihr eine wesentliche Bedeutung zukommen muss. Würde nämlich, wie wir im Falle von Martin Buber erkennen können, eine Dialogphilosophie rein auf den Ausschluss der Einsamkeit beharren, so wäre dies nur möglich, indem still und ohne großes Aufsehen zu erregen, die Einsamkeit wieder Eingang ins Individuum findet. Nichtsdestotrotz hat auch Lévinas zumindest den Versuch unternommen, seinen Einsamkeitsbegriff an einen Teil des Individuums zu binden, welcher seinsverhaftet ist und deshalb soweit wie möglich in den Hintergrund gedrängt werden soll, um einem einsamkeitsfreien ethischen Ich Raum zu gewähren. Für uns stellt sich nun die Frage, ob wir wirklich davon ausgehen können, dass eine Vorstellung vom Individuum ohne Einsamkeit oder mit einer reduzierten Einsamkeit möglich ist. Deshalb sehen wir uns auch bemüßigt ein Modell zu finden, welches über die herkömmliche Konzeption hinausweist und in Zusammenarbeit mit von uns zu einem früheren Zeitpunkt in Relation mit den philosophischen Konzepten Nietzsches erarbeiteten Formen der Einsamkeit zu einem Modell führen soll, das eine Konjunktion von der Einsamkeit und dem Denken des Anderen beinhaltet.

Es wird in dieser Hinsicht vor allem davon die Rede sein, wie sich die von uns identifizierten Bewegungen (die Metamorphose) der Einsamkeit erst dann voll entfalten können, wenn die Relation zum Anderen in die philosophische Diskussion integriert wird. Die Bewegungen des Pendels, die sich zwischen mehreren Außenpunkten vollziehen – einerseits in der Chronologie (auch als Diachronie zu verstehen) verankert sind, andererseits synchron fassbar werden –, dehnen sich in diesen nun folgenden Reflexionen über ihren eigenen Scheitelpunkt aus und sollen eine Inklusion umfassen, die über das Individuum hinausreicht hin zum Anderen. Erst durch diese sublimen Bewegungen gewinnt unser Modell im Weiteren Kontur und Inhalt. Nur so kann Einsamkeit Fokus oder Öffnung werden für ein Denken des Anderen, in dem die Rolle des Selbstbezugs Bedeutung und Sinn erhält. Wir werden damit nicht unbedingt die Möglichkeit schaffen können über den mikrosozialen Bereich der Begegnung zu zweit hinaus zu denken, nichtsdestotrotz könnten wir uns vorstellen, auf der Basis dieses Modells weiter zu arbeiten. Dieses Buch soll jedoch nicht dieser Ort sein, weil hier nur die Grundlage entwickelt wird zur Konjunktion von Einsamkeit und dem Denken des Anderen in kritischer Auseinandersetzung mit den Philosophen Buber und Lévinas. Ein erster Schritt wird gemacht, indem wir uns den Vorüberlegungen und den Annahmen zu einem solchen Modell zuwenden, die in einer anfänglichen Begriffsdefinition der Einsamkeit ausgearbeitet werden sollen.

7.1. Die Begrifflichkeit der Einsamkeit mit deren Situierung

Unserer Meinung nach lässt sich zu den beiden Ansätzen zur Einsamkeit und dem Denken des Anderen bemerken, dass beiden Ansätzen einiges zu fehlen scheint, insoweit die erste Intention dieser Denker dahin verläuft, sich in einem größtmöglichen Radius von der Einsamkeit und den damit verbundenen Teilen des Individuums zu entfernen. Diese Richtung wird erst mit dem Eintritt bzw. *durch* den Anderen provoziert. Während wir uns also immer weiter von der Konjunktion der Einsamkeit mit dem Denken des Anderen entfernen und damit unsere Perspektive der Metamorphose der Einsamkeit *zum* Dialog aus den Augen zu verlieren scheinen, gibt es unserer Ansicht nach doch auch mögliche Ansätze zu einer Rückkehr. Mit der Rückkehr ist ein Zurückkommen von dieser überdimensionalen Entfernung der Einsamkeit zum Individuum gemeint und dies wegweisend im Zusammenhang mit dem Denken des Anderen. Für uns kann sich durch die Entwicklung eines Modells dieser Konjunktion nur ein Gewinn manifestieren, der sowohl der Einsamkeit als auch dem Dialog Rechnung tragen kann. Wir müssen in dieser Entwicklung unseres Modells damit beginnen, den Begriff der Einsamkeit etwas genauer zu umreißen und damit eine spezifische Auseinandersetzung zu gewährleisten. In der Diskussion des Begriffs der Einsamkeit müssen wir von mehreren Annahmen und Abgrenzungen ausgehen, die sich uns für den weiteren Verlauf als nützlich erweisen.

Im deutschen Sprachgebrauch unterscheiden wir hauptsächlich zwei verschiedene Verwendungen des Wortes Einsamkeit. Der erste Gebrauch manifestiert sich in der Formulierung: „Ich *fühle mich* einsam." Hier wird der Umstand in den Vordergrund gestellt, dass das Individuum ein Gefühl entwickelt, welches für es mit der Einsamkeit zu identifizieren ist. Im Reflexivverbum „sich fühlen" manifestiert sich der Bezug auf sich selbst; ein zu sich gewandtes Gefühl der Einsamkeit macht sich breit. Der zweite Gebrauch der Einsamkeit findet sich in der folgenden Aussage: „Ich *bin* einsam." In diesem Falle müssen wir feststellen, dass das Individuum einen *status quo* bezeichnet: ein Sein der Einsamkeit. Somit vollzieht sich nahezu eine Identifikation des Individuums mit der Einsamkeit, nicht als Rückbezug auf sich selbst, sondern als Sein-des-Selben. Beide Formen haften der Gegenwart an, sind Vergegenwärtigung eines Zustandes, einerseits in der Bezeichnung des Gefühls, andererseits im Hindeuten auf das Sein. Wir könnten hierbei nun sagen, dass beide Formen der Bezeichnung des Zustandes der Einsamkeit dasselbe aussagen und doch wollen wir diesen kleinen Unterschied nicht außer Acht lassen und von unseren Vorüberlegungen ausschließen, insofern wir überdeutlich gesehen haben, wie gerade Lévinas immer wieder die Interrelation zwischen dem Sein und der Einsamkeit evoziert hat.

Eine wichtige Unterscheidung in jeder Einsamkeitsbetrachtung muss die Abgrenzung der Einsamkeit von anderen Begriffen sein, die an dessen semantischem Feld angrenzen. Wir könnten dazu einige Begriffe anführen. Alleinsein, Verlassenheit, Rückzug und Abgeschiedenheit sind nur vier Begriffe, die sich je nach Umstand an den Begriff Einsamkeit hängen oder von diesem entfernen. Interessant und wichtig für unsere Betrachtungen ist die schon einmal erwähnte Differenz zwischen dem Einsamsein und dem Alleinsein. In der gegenwärtigen Diskussion wird diese Differenz in Relation zur Gesellschaft definiert. Einsamsein bezeichnet einen Zustand, der von einem subjektiven Gefühl des Verlassenseins getragen wird, d.h. selbst wenn ein Individuum objektiv in einem Raum mit mehreren Menschen zusammen ist, kann dieses sich sehr wohl aus mehreren Gründen einsam fühlen. Das Faktum der Anwesenheit der Anderen ist keine Bedingung der Möglichkeit für das Einsamsein. Das Alleinsein hingegen deckt semantisch genau diesen Bereich ab, indem die Definition dazu lautet, dass ein Individuum dann alleine ist, wenn objektiv kein anderes Individuum sich in seiner Umgebung aufhält. Durch diese Abdeckung können wir in der Verbindung von Alleinsein und Einsamsein folgende Konjunktionen bilden: Jemand kann einsam und allein sein, wenn kein Anderer in seiner Nähe ist. Jemand kann einsam sein, wenn er sich in Gesellschaft mit anderen Individuen befindet. Dann ist er aber nicht allein. Und jemand kann sich ebenso allein in seinem Zimmer befinden, ohne jedoch einsam zu sein. Unser Hauptinteresse liegt auf dem Einsamsein und darum genügt es unserer Ansicht nach vorerst, den Unterschied zwischen dem Einsamsein und dem Alleinsein zu kennen.

Nach dieser Begriffsabgrenzung, die wir vorgenommen haben, müssen wir noch ein bisschen weitergehen und uns dem Phänomen der Einsamkeit in seiner Verdoppelung etwas annähern. Was meinen wir mit der Verdoppelung der Einsamkeit? Wir nähern uns hierbei dem doppelten Bezug der Einsamkeit: dem Bezug zum eigenen Inneren und dem Bezug zum Anderen.[155] Der Bezug zum eigenen Inneren ist sicherlich dem Bezug zum Anderen bei der Einsamkeit voranzustellen. Denn zuerst ist die Einsamkeit Selbstbezug und subjektives Gefühl. In einem zweiten Moment kommt der Andere ins Spiel und fordert für sich den nötigen Raum. In der Forderung des Anderen liegt bei Lévinas das Zurückdrängen der ontologischen Einsamkeit. Unsere These hierbei lautet, dass die Einsamkeit sich im zweiten Bezug – jenem zum Anderen – zwar verändert, nicht aber verschwindet. Wir sind der Meinung, dass die Grenzen der Definition des Einsamkeitskonzeptes dehnbar sein müssen, um selbst einem so starken Einwirken von außen, wie jenes durch den Anderen geschieht, standhalten zu können. Für die Einwirkung durch den Anderen auf das Individuum können wir auch den Begriff der Kontamination verwenden, der diese Relation zwar

---

[155] Wir nehmen hier einerseits Bezug auf die Begrifflichkeit bei Reinhold Esterbauer, der ebenso bei der Einsamkeit in Innenraum und Bezug außerhalb der Person unterteilt. (Esterbauer, Reinhold: Zimmer ohne Aussicht. Zum Verhältnis von Einsamkeit und Einheit. *In:* Deutsche Zeitschrift für Philosophie Nr. 50. – Berlin: 2002, S. 763). Andererseits beziehen wir uns auf unsere eigene Unterteilung der Einsamkeit in eine innerliche und eine äußerliche Einsamkeit in unserem Buch: Stuppner, Ivan: Formen der Einsamkeit bei Friedrich Nietzsche. *Ebenda*, S. 98f.

schon fast zu pejorativ beschreibt, aber doch dadurch zustande gekommen ist, dass eben die Positivität der Einwirkung vom Anderen bei Buber und bei Lévinas dazu führt, die Einsamkeit aus dem philosophisch-anthropologischen Diskurs zu eliminieren. Dies wiederum bedeutet aber nicht, dass wir das Denken des Anderen vollständig aus unseren philosophischen Überlegungen heraushalten wollen, sind wir doch der Überzeugung, dass sowohl die Einsamkeit als auch das Denken des Anderen in ein anthropologisches Modell Eingang finden sollten.

Fassen wir also kurz von der begrifflichen Seite aus unsere Annahmen zur Konkretisierung unserer Einsamkeitsvorstellung nochmals zusammen. Wir haben zuerst davon gesprochen, dass die Einsamkeit sich aus dem *Sprachgebrauch* heraus als zwiefältiges Ereignis manifestiert: Zum einen können wir die Einsamkeit als ein Gefühl deklarieren, zum anderen wird die Einsamkeit als Seinszustand ausgeführt. Eine jeweilige Reduktion auf eines der beiden Ereignisse – wir denken an die lévinassche Reduktion auf den ontologischen Einsamkeitsbegriff – muss definitiv ausgeschlossen werden. Im *semantischen Feld* der Einsamkeit gehen wir davon aus, dass die Einsamkeit eine subjektive Empfindung ist, die sich abgrenzt vom Alleinsein als der objektiven Tatsache. Zu dieser Eingrenzung des Begriffs Einsamkeit hat sich herausgestellt, dass wir eine Verdoppelung der Einsamkeit annehmen müssen, wenn wir uns für die *Bezüge* des Individuums genauer interessieren: Da wäre einerseits der Selbstbezug des Individuums, der sich mit der Einsamkeit auf sein eigenes Inneres richtet; andererseits gäbe es den Bezug auf eine Exteriorität, die vom Anderen dargestellt wird. Wenn hierbei die Innerlichkeit auf die Exteriorität trifft, steht unserer Ansicht nach außer Frage, dass die Einsamkeit dadurch verändert wird. Wir gehen aber davon aus, dass dies zu keiner Elimination derselben führen darf. Durch diese begriffliche Definition der Einsamkeit für unser Modell haben wir nun die Basis hergestellt, auf welcher wir sehr gut weitere Vorüberlegungen anstellen können und auch, indem wir den Rahmen etwas erweitern, in welchem die Einsamkeit eingeschrieben wird.

Was uns nun sehr wichtig erscheint, ist eine Situierung der Einsamkeit im geisteswissenschaftlichen Diskurs. Von einem philosophischen Standpunkt aus gesehen haben wir jeweils schon genauer einzelne Positionen zur Einsamkeit kennen gelernt. Eher selten sind wir bis jetzt auf den psychosozialen Aspekt der Einsamkeit eingegangen, obzwar in den Kapiteln zum Du Bubers und zum Anderen von Lévinas schon Hinweise zur Gesellschaft vorhanden sind. Es fehlt somit gegenwärtig noch der Hinweis auf zwei Wissenschaften, welche sich beide sehr ausgiebig mit der Einsamkeit beschäftigt haben: die Psychologie, indem sie eine Reihe von Abgrenzungen zu anderen Begriffen eingeführt hat und ebenso die pathogene Struktur der Einsamkeit in vielerlei Hinsicht aufzuklären imstande war[156]; die Soziologie, indem sie bewusst die Einsamkeit aus ihren Diskursen auszuschließen versucht hat und doch dabei in einigen Arbeiten immer wieder darauf rekurrieren musste.[157] Es geht nämlich in der Beschäftigung mit der Einsamkeit im Wesentlichen um die Triade: Ich – der Andere – die Gesellschaft. In der Soziologie wird der Andere in die Gesellschaft inkludiert und dadurch bildet sich zu der Dualität Individuum – Gesellschaft eine Triade, während wir gesehen haben, dass bei Buber und Lévinas jeweils in einem ersten Schritt die Gesellschaft auf den Anderen reduziert wird. Erst in einem zweiten Schritt lässt sich der Andere auf Gott und auch auf die Gesellschaft ausdehnen. Beide Wissenschaften haben ihren Teil dazu beigetragen die Einsamkeit zu thematisieren und dadurch Nuancen und Facetten sichtbar zu machen, die ebenso für unser Modell dienlich sein können. Von diesem soziologischen Ansatz aus können wir nun übergehen, die Freundschaft als Form des Denken des Anderen zu identifizieren, damit sich für uns die Möglichkeit eröffnet, ein Modell mit der Einsamkeit als integrativem Bestandteil zu konstruieren.

7.2. Die Einsamkeit im Zusammenhang mit der Freundschaft.

Unter Verwendung der Ansätze, wie wir sie bei Lévinas und bei Buber im Denken des Anderen analysiert haben, kann die Einsamkeit nicht besonders gut in ein Modell integriert werden, welches deren Relation mit dem Anderen in einer nicht wertenden Art darzustellen vermag. Bei Lévinas ist das Abgehen von der Ontologie für diesen Missstand ausschlaggebend, bei Buber steht diesem An-

---

156 *Vgl.* dazu etwa: Schwab, Reinhold: Einsamkeit. Grundlagen für die klinisch-psychologische Diagnostik und Intervention. – Bern: Verlag Hans Huber. 1997.

157 Ein sehr gutes Beispiel für diese Art der Beschäftigung mit der Einsamkeit in der Soziologie liefert Michel Hannoun in: Solitudes et sociétés. Quadrige/PUF. 1993. (Que sais-je?).

sinnen die Negativität der Einsamkeit im Wege. Wir haben uns deshalb überlegt, ob es nicht einen Begriff geben könnte, der sowohl ein anderes denkendes Wesen zum Individuum darstellen kann als auch Eigenschaften besitzt, die sich mit der Einsamkeit des Individuums vereinbaren lassen. Es geht ja schließlich um die Zusammenführung der Einsamkeit mit dem Denken des Anderen, weshalb diese beiden Eigenschaften unbedingt erfüllt sein müssen. Dass dies der allgemein Andere aus den Reflexionen im ersten und im zweiten Teil unseres Buches nicht sein kann, konnten wir bereits zur Genüge feststellen. Es gäbe natürlich in den Werken von Buber und auch von Lévinas schon einige mögliche Ansätze zu unserem Ansinnen, wenn wir an die Untergruppen des Anderen etwa bei Lévinas denken, wie sie das Feminine, der Sohn oder auch die Jugend darstellen könnten. Allen diesen Unterformen haftet unserer Ansicht nach jedoch irgendein Bereich an, der für eine doch generalisierende Vorgangsweise in einem Modell nicht besonders geeignet ist. In diesen Überlegungen unsererseits sind wir zu einer möglichen Lösung für diese Problematik gekommen. Wir beziehen uns wegweisend hierbei auf die Kategorie der *Freundschaft*. Und in diesem Absatz wollen wir nun aufzuzeigen versuchen, weshalb die Freundschaft für unsere Belange der Modellbildung nützlich sein kann.

Wie zu bemerken ist, ist die Freundschaft eine nicht zu unterschätzende Kategorie, welche sich grundsätzlich zwischen der Gesellschaft und dem einsamen Individuum einschreibt. Seit den Anfängen der Philosophie in Griechenland wurde die Freundschaft als wesentliches Merkmal in Hinblick auf die Gemeinschaft thematisiert. Freundschaft in der Philosophie wurde anfänglich als das Philosophieren mit jemand anderem eingeführt. Gemeint ist das Philosophieren mit bzw. unter Freunden. Einen besonderen Stellenwert erhielt der Begriff der Freundschaft dann aber in der Moderne ausgehend von Michel de Montaigne über Friedrich Nietzsche hin zu Jacques Derrida. Die Freundschaft ist das enge Verhältnis, welches gegen die Einsamkeit und das Alleinsein wappnet. Philosophisch gesprochen wird durch die Freundschaft der Rückzug des Individuums in seine innerste Einsamkeit retardiert, bisweilen sogar gänzlich aufgehalten. Die Freundschaft als Nahverhältnis kann nun aber ebenso umgedeutet werden als Kontakt, der im Denken des Anderen fußt. Der Freund ist dabei der Andere, der sich dem Individuum an die Seite stellt – als anderes denkendes Wesen - und in diesem Zusammentreffen das Individuum aus seiner Einsamkeit herauszuheben vermag. Der Freundschaft aber ist in diesem Sinne nicht die Eigenschaft der Ewigkeit und des Immer-schon-da-gewesen-Seins inhärent, wie dies der allgemein Andere darstellt, weil die Freundschaft von anderen zeitlichen und auch räumlichen Gegebenheiten getragen wird. Wenn der Andere sich zeitlich vor dem Individuum deklarieren muss, so ist der Freund das dem Individuum nachstehende Verhältnis. Während also der Andere das Individuum antizipiert und nach Lévinas über diesem steht, befindet sich der Freund hinter bzw. dann auch neben dem Individuum.

Diese zeitlichen und örtlichen Verschiebungen der Freundschaft in Abgrenzung zum Anderen umfassen jedoch noch nicht in ihrer Gesamtheit den Freundschaftsbegriff. Es gibt unserer Ansicht nach noch eine Reihe von Merkmalen, die wir in diesem Kontext anführen können. In den heutigen philosophischen Diskussionen, die sich um den Begriff der Freundschaft drehen – wir denken an die Politiken der Freundschaft von Derrida – wird die Freundschaft in Opposition zur Verwandtschaft bzw. der Genealogie definiert, weil Erstere nicht auf verwandtschaftlichen Beziehungen beruht. Derrida versucht aus dem herkömmlichen stark genealogisch geprägten Begriff der Demokratie ein anderes Konzept der Politik zu entwickeln mit der Freundschaft in dessen Zentrum:

> „[...] über diese Entpolitisierung [dé-politisation], welche nur den grundsätzlichen und dominierenden Begriff der Politik betreffen würde, über diese *genealogische* Dekonstruktion des Politischen (und in ihm des Demokratischen), würde man eine andere Politik, eine andere Demokratie zu denken, zu interpretieren und umzusetzen suchen."[158]

Während also die Herrschaft des Volkes vor allem von verwandtschaftlichen Verhältnissen getragen wird, sollte die auf der Freundschaft basierende Demokratie anders angelegt und verankert sein. Weshalb aber kann Derrida eine Herrschaft der Freundschaft vor einer herkömmlichen Demokratie bevorzugen? Der Hauptgrund dafür ist unserer Meinung nach der nützliche Umstand, dass die Freundschaft als Konzept viel freier angelegt ist, als dies die

---

[158] Derrida, Jacques: Politiques de l'amitié. – Paris: Éditions Galilée. 1994, S. 128.

Genealogie anbieten könnte, weil sie keine Verbindungen darstellt, die von Natur aus gegeben sind und bis in alle Ewigkeit Bestand haben werden. Wiederum spielt in dieser Diskussion der zeitliche Aspekt eine große Rolle.

Ist nun aber die Freundschaft schon jene Beziehung, die ebenso wie z. B. bei Lévinas der Andere, die Einsamkeit des Individuums zurückdrängt und Distanz zu derselben schafft? Unserer Ansicht nach ist die Freundschaft zwar ähnlich wie das Denken des Anderen angelegt, aber trotzdem unterliegt sie nicht dieser Verallgemeinerung, die jeden Anderen zum Anderen des Individuums macht. Das hat damit zu tun, dass Freundschaft sich nicht in die Kontinuität einschreibt, welche das Denken des Anderen vermittelt. Der Nukleus des Denkens des Anderen besteht in der Konstanz, die von der Geburt bis zum Tod – bei Lévinas sogar darüber hinaus – anzusetzen ist. Das Diktum hierbei ist, dass der Andere ewig da sein wird und niemals die Welt ohne den Anderen denkbar ist. Es liegt nicht in der Freiheit des Individuums zu entscheiden, ob dieses den Anderen will oder nicht. Es geht somit nicht um einen aktiven Willensakt des Individuums. Der Andere ist immer schon da und geht dem Individuum somit voraus. Geradezu evident ist der Zusammenhang mit der Genealogie als Verbindung, die im Individuum integriert wird und der es nicht entkommt. Die Blutsbande, die uns mit unseren Ahnen verbinden, sind ebenso ewig und uns vorausgehend, wie dies der Andere ist. Die Existenz des Anderen ist in diesem Sinne keine Deklaration, sondern nur Feststellung der Gegebenheit. Sowohl der Andere als auch die Genealogie sind unwiderruflich, d.h. es liegt nicht in der Entscheidungsgewalt des Individuums, diese rückgängig zu machen oder aus diesen naturgegebenen Relationen auszuscheiden. Unserer Ansicht nach könnte man am ehesten noch bei Buber, dessen Konzept des Du nicht so mächtig ist wie jenes des Anderen bei Lévinas, eine Verbindung zur Freundschaft finden.

Die Festschreibung im Denken des Anderen und der Genealogie hat in den zuvor angeführten Eigenschaften nicht wirklich eine Entsprechung im Begriff Freund. Zwar manifestiert sich der Freund als der ursprünglich Andere, voraus geht dieser Manifestation jedoch die freie Wahl und Entscheidung des Individuums, sich in freundschaftliche Bande zu begeben. Am ehestens lässt sich deshalb die Freundschaft an die im Laufe unseres Werkes schon erwähnte Intentionalität des Individuums binden und konstituiert nicht bloß ein passives Hinnehmen des Vorhandenseins des Anderen. Selbstverständlich ist diese Entscheidung des Individuums jeweils in der Reziprozität zu verstehen. Auch der Freund muss dieselbe Entscheidung tätigen, wie dies das Individuum tut. Es gibt somit keinen in der Natur des Individuums liegenden Beginn und ein Ende der Freundschaft mit der Geburt und dem Tod – kurz gesagt mit der Existenz des Individuums –, sondern vielmehr ein begründendes und selbst entschiedenes Anfangen von freundschaftlichen Beziehungen. Das sowohl in der Intention des Individuums als auch in der Intention des Anderen liegende Bedürfnis zur Freundschaft ist dafür von Bedeutung. Der selbst bestimmte Anfang und das Ende der Freundschaft verleihen diesem Konzept unserer Ansicht nach die notwendige „Beweglichkeit", die wir sehr wohl in unserer Begriffsdefinition zur Einsamkeit angeführt haben, die aber z. B. in der Bindung der Einsamkeit an das Sein, wie dies in der Vorstellung vom Sich bei Lévinas geschieht, völlig abhandenkommt. Dort nämlich reagiert die Einsamkeit jeweils kausal auf die Epiphanie des Anderen. Wie wir gesehen haben, wird dort nämlich das Individuum sozusagen erst mit dem eigenen Tod von der ontologischen Einsamkeit befreit, indem sich diese Einsamkeit auf den Anderen überträgt. Die Freundschaft stellt darum einen beweglichen Widerstand zu jener Determination dar, die der Andere in seiner Beständigkeit innehat.

Was hat es aber mit dem Problem der Beständigkeit des Anderen auf sich? Wie wir eben gesehen haben, ist ja der Andere in der Zeit nicht determinierbar, da der Andere immer schon im Voraus existiert. Dem Individuum gegenüber besitzt deshalb der Andere eine Vorzeitlichkeit, was wir sehr gut in Lévinas' Begriff der uralten Vergangenheit (*passé immémorial*) fassen können. Wenn wir diesen Blickwinkel aus der Richtung der Ontologie einnehmen, so können wir feststellen, dass wiederum Buber eine Spur stärker wie Lévinas diesen Umstand unterstreicht, indem er das Sein im Zwischenraum von Ich und Du bestehen lässt und damit dem existierenden Du einen höheren Stellenwert zuspricht als dem Ich. Nichtsdestotrotz behalten beide Instanzen – das Ich und das Du – bis zu einem gewissen Grad bei Buber ihre Eigenständigkeit. Lévinas hingegen fügt dem Individuum selbst schon das Sich als den Teil des Seins bei und obwohl dieser negativ konnotiert wird, ist das Individuum nicht so abhängig vom Anderen, wie dies das bubersche Ich sein muss. In beiden Konzeptionen, trotz eines graduellen Unterschiedes, ist der Andere determinierend und selbst eigentlich wieder eine Art von Totalität. Wie kann aber solch ein determinierender Anderer sich der Einsamkeit des Individuums als auf einer Ebene befindlicher Begriff annähern? Unserer Meinung nach ist nämlich gerade diese Kontinuität des Anderen das Hindernis für die Integration der Einsamkeit in den philosophischen Diskurs und deshalb bietet sich die Freundschaft für unser Modell an.

Unsere These im Hinblick auf die Einsamkeit ist nun, dass die Einsamkeit ein bewegliches, formbares und sich formendes Konzept ist, was der von uns gewählte Begriff der Metamorphose sehr klar wiedergibt. Uns ist die Veränderung der Einsamkeit wichtig, die bei beiden Philosophen im ersten und im zweiten Teil der Arbeit sichtbar ist, nicht aber deren Elimination aus dem philosophischen Diskurs. Auch in unserem Modell wollen wir eine solche bewegliche Einsamkeit einführen, die aber nicht durch die Veränderung eliminiert wird, sondern bestehen bleibt. Deshalb erscheint uns der Begriff Freundschaft näher liegend, als jener fixierte, determinierende Begriff des Anderen. Denn der Andere als ewig schon Dagewesenes unterliegt, wenn überhaupt, dann nur bei Buber einer Veränderung im Kontakt mit dem Individuum. Insgesamt ist der Andere ein fester Begriff, der nicht sehr gut geeignet ist, sich mit einer beweglichen Einsamkeit zu konfrontieren. Der Begriff Freundschaft hingegen besitzt jene Formbarkeit, deren wir bedürfen, denn die schon angeführte Flexibilität der Freundschaft – Undeterminiertheit in Anfang und Ende, Möglichkeit der Veränderung und reziproke Entscheidung für die Freundschaft – ist ein guter Ansatz, sich der Einsamkeit gegenüberzustellen.

Wir wollen nun aber noch einige besondere Merkmale der Freundschaft herausfiltern, die sich für unser Modell zur Einsamkeit und dem Denken des Anderen eignen können. Unserer Ansicht nach macht es in der Diskussion der Freundschaft Sinn, noch kurz auf den Begriff der *Entfremdung* einzugehen. Wir sehen nämlich in der Entfremdung eine der möglichen Bewegungen in einer Freundschaft. Vorerst wollen wir hierbei kurz auf den Begriff Fremdheit eingehen, der vor allem in der so genannten interkulturellen Philosophie an Bedeutung gewonnen hat. Das Andere kann schon immer als das Fremde angesehen werden. Das Fremde steht hierbei in Opposition zum Eigenen. Das Individuum, welches als Einheit zu betrachten ist, ist in allen Weltbezügen dem Fremden ausgesetzt. Passend dazu wäre hier z. B. der Begriff der Andersheit. Jegliche Andersheit impliziert unserer Ansicht nach in gewisser Art und Weise einen Ausdruck von Fremdheit. Erst der Kontakt mit der Welt und dem Anderen bewirkt ein langsames Sich-Lösen von der Fremdheit. Die Erfahrung mit den Objekten und mit den Subjekten kann eine gemeinsame Sphäre öffnen, sodass sich die anfängliche Fremdheit zu einer Vertrautheit wandelt. Neben dieser Richtung von der Fremdheit zur Vertrautheit können wir aber auch die Inversion dieser Bewegung dazu festmachen, die sich in der Entfremdung realisiert. Die Entfremdung geschieht in der Verfremdung von Vertrautem. Diese Bewegung kann sowohl das Individuum selbst betreffen als auch die dieses umgebenden Objekte und Subjekte. Etwas, sei dies nun ein Objekt, sei dies ein Subjekt, kann erneut fremd werden. Das Individuum kann sich von sich selbst entfremden, indem es sich in den eigenen Gefühlen und Handlungen fremd fühlt, diese nicht versteht und darum als fremd empfindet. Wir können hierbei von der inneren Entfremdung sprechen. Die Entfremdung zwischen Individuen entwickelt sich dann, wenn das Individuum bei einem anderen Individuum plötzlich Eigenschaften bemerkt, die mit den ursprünglich angenommenen Eigenschaften des Individuums nichts mehr zu tun haben. Eine erste Vertrautheit wird deshalb durch eine neuerliche Fremdheit ersetzt.

Weshalb haben wir die Entfremdung im Zusammenhang mit der Freundschaft angeführt? Der Umstand, dass die Entfremdung ebenso oder vielleicht insbesondere in der Freundschaft zum Tragen kommt, ist einer der Gründe, weshalb wir die Entfremdung in diesem Kontext nennen. Ein weiterer Grund liegt darin, dass die Entfremdung ein mögliches Ende für die Freundschaft bedeuten kann. Wenn wir nun die Freundschaft als besonderes Element des Denkens des Anderen einführen möchten und dieses dann in den Zusammenhang mit der Einsamkeit stellen wollen, so können wir annehmen, dass die Entfremdung eine Bewegung ist, die die Einsamkeit oder um es vorwegzunehmen, die Einsamkeit*en* des Individuums verändert. Entfernt sich das Individuum also in der Entfremdung vom Freund, so bekommt klarerweise die Einsamkeit einen ganz neuen Status zugesprochen bzw. ohne von der Neuheit des Status sprechen zu wollen, können wir annehmen, dass die Einsamkeiten zu einem ursprünglichen Zustand vor der Freundschaft zurückkehren werden. Die Entfremdung von sich selbst ist eine Thematik, die unter Umständen auch ein Einwirken auf die eigenen Einsamkeiten haben kann. Davon wird noch weiter unten genauer zu schreiben sein. Vorerst wollen wir nur den schon angeführten Bezug zur Trennung von äußerlicher und innerlicher Einsamkeit geltend machen, der sich besonders gut für die beiden Formen der Entfremdung eignet und uns hinführen kann zur Freundschaft in ihren Ausdifferenzierungen. Grundsätzlich ist die Trennung in der Freundschaft oft Folge der Entfremdung zwischen zwei Individuen.

Ein nächster Punkt ist unserer Ansicht nach die *Gleichheit* zwischen den beiden Individuen in der Freundschaft. Sie resultiert aus der Gegenseitigkeit des freundschaftlichen Verhältnisses - aus der Reziprozität - die der Freundschaft zugrunde liegen sollte. Es geht dabei nicht wie im Falle von Lévinas um eine Position der Überhöhung des Anderen gegenüber dem Individuum, sondern um ein Begegnen auf ein und derselben Ebene. Die Herausforderung in der Freundschaft ist jene Fähigkeit, die Gleichheit im Verhältnis zwischen zwei Individuen zu wahren, um sich nicht dem Prozess der Entfremdung hingeben zu müssen. Dies bedeutet – und das werden wir noch im Exkurs zu Nietzsche genauer erkennen können – ein über die zeitliche Distanz sich in einer Veränderung (in einem Prozess) befindliches Individuum anzunehmen, worin auch die Freundschaft wachsen und sich verändern darf. Die Gleichheit bedeutet in diesem Sinne keinesfalls einen einmal deklarierten *status quo,* welcher sich nicht mehr verändern darf, sondern vielmehr einen kontinuierlichen Prozess der Anpassung an den Freund, um sich in einer Freundschaft jeweils einer ähnlichen Gesinnung überantworten zu können. Eher finden wir deshalb den Anschluss an die dialogische Situation, wie sie uns Buber beschreibt, weil auch zwischen dem Ich und dem Du bis zu einem gewissen Grad Unabhängigkeit besteht, die aber in der Relation auch als Gleichheit vorzuherrschen scheint. Mit einem anderen Wort und mehr in Richtung einer Bewertung könnten wir diese Gleichheit auch als Ebenbürtigkeit umdeuten. Für Nietzsche z. B. würde diese Ebenbürtigkeit bedeuten, dass die großen Einsamen, Gleiche unter Gleichen, sich zu freundschaftlichen Banden verbinden dürfen.

Neben die Gleichheit lässt sich noch ein weiteres Charakteristikum der Freundschaft stellen, welches wir schon als Bewegung über den Anstoß durch den Anderen vom Individuum weg kennen gelernt haben: die *Transzendenz*. Ein Modell, welches keine Transzendenz zulässt, würde um einen der wichtigsten Aspekte des Denkens des Anderen ärmer gemacht werden, insofern, als dass sich in dieser gerade z. B. die ontologische Differenz bei Lévinas als auch die Umgrenzung des Ich in der Es-Welt bei Buber aufbrechen lässt und eine Verbindung sich öffnet zwischen den denkenden Subjekten. Interessanterweise verlassen wir mit dem Begriff der Freundschaft das Feld der Transzendenz überhaupt nicht, denn die Transzendenz unter denselben Voraussetzungen, wie sie uns in den ersten beiden Teilen dieser Arbeit gewahr wurden, lässt sich ebenso gut auf das Freundschaftsverhältnis umdeuten. An die Stelle des Anderen in seiner Andersheit tritt der Freund, welcher nun aber anders und doch gleich ist und dem Individuum zu einer echten Transzendenz im Sinne von Lévinas verhilft. Dadurch erfährt das Individuum die Überschreitung seiner Grenzen und hat die Möglichkeit, ohne die übliche Vereinnahmung des Anderen durch das Selbe, sich dem Anderen – dem Freund – anzunähern und gleich zu sein. Hiermit stellt sich uns die Frage, was dann effektiv die Unterschiede zur vom allgemein Anderen ausgelösten Transzendenz sein könnten. Wie schreibt sich der Freund in einen Diskurs der Transzendenz ein? Es gibt unserer Ansicht nach schon einige Aspekte, die in Hinsicht auf diese Fragen für unser Modell zu berücksichtigen sind, was wir nun auch hier namhaft machen wollen.

Natürlich muss durch die Substitution des Anderen mit dem Freund auch den Konsequenzen Rechnung getragen werden, die aus unserer Interpretation des Freundschaftsbegriffes entstehen. Eine Konsequenz ist, dass sich eben nicht wie im Falle des allgemein Anderen immer schon die Transzendenz ergeben würde, da das freundschaftliche Verhältnis uns als ein intentional willentliches Verhältnis bekannt ist. Banal ausgedrückt würde also das Individuum sich nur aus eigenem Entschluss transzendieren können, was für die Generalisierung unseres Modells eine gewisse Schwierigkeit bedeutet. Dadurch würde nämlich unser Modell nur in speziellen zeitlichen Abschnitten Gültigkeit haben, nicht aber in der Generalisierung. Trotzdem wollen wir die Freundschaft als Konzept nicht beiseite legen, sondern auf diese diskontinuierliche Transzendenz zurückgreifen. In dieselbe Riege müssen wir die Kritik setzen, dass ja auch der Wille des Freundes zu einem freundschaftlichen Verhältnis notwendig ist, wodurch sich eine gewisse

Macht auf den Freund verschiebt und ihn beinahe schon wieder zu einem überhöhten Anderen verwandelt. Durch die Gleichheit in der Freundschaft können wir dieser Macht des Freundes jedoch eine Kraft entgegensetzen, die wechselseitig funktioniert und da jedes Ich Individuum und Freund zugleich ist bzw. sein kann, lässt sich dieser Aspekt ein wenig ausklammern. Da im Denken des Anderen gerade bei Buber und Lévinas das Du bzw. der Andere immer auch als Fenster zu Gott fungieren, müssen wir auch diesen Aspekt für das Freundschaftsverhältnis thematisieren, da die Freundschaft in diese Richtung nicht die Möglichkeit einer Öffnung besitzt. Somit bleibt die Transzendenz auf der Ebene der menschlichen Individuen, ohne Anbindung an eine Vorstellung von einem ewigen bzw. göttlichen Du, was unserer Ansicht nach aber kein Manko sein muss.

Nachdem wir im vorigen Abschnitt unsere Reflexionen auf die Begrifflichkeit der Einsamkeit und auf deren Situierung gelenkt haben, mussten wir nun dazu übergehen, uns dieser besonderen Form des Denkens des Anderen in der Freundschaft anzunähern, welche unserer Ansicht nach sehr hilfreich ist, um die Einsamkeit mit dem Anderen in Zusammenhang zu bringen. Selbstverständlich sahen wir uns in diesem Kontext genötigt, etwas von den beiden vorgestellten Ansätzen zum Anderen bei Buber und bei Lévinas abzugehen, insofern, als dass der Freund immer schon eine Unterform des Anderen darstellt. Während das Individuum auch in völliger Passivität – wie Lévinas dies beschreibt – den Anderen empfängt bzw. empfangen muss, so ist der Freund davon abzugrenzen und als eine aktive Form des *Auf-den-Anderen-Zugehens* zu verstehen. Dieses *Auf-den-Anderen-Zugehen* vollzieht sich in einem bewussten, intentionalen Akt zwischen dem Individuum und dem Anderen und dies kann als erstes Unterscheidungsmerkmal vom Anderen in allgemeiner Hinsicht anerkannt werden. Während wir bei Lévinas z. B. erkennen mussten, dass der Andere in seinem Antlitz jeweils aus großer Distanz, aber gleichzeitig sich in einer übersteigerten Nähe manifestiert, kann dieser Umstand beim Freund nicht unbedingt in dieser Art und Weise angenommen werden. Vielmehr handelt es sich bei der Freundschaft um eine Relation in der Nähe. Wir haben nun genauer gesehen, wie sich der Freund als Form des Anderen darstellt, aber auch in Abgrenzung von den genealogischen Banden zwischen den Menschen und gleichzeitig konnten wir diese Darstellung unter Berücksichtigung der einzelnen distinktiven Merkmale der Freundschaft ausarbeiten.

Die Eingrenzungen der Vorstellung zum Freund haben wir jetzt angeführt und es hat sich gezeigt, dass der Begriff des Freundes tatsächlich einige Differenzen aufzuweisen hat im Bezug zum Begriff des Anderen, wie wir ihn bei Buber und bei Lévinas vorfinden können. Wir wollen diese Vorüberlegungen zur Freundschaft dann bei der Modellbildung wieder aufgreifen, da sie uns sehr nützlich sein können, die Beständigkeit des Anderen allgemeiner Natur zu unterbinden, die sowohl bei Buber als auch bei Lévinas die Einsamkeit verhindert. Denn in der Fixiertheit des Anderen sehen wir die Hauptschwierigkeit, die Einsamkeit des Individuums und den Anderen im selben Ausmaß zu würdigen. Nun reicht unserer Ansicht nach aber unsere Darstellung der Freundschaft noch nicht aus, denn es fehlen noch einige konkrete Verweise auf eine Freundschaft im philosophischen Kontext. Deshalb wollen wir vor einem nächsten konkretisierenden Schritt innehalten und in einem Exkurs die Freundschaft bei Nietzsche beleuchten, die in sich selbst explizit schon einen Bezug zur Einsamkeit darstellt. Friedrich Nietzsche hat nämlich in der berühmten Textstelle zur Sternenfreundschaft klar eine Relation zwischen der Einsamkeit des Individuums und der Freundschaft herzustellen vermocht. Um so wichtiger ist deshalb dieser Exkurs, weil er schlussendlich die Voraussetzungen für unser eigenes Modell zur Einsamkeit *und* dem Denken des Anderen schaffen kann.

Exkurs: Die Freundschaft bei Friedrich Nietzsche

> [...] denn auch wir haben zeitweilig Oasen nöthig, Menschen-Oasen, in denen man vergißt, vertraut, einschläft wieder träumt wieder liebt wieder „menschlich" wird ...
>
> Nietzsche, Friedrich: *KSA:* 12,200 (5,44)

Wir beginnen unseren Exkurs mit einem Zitat aus einem späten Fragment Nietzsches, welches uns schon auf gewisse Art und Weise ins Zentrum der Problematik der Freundschaft bei diesem Philosophen führt. Im Fragment erklärt uns Nietzsche, dass von Zeit zu Zeit eine große Notwendigkeit besteht, aus den einsamen Umständen herauszugehen, um mit den Anderen in Kontakt treten zu können. Dies nennt er die Menschen-Oasen. Wir müssen aber unseren Exkurs auch mit einer Frage beginnen lassen; einer Frage, die vor jeglicher Beschäftigung mit dieser Thematik evident ist: Wieso müssen wir von der Freundschaft bei Nietzsche sprechen? Wäre es nicht besser von der Freundschaft bei Aristoteles, bei Platon, bei Seneca oder gar bei Michel de Montaigne zu sprechen? Unserer Ansicht nach, um dies vorwegzunehmen, bietet sich gerade das Freundschaftskonzept bei Nietzsche dafür an, die Verbindung zwischen der Einsamkeit und dem Anderen zu begründen. Gerade die Entwicklung von sehr originellen Positionen zur Freundschaft wird es uns nämlich ermöglichen, ganz spezifisch auf die einzelnen Punkte dazu einzugehen. Unsere Interpretation in diesem Exkurs soll eine globale Interpretation zur Freundschaft bei Nietzsche sein, welche notwendig ist, um den Gehalt des Freundschaftsbegriffs darstellen zu können. In drei Schritten soll diese Interpretation unternommen werden. Den ersten Bereich bilden hierbei die *Umgebungen* und der *Ort* der Freundschaft bei Nietzsche. Wir werden sehen, dass Nietzsche die griechische Vorstellung zur Freundschaft (Φιλία) als Liebe aufgreift, sie doch aber zugunsten der Freundschaft wieder aufzugeben bereit ist. In einem zweiten Moment wollen wir uns mit dem *Freund(e) Sein* bei Nietzsche auseinandersetzen, während den Schluss eine Diskussion der Bewegung zwischen der Einsamkeit und der Freundschaft bildet und uns zugleich in die Thematik unseres Textes zurückführt.

Eine kurze Anmerkung sei aber noch vor Beginn des ersten Teils dieses Exkurses angeführt. Wir müssen eingestehen, dass wir nicht nur von der Freundschaft *bei* Nietzsche sprechen werden, sondern ebenso von der Freundschaft *von* Nietzsche. Weshalb diese Präzisierung? Unserer Ansicht nach muss man in vielerlei Hinsicht dem Leben Nietzsches eine große Bedeutung für seine Philosophie zuerkennen. Diese Bedeutung ergibt sich aus dem, was wir die biografischen Implikationen im philosophischen Werk Nietzsches nennen möchten. Die Biografen von Nietzsche – Curt Paul Janz und Werner Ross – und insbesondere die Briefe von Nietzsche an seine Freunde haben von den großen Freundschaften Nietzsches gesprochen und Zeugnis abgelegt und wir wollen uns nicht davon abhalten lassen, manche Anspielung auf diesen Aspekt mit einfließen zu lassen. Wenn wir nun mit diesen Überlegungen zur Freundschaft bei Friedrich Nietzsche beginnen, so soll dies über eine erste Verortung der Freundschaft geschehen. Wir wollen die

Position kennen lernen, an welcher sich die Freundschaft bei Nietzsche einschreibt. Gemeint ist die Frage nach dem Ort (Τόπος), sei dies die Philosophie im Allgemeinen oder die Politik oder die Ethik.

Uns erscheint es interessant zu sein, mit einigen Fragmenten der ersten Jahre des intellektuellen Lebens von Nietzsche zu beginnen. Dort findet man relativ früh einige Indikationen des Bezuges zur Freundschaft. In jenem Augenblick nämlich befindet sich das Denken Nietzsches in einer permanenten Auseinandersetzung mit dem Denken Platons bzw. der Figur des Sokrates. Und so steigt Nietzsche in diesen Kampf ein:

> „Das Höchste, was die *bewußte* Ethik der Alten erreicht hat, ist die Theorie der Freundschaft: dies ist gewiß ein Zeichen einer recht queren Entwicklung des ethischen Denkens, dank dem Musageten Sokrates." (*KSA:* 7,25 (1,52)).

Man versteht sehr gut, dass Nietzsche die Theorie der Freundschaft bei den Griechen gekannt hat, zumal er eine altphilologische Ausbildung erfahren hat. Er spricht im Rahmen dieses Zitats von der bewussten Ethik in Abgrenzung zu einer immanenten und unbewussten Ethik. Die Freundschaft war bei den griechischen Philosophen eine sehr wichtige Thematik; das war damals keineswegs etwas, das übergangen werden konnte. Schon die Vorsokratiker sprachen von der Freundschaft (z. B. Heraklit, welcher ein wenig weiter unten noch von Bedeutung für das Verständnis der Freundschaft bei Nietzsche sein wird). Nietzsche spricht in diesem Kontext „griechisch" in der Verwendung des antiken Konzeptes der Freundschaft und er stellt dies in den Rahmen der Ethik. Ein Plan für ein Buch aus demselben Zeitraum mit dem Titel: „Socrates und der Instinkt" beinhaltet das Thema der Freundschaft im Kapitel zur Ethik. (*Vgl. KSA:* 7,84 (3,86 oder 3,73)).

Die von uns zitierten Fragmente datieren aus der Zeit der Entstehung des Buches: „Die Geburt der Tragödie aus dem Geiste der Musik", wo wir einen weiteren übersteigerten Enthusiasmus für die Griechen und deren Freundschaftskonzept vorfinden:

> „Ich weiss, dass ich jetzt den theilnehmend folgenden Freund auf einen hochgelegenen Ort einsamer Betrachtung führen muss, wo

> er nur wenige Gefährten haben wird, und rufe ihm ermuthigend zu, dass wir uns an unseren leuchtenden Führern, den Griechen, festzuhalten haben." (*KSA: GT:* 1,147 (23)).

Zu diesem Satz lässt sich zum Beispiel im Buch: „Die fröhliche Wissenschaft" eine andere Geschichte gruppieren, in welcher Nietzsche uns erklärt, dass für die Griechen das Gefühl der Freundschaft eines der wohl höchsten Gefühle war, sogar höher als jenes des Stolzes derjenigen, die sich mit Wenigem zufriedengeben. (*Vgl. KSA: FW:* 3,425 (61)). Können wir damit schon das Freundschaftskonzept bei Nietzsche einfach den Griechen zurechnen? Ja und nein, könnte eine Antwort darauf sein. Eine erste Bewunderung der Griechen ist langsam von Nietzsche durch einen skeptischen Blick ersetzt worden. Seiner Ansicht nach war nämlich dieses Konzept der griechischen Freundschaft zu sehr an die Liebe und die Verwandtschaft gebunden. Als Nietzsche nämlich ein Konzept zur Freundschaft einführt und dies in Bezug auf den Besitz und den Egoismus tut, rekurriert er einmal mehr auf den Begriff der Freundschaft:

> „Es giebt wohl hier und da auf Erden eine Art Fortsetzung der Liebe, bei der jenes habsüchtige Verlangen zweier Personen nach einander einer neuen Begierde und Habsucht, einem *gemeinsamen* höheren Durste nach einem über ihnen stehenden Ideale gewichen ist: aber wer kennt diese Liebe? Wer hat sie erlebt? Ihr rechter Name ist *Freundschaft*." (*KSA: FW:* 3,387 (14))

Ihr richtiger Name ist also Freundschaft. Ist also die wahre Liebe somit als Freundschaft bezeichnet worden? Die Freundschaft und die *Φιλία* sind ein zusammengehörendes Konzept. Währenddessen kann man schon bemerken, dass Nietzsche nicht mehr diese absolute Bewunderung für das griechische Freundschaftskonzept hat. Es kommt zu einer Dislokation: einer Dislokation, die uns zu Nietzsche hinführt, d.h. weg von der griechischen Vorstellung zur Freundschaft hin zum philosophischen Nicht-Ort Nietzsches. Nietzsche weist uns in diese Richtung auch darauf hin, dass die Griechen den Superlativ des Wortes „Freund" verwendeten, um die Verwandtschaft damit zu bezeichnen (*vgl.* dazu *KSA: MA:* 2,253 (354)), was er selbst nur schlecht verstehen kann. Unserer Ansicht nach beruht dieser Umstand auch deshalb auf einem Unverständnis, weil es zu weit entfernt von Nietzsches eigener Vorstellung zur Freundschaft ist. Die Freundschaft muss nämlich etwas anderes als der Besitz oder die Verwandtschaft sein. Die griechischen Quellen sind hierbei viel zu instabil, um einen Grund für dieses Konzept bilden zu können und darum müssen wir auch weiter sehen, wie sich dieser Begriff bei Nietzsche entwickelt.

Jetzt sind wir schon ziemlich nahe an Nietzsche und seinem Ort der Freundschaft angelangt, von welchem man nicht unbedingt mehr als Ort sprechen kann. Trotzdem müssen wir ein letztes Mal zurückkehren zur griechischen Philosophie. Wir denken dabei an die Differenz zwischen der Freundschaft und der Gesellschaft. Nietzsche hat sehr strenge Grenzen zwischen der Einsamkeit und der Gesellschaft gezogen. Im eigentlichen Sinn kann man die Freundschaft bei Nietzsche als eine soziale Form erkennen, die in Opposition zur Gesellschaft und der Sozialität im Allgemeinen steht. Es ist schwierig, die Frage zu beantworten, weshalb Nietzsche die Trennung vorgenommen hat, trotzdem ist sie für unser Buch im Sinne des Denkens des Anderen sehr hilfreich. Unserer Ansicht nach könnten wir hier die Unterscheidung von öffentlich zu privat einführen, um diesen Umstand besser verstehen zu können. In unserem Fall würde die Freundschaft also noch dem privaten Bereich zugehören, während die Gesellschaft in ausgezeichneter Weise die Öffentlichkeit darstellt. Diese Annahme unsererseits beruht auf der epikureischen Vorstellung, dass sich die Freunde aus dem öffentlichen Leben zurückziehen sollten in einen privaten Bereich. Lebe im Verborgenen (Λάθε βιώσας) ist die Anspielung darauf. Den Bezug zu Epikur und der Freundschaft stellt Nietzsche im Aphorismus 338 in „Die fröhliche Wissenschaft" her, wo er das Leben im Verborgenen als wirkliches Leben ausgibt, worin man für immer in der Gemeinschaft mit den Freunden leben könne.

Manchmal trifft man im Bezug auf die Trennung zwischen Freundschaft und Gesellschaft in der Sekundärliteratur auf Versuche, diese Trennung genauer zu erklären in der Verwendung der Begriffe Autonomie und Individuum. Nietzsche führt in der Suche nach den Grenzen einer Begrifflichkeit der Autonomie eine strenge Korrelation des Lebens mit der Einsamkeit ein. Um aber diese Autonomie gewährleisten zu können, benötigen wir die Freunde. Das Gegenteil davon ist ein schrecklicher Zustand.[159] Nietzsche

[159] In einem Brief an seinen Freund Rohde spricht Nietzsche vom grausamen

bezieht sich auf ein Leben ohne Freunde z. B. in seiner Beschreibung des Lebens von Schopenhauer in der dritten „Unzeitgemäßen Betrachtung“:

> „Er [Schopenhauer] war ganz und gar Einsiedler; kein einziger wirklich gleichgestimmter Freund tröstete ihn – und zwischen einem und keinem liegt hier, wie immer zwischen ichts und nichts, eine Unendlichkeit. Niemand, der wahre Freunde hat, weiss was wahre Einsamkeit ist, und ob er auch die ganze Welt um sich zu seinen Widersachern hätte. – Ach ich merke wohl, ihr wisst nicht, was Vereinsamung ist.“ (*KSA: SE:* 1,353).

Wenn es keine Freundschaft gibt, so ist die Einsamkeit nicht ertragbar. Indem die Einsamkeit mit der Freundschaft in Beziehung gesetzt wird, hat Nietzsche eine neue Perspektive für den Diskurs zur Freundschaft eingeführt, worauf wir im dritten Abschnitt zurückkommen wollen. Vorerst sei nur darauf verwiesen, dass hier noch von der gegenseitigen Ausschließlichkeit die Rede ist. Damit ist der Umstand gekennzeichnet, dass nur entweder die Einsamkeit oder die Freundschaft zulässig ist; niemals können beide Zustände gleichzeitig existieren.

Wir müssen eingestehen, dass sich die Freundschaft dadurch verändert hat. Doch bevor wir uns dem Freund(e) Sein des zweiten Abschnitts zuwenden, würden wir gerne von einem anderen Faktor in diesem verortenden Kontext sprechen. Man kennt die berühmte Wendung Nietzsches, wo dieser von einem Zustand des Unter-sich-Seins spricht. (*Vgl. KSA: FW:* 3,498). Dies bedeutet die Verdoppelung des Selbst in der Einsamkeit. Man ist immer schon zwei, wenn man allein ist. Wenn man Selbstgespräche führt, verdoppelt man sich je in einen, der spricht und einen, der angesprochen wird. Im Buch „Also sprach Zarathustra“ im Abschnitt über den Freund ist die Situation gut beschrieben, wie dieser Freund sich zu seinem Selbst verhält:

> „ ‚Einer ist immer zu viel um mich‘ – also denkt der Einsiedler. ‚Immer Einmal Eins – das giebt auf die Dauer Zwei!‘
>
> Ich und Mich sind immer zu eifrig im Gespräche: wie wäre es auszuhalten, wenn es nicht einen Freund gäbe?

Zustand in einer „freundelosen Vereinsamung“ zu leben. (*Vgl. KSB,* 5,474).

Immer ist für den Einsiedler der Freund der Dritte: der Dritte ist der Kork, der verhindert, dass das Gespräch der Zweie in die Tiefe sinkt.

Ach, es giebt zu viele Tiefen für alle Einsiedler. Darum sehnen sie sich so nach einem Freunde und nach seiner Höhe." (*KSA: Za I:* 4,71).

Der Dritte des Individuums manifestiert sich nicht ausschließlich als Individuum und noch nicht als Gesellschaft. Er wird zwischen der Gesellschaft und dem Individuum platziert. Unserer Ansicht nach haben wir jetzt genug Material, um uns die Frage zu stellen, was das Freund(e) Sein bei Nietzsche bedeutet. Der Ort ist der Grund und die Quelle im selben Augenblick. Nun benötigen wir aber eine andere Ebene: die Ebene des Freundes selbst.

Was bedeutet das Freund(e) Sein? In der Lektüre der Werke Nietzsches stößt man ständig auf Hinweise, wie sich ein Freund in einer Freundschaft verhalten solle. Nahezu ein ganzer Katalog von Regeln zum Leben mit Freunden offeriert sich uns. Viele sind dabei sicherlich aus den großen Freundschaften Nietzsches mit Richard Wagner, Jacob Burckhardt, Ernst Rohde, Paul Deussen und Peter Gast heraus entwickelt worden. Viele Spuren im Werk Nietzsches weisen auf Zusammenhänge hin. Eine erste Regel für die Freundschaft besteht darin, nicht zu viel zu reden. Es handelt sich um die Problematik der Lüge oder besser gesagt um das *Schweigen* in Hinblick auf bestimmte Aspekte des individuellen Lebens. Ein Wort zu viel kann manchmal eine Freundschaft zerstören; besser ist es sich hinter dem eigenen Schweigen zu verstecken. Nietzsche, wie immer sehr klarsichtig in der Identifizierung von psychologischen Mechanismen, zeigt sehr gut die Beziehung zwischen dem Freund und dem Schweigen in „Menschliches, Allzumenschliches":

„[...] ja es giebt Freunde, aber der Irrthum, die Täuschung über dich führte sie dir zu; und Schweigen müssen sie gelernt haben, um dir Freund zu bleiben; denn fast immer beruhen solche menschliche Beziehungen darauf, dass irgend ein paar Dinge nie gesagt werden, ja dass an sie nie gerührt wird; kommen diese

Steinchen aber in's Rollen, so folgt die Freundschaft hinterdrein und zerbricht." (*KSA: MA:* 2,263 (376)).

Diese Regel des Schweigens ist noch an manch anderer Textstelle zu finden. Als Beispiel sei hier etwa aus dem ersten Teil vom zitierten Buch eine Dichtung angeführt, wo Nietzsche unter dem Titel „Unter Freunden – ein Nachspiel" formuliert: „Schön ist's, mit einander schweigen, [...]" (*KSA: MA:* 2,365) oder weiters: „*Silentium*. – Man darf über seine Freunde nicht reden: sonst verredet man sich das Gefühl der Freundschaft." (*KSA: MA:* 2,489 (252)). Um sich die Freundschaft erhalten zu können, ist das Schweigen notwendig. Diese Art sich der Einführung des Wortes zu erwehren, könnte auch als Argument gegen die griechische Vorstellung der Freundschaft verstanden werden, welche im politischen Sinn das Wort benötigte. Im Gegensatz dazu gibt es in der Sekundärliteratur Versuche, von der Freundschaftsphilosophie bei Nietzsche ausgehend, eine Sprache zu entwickeln, die wichtig im Kampf gegen den Nihilismus sein könnte.[160] Doch auch Nietzsche selbst lässt die Tendenz bemerken, sich nicht vor Konflikten mit Freunden zu drücken.

Die Freunde haben keine Angst vor dem Konflikt und dem Krieg. Eine wirkliche Freundschaft benötigt laut Nietzsche sogar den Krieg. Diesen Krieg können wir als Kriegsfeld verstehen, welches die Freunde vereinigt und welches sie noch viel stärker macht in der Nähe zwischen ihnen. Ein Gedicht von Nietzsche mit dem Titel „Heraklitismus" manifestiert die Bedeutung des Krieges und des Konflikts:

---

160 *Vgl.* dazu das Buch von Böhler, Arno: Unterwegs zu einer Sprache der Freundschaft. DisTanzen: Nietzsche – Deleuze – Derrida. – Wien: Passagen Verlag. 2000. In diesem Buch geht Böhler von der Analyse des europäischen Nihilismus aus, wie ihn vor allem Nietzsche in den philosophischen Diskurs eingebracht hat. Aus der Genealogie des Nihilismus heraus, der einmal passiv, dann aktiv und schlussendlich als vollkommen identifiziert wird, entsteht für Böhler die Notwendigkeit, die Freundschaft als Weg (mit Deleuze und vor allem dann mit Derrida) aufzuzeigen, welcher aus dem vollkommenen Nihilismus herausführt. Unserer Ansicht nach ist das eine andere bzw. weitere Perspektive, von der aus die Bedeutung der philosophischen Behandlung der Freundschaft unterstrichen wird. Unser Zugang geht von der Reintegration der Einsamkeit in den philosophischen Diskurs aus, welcher den Freund als Sonderform des Anderen benötigt.

„Heraklitismus.
Alles Glück auf Erden,
Freunde, giebt der Kampf!
Ja, um Freund zu werden,
Braucht es Pulverdampf!
Eins in Drei'n sind Freunde:
Brüder vor der Noth,
Gleiche vor dem Feinde,
Freie – vor dem Tod!" (*KSA: FW:* 3,362 (41)).

Auf diese Art und Weise entsteht aus dem Konzept des Feindes das Konzept des Freundes. Im Zarathustra ist die Notwendigkeit beschrieben, zuerst Feind sein zu können, bevor man Freund wird. Es existiert keine Möglichkeit der Freundschaft bevor man nicht den Feind in seinen Freunden sieht. (*Vgl. KSA: Za:* 4,71). Vermittels dieser Hinführung ist nun auch das folgende Zitat verständlich, welches in einer Reziprozität zwischen zwei Sätzen besteht. Ersterer wird uns als Aussage Aristoteles von Michel de Montaigne überliefert, letzterer ist von Nietzsche angefügt:

„ ‚Freunde, es giebt keine Freunde!' so rief der sterbende Weise;

‚Feinde, es giebt keinen Feind!' – ruf' ich, der lebende Thor." (*KSA: MA:* 2,263 (376))[161]

Der Konflikt und der Krieg sind also einerseits außerhalb der Freundschaft für deren Zusammenhalt vorgesehen, andererseits auch innerhalb der Freundschaft wichtig.

Im Freund(e) Sein ist das dritte Element das Gefühl der Mitfreude: *„Freund* – Mitfreude, nicht Mitleiden, macht den Freund." (*KSA: MA:* 2,320 (499)). Diese Diskussion ist in der Konfrontation mit Paul Ree entstanden – einem der Freunde Nietzsches – welcher die Distinktion von egoistischen und nicht egoistischen Gefühlen eingeführt hat. Die Mitfreude und das Mitleid sind Bestandteile der letzteren Gefühle, sprich der nicht egoistischen Gefühle also. Für Nietzsche gibt es eine Differenz zwischen den beiden Gefühlen und

[161] Derrida greift diese Aussage in seinen Überlegungen zu einer Politik der Freundschaft auf und erarbeitet damit eine interessante Position. *In:* Derrida, Jacques: Politiques de l'amitité. – Paris: Éditions Galilée. 1994. S. 45f., 52, 68-72 und 78.

er versieht die Freundschaft mit der Mitfreude. Ein wissenschaftlicher Artikel von Olivier Ponton[162] erklärt diese Entwicklung der Mitfreude hin zu einer Ethik der Freundschaft. Nietzsche geht dort so weit, dass er die Mitfreude als Freude versteht, die sogar noch die Freude an unserem Leid der Feinde mit umfasst. Und all dies muss bei sich selbst beginnen, indem man den Freunden Freude schenkt.

Wenn Nietzsche von der Freundschaft redet, denkt er fast immer an eine männliche Freundschaft - an die Männlichkeit. Ausgehend von einer feministischen Perspektive könnte man das Fehlen der weiblichen Freundschaft kritisieren. Nietzsche greift diese Vorstellung der vorwiegend männlichen Freundschaft von der Antike auf:

> „Alle grossen Tüchtigkeiten der antiken Menschen hatten darin ihren Halt, dass *Mann neben Mann* stand, und dass nicht ein Weib den Anspruch erheben durfte, das Nächste, Höchste, ja Einzige seiner Liebe zu sein, - wie die Passion zu empfinden lehrt. Vielleicht wachsen unsere Bäume nicht so hoch, wegen des Epheu's und der Weinreben daran. (*KSA: M*: 3,295 (503)).

Aber auch im Zarathustra ist die Frau angeführt als menschliches Wesen, welches keine Freundschaft pflegen könne. Dort, in jener Argumentation beginnt Nietzsches mit der Feststellung, dass auch der Sklave und der Tyrann keinen Freund haben können. Nach Nietzsche sei gerade die Frau in gewisser Weise Sklave und Tyrann zugleich und bei der Frau gäbe es nur die Liebe als Liebe des Besitztums. Das ist aber nicht der wahre Namen der Freundschaft. Die Frauen wären noch nicht bereit, Freunde werden zu können. Diese nicht so ganz überzeugende Argumentation Nietzsches muss ergänzt werden um den Umstand, dass im eigentlichen Sinn auch die Männer erst lernen müssen Freunde zu werden, indem sie diesen Katalog der Regeln für die Freundschaft kennen.

Das letzte Wort in diesem Bereich des Freund(e) Seins ist einer speziellen Figur der Freundschaft gewidmet: der Gespensterfreundschaft. Zu Beginn unseres Exkurses haben wir von der Verortung der Freundschaft bei Nietzsche gesprochen. Nun kann durch die

---

[162] Ponton, Olivier: „Mitfreude". Le projet nietzschéen d'une „étique de l'amitié » dans Choses humaines, trop humaines. *In:* Online im Internet: http://www.hypernietzsche.org/navigate.php?sigle=oponton-1,1 (04-07-2006).

Gespensterfreundschaft erstmals auch der zeitliche Aspekt berücksichtigt werden. Der zeitliche Aspekt der Freundschaft bezieht sich nämlich auf den Umstand der Entwicklung einer Freundschaft. Die Gespensterfreundschaft beschreibt die Entwicklung einer Freundschaft aus der Kindheit: Wenn die beiden Freunde erwachsen geworden sind, sind sie einer Entwicklung – jeder seiner eigenen Entwicklung – unterworfen gewesen. Wenn sich die Freundschaft nicht weiterentwickelt hat, bleibt sie immer jene Kindheitsfreundschaft als eine Freundschaft der Vergangenheit. Ein Aphorismus aus „Menschliches, Allzumenschliches" erklärt uns sehr gut diese Gespensterfreundschaft:

> „*Die Freunde als Gespenster.* – Wenn wir uns stark verwandeln, dann werden unsere Freunde, die nicht verwandelten, zu Gespenstern unserer eigenen Vergangenheit: ihre Stimme tönt schattenhaft-schauerlich zu uns heran – als ob wir uns selber hörten, aber jünger, härter, ungereifter." (*KSA: MA*: 2,487 (242) und *vgl. KSA*: 8,501 (27,88 – Sommer 1878)).

Und wirklich zeigt sich in diesem Zitat eine Bewegung in der Zeit; eine Transformation wäre nötig gewesen, sie fand aber nicht statt. Die ganze Frage nach der Zeit ist eine gute Vorbereitung für unseren dritten Abschnitt des Exkurses. Wir interessieren uns nämlich im abschließenden Teil für die Instabilität der Freundschaft.

Es gibt bei Nietzsche eine ständige Bewegung zwischen der Freundschaft und der Einsamkeit. Ich will einen Augenblick aus den philosophischen Reflexionen bei Nietzsche aussteigen, um nach einem kurzen Hinweis zu einer Interpretation Heideggers von Heraklit[163] wieder zu ihnen zurückzukommen. Heidegger hat nämlich den Satz von Heraklit: Die Natur liebt es sich zu verbergen (φύσις δὲ καθ' ἡράκλειτον κρύπτεσθαι φιλεῖ) genauer analysiert. Dieser Satz wird konstituiert vom Verb „lieben", welches unter anderem die Relation mit dem Anderen bezeichnet und insgesamt in der altgriechischen Sprache eine Beziehung kennzeichnet. In unserem Fall zeigt das

163 Wir beziehen uns hierbei auf einen Vortrag von Massimo Cacciari zum Thema „Freundschaft und Einsamkeit", der von diesem an der Universität Lecce gehalten wurde und sich mit diesem Verhältnis von der Freundschaft und der Einsamkeit in Nietzsches Philosophie auseinandergesetzt hat.

Lieben ein Aufsteigen an (die Natur steigt auf), welches mit einem Sich-Legen koinzidiert (gemeint ist das sich verbergen). Alle beiden Bewegungen sind aneinander gebunden durch eine starke Zugehörigkeit. Die Liebe wäre somit gewissermaßen der verbindende Term zwischen zwei gegenteiligen Begriffen in ihrem Gegensatz. Man könnte gleichzeitig sagen, dass sich diese beiden Begriffe ebenso ähneln. Die Freundschaft wäre in diesem Fall ein Bezug zwischen zwei Gegensätzen.

Wieso interessieren wir uns für diese aporetische Inklusion? Wir müssen uns dafür interessieren, weil die Freundschaft gerade bei Nietzsche eine solche Bewegung beinhaltet: vom Freund zum Einsamen, von der Freundschaft zur Einsamkeit und wieder zurück. Wir möchten diesen Sachverhalt anhand von mehreren berühmten Sätzen Nietzsches aufzeigen: Das erste Zitat ist in „Die Fröhliche Wissenschaft" zu finden:

> „*Sternen-Freundschaft.* – Wir waren Freunde und sind uns fremd geworden. Aber das ist recht so und wir wollen's uns nicht verhehlen und verdunkeln, als ob wir uns dessen zu schämen hätten. Wir sind zwei Schiffe, deren jedes sein Ziel und seine Bahn hat; wir können uns wohl kreuzen und ein Fest miteinander feiern, wie wir es gethan haben [...]. Aber dann trieb uns die allmächtige Gewalt unserer Aufgabe wieder auseinander, in verschiedene Meere und Sonnenstriche [...]. Dass wir uns fremd werden müssen, ist das Gesetz *über* uns: ebendadurch sollen wir uns auch ehrwürdiger werden! Ebendadurch soll der Gedanke an unsere ehemalige Freundschaft heiliger werden! [...] Und so wollen wir an unsere Sternen-Freundschaft *glauben*, selbst wenn wir einander Erden-Feinde sein müssten. (*KSA: FW:* 3,523f. (279)).

Die Sternen-Freundschaft wird hier als Erden-Feindschaft dargestellt. Ein zweites Zitat aus den Fragmenten Nietzsches vom Herbst 1881 kann in Zusammenhang mit diesem Zitat verstanden werden:

> „Wo finden wir, wir Einsamsten der Einsamen, wir Menschen – denn das *werden* wir sicher einmal sein, durch die Nachwirkung der Wissenschaft – wo finden wir einen *Genossen für den Menschen*! Ehedem suchten wir einen König, einen Vater, einen

> Richter für Alles, weil es uns an rechten Königen, rechten Vätern, rechten Richtern mangelte. Nachmals werden wir den *Freund suchen* – die Menschen werden selbsteigene Herrlichkeiten und Sonnenkreise geworden sein – aber *einsam*. Der mythenbildende Trieb geht dann aus nach dem Freunde." (*KSA:* 9,625 (14,10 – Herbst 1881)).

Beide Zitate zeigen, dass es eine Bewegung zwischen der Einsamkeit und der Freundschaft gibt. Nichtsdestotrotz versteht man nicht sofort, weshalb Freundschaft und Einsamkeit zusammengehören und dies wird auch für den weiteren Verlauf unseres Buches noch ein bedeutendes Thema sein. Unserer Ansicht nach gibt es bei Nietzsche zwei mögliche Interpretationen dieser Notwendigkeit: Nietzsche denkt die Freundschaft nicht als Freundschaft unter Gleichen, sondern vielmehr als Freundschaft zwischen zwei verschiedenen Individuen. Jedes dieser Individuen muss seine Individualität in der Freundschaft bewahren können, was bedeutet, dass sich jedes Individuum seine Unterschiede behalten soll. Um dies gewährleisten zu können, muss jedes Individuum in seine eigene Einsamkeit zurückkehren können, wo es als Individuum es selbst sein kann. Für Nietzsche ist die Freundschaft also Annäherung und Entfernung. Man ist nicht nur Freunde in der Einsamkeit, sondern hauptsächlich Freunde *der* Einsamkeit (*vgl. KSA: JGB:* 5,63(44)). Somit haben wir sowohl eine einsame Freundschaft als auch eine freundschaftliche Einsamkeit über die Analyse bei Nietzsche erhalten. Nietzsche glaubt an diese immense Entfernung zwischen den Freunden in der Sternenfreundschaft und doch auch an die Möglichkeit, sich auf einer Ebene wiederum zu treffen.

Der Andere ist der Fremde, aber er interessiert uns als Freund und dies ist auch das Ansinnen im dritten Teil unseres Werkes: die Einsamkeit und den Anderen als Freund zu vereinen bzw. in ein Modell zu führen, wo beiden Aspekten Genüge getan wird. In diesem Sinne haben wir nützliche Hinweise in diesen drei Teilen des Exkurses zu Nietzsche erhalten, die sich jeweils auf die Nähe Nietzsches zur griechischen Philosophie und dem damaligen Freundschaftsbegriff, seinen Regelkodex zum Freund(e) Sein und schlussendlich dem Zusammenhang von Freundschaft und Einsamkeit beziehen. Wie aus den Zitaten zu ersehen ist, handelt es sich bei Nietzsche schon auf gewisse Art und Weise um eine elitäre Verbindung von der Einsamkeit zur Freundschaft, wobei die Einsamkeit als Absolutheit gesetzt wird und erst in ihrer Absolutheit einen Zugang zur Freundschaft erschafft. Die Freundschaft als solche kann immer nur zwischen Gleichen und Gleichgesinnten erfolgen. Aufgrund dieser Feststellung jedoch wäre ein Großteil der Individuen ausgeschlossen, die sich nicht in solche geistige Höhen wagen können und wollen, was wir für unsere Modellbildung nicht sinnvoll finden. Dieser Aspekt kann deshalb auf einer Ebene angesiedelt werden, wie sie Nietzsche vorsieht, muss aber auch auf den niederen Ebenen zulässig sein, was wir noch genauer auszuführen denken. Nun haben wir aber schon einige Male die Bereiche der Modellbildung antizipiert und wollen nun endlich dazu übergehen, das Modell in seinen Ausdifferenzierungen darzustellen. Dies erfolgt im nächsten und letzten Kapitel unseres Werkes, welches sich in zwei Abschnitte gliedert.

8. Das Modell zur Einsamkeit und dem Denken des Anderen

Wie wir nun über weite Strecken unseres Buches gesehen haben, lässt sich unser Unterfangen – die Einsamkeit und das Denken des Anderen in ein Modell zu integrieren – nicht ohne bestimmte Zugeständnisse durchführen. Einmal ist es die Überdimensionalisierung des Anderen, welche verhindert, dass die Einsamkeit für das Individuum anwendbar ist; das andere Mal fehlt uns auf der Seite der Einsamkeit des Individuums die notwendige Klarheit und Struktur, um sie einem Begriff des Anderen gegenüberstellen zu können. Ein Modell, welches beiden Aspekten Genüge tun will, muss also sowohl beim Individuum als auch beim Anderen Überlegungen integrieren, die paradigmatisch diese Aspekte nebeneinander aufbauen könnten. Aus der Philosophiegeschichte sind uns dazu eigentlich wenig konkrete Darstellungen bekannt, die diesen Versuch unternommen hätten. Als eine der wenigen Darstellungen haben wir zuvor im Exkurs zur Freundschaft bei Nietzsche dessen Versuche angeführt, sich über den Weg der „Sternenfreundschaft" eine Beziehung zu kreieren zur Einsamkeit des Individuums. Dies haben wir ausgeführt, ohne die bestimmte Auseinandersetzung Nietzsches mit den verschiedenen Formen der Einsamkeit einzuführen und doch sind uns dadurch schon einige Werkzeuge an die Hand gegeben, die für unser eigenes Modell sinnvoll sein können. Und nicht zuletzt können wir auf eine breite Palette an Erkenntnissen zurückgreifen, die bei den beiden Philosophen des Denkens des Anderen im ersten und im zweiten Teil der Arbeit analysiert wurden. Schlussendlich soll unser Unterfangen der Modellbildung sich nicht grundsätzlich von diesen Ansätzen unterscheiden, wenn auch in erster Linie ein Gegenstück zur Elimination der Einsamkeit aus dem philosophischen Diskurs zu schaffen intendiert ist.

Durch die fehlende Behandlung dieses Themas bzw. der Relation von Einsamkeit und Freundschaft haben wir selbst zuvor einige theoretische Merkmale der Freundschaft herausgearbeitet, wenngleich zur Freundschaft schon eine breite Palette von philosophischen Abhandlungen existieren, beginnend bei den Fragmenten der Vorsokratiker über Platon, Aristoteles, usw. Den bedeutenden Umstand der Reduktion des Anderen auf den Freund haben wir im vorigen Kapitel genauer auszuarbeiten versucht, denn nur die Freundschaft ermöglicht uns einen Zugriff auf die Einsamkeit als solche, weil sie die Beweglichkeit besitzt, die dem Anderen in seiner Determinierung abgeht. Im selben Moment liegt der Freundschaft auch eine Intentionalität zugrunde auf Basis derselben sich die Vor- und Rückwärtsbewegungen zwischen der Einsamkeit und der Freundschaft abspielen können. Auf der Seite des Individuums müssen wir nun aber nach einer vorherigen begrifflichen Eingrenzung dazu übergehen, in einer schematischen Darstellung die verschiedenen Formen der Einsamkeit zu kennzeichnen, da auf dieser Seite von einer Pluralität von Einsamkeiten ausgegangen werden muss. Weder lässt sich die Einsamkeit nämlich auf ihre Positivität, auf ihre Negativität, auf bestimmte Partikularitäten, noch auf die Umgebung, in welcher sie zum Tragen kommt, reduzieren. Im Sinne des Lesens der Relation von Rechts nach Links zwischen dem Ich und dem Anderen, zwischen den Einsamkeiten des Individuums und der Freundschaft wollen wir im folgenden Abschnitt nun den ersten Schritt zu unserem Modell unternehmen, indem wir uns die Einsamkeiten des Individuums ansehen.

8.1. Einsamkeiten

Nun nähern wir uns also schrittweise einem Modell, welches sowohl die Einsamkeit als auch den Anderen integrieren kann. Unserer Ansicht nach gibt das schon von uns erarbeitete Schema der Bewegungen der Einsamkeit bei Nietzsche einen ersten guten Einblick in ein solches Ansinnen.[164] Wir konnten in Hinblick auf dieses Schema sagen, dass Nietzsche im Gebrauch des Begriffs Einsamkeit mehrere Formen derselben zu kennzeichnen für notwendig befand. Anhand von vier Formen der Einsamkeit können bei Nietzsche alle Vorkommnisse der Einsamkeit beschrieben werden und gleichzeitig den Rahmen schaffen für unsere Kreation eines sinnbehafteten Modells. Die hier angeführte Skizze soll neben dem nachfolgenden deskriptiven Teil auch eine räumliche Idee von diesen Formen geben, da nicht ohne Grund der Begriff der Form von uns verwendet wird; es geht schlussendlich immer noch um eine unserer

---

[164] Für eine ausführlichere Erklärung zu diesen Bewegungen der Einsamkeit und den dafür wichtigen Textstellen in den Werken und in den Briefen Friedrich Nietzsches, *vgl.* Stuppner, Ivan: Formen der Einsamkeit bei Friedrich Nietzsche. *Ebenda*, S. 53ff.-67.

Thesen zum Buch, welche in der Metamorphose – in der Veränderung der Form – liegt:

INDIVIDUUM

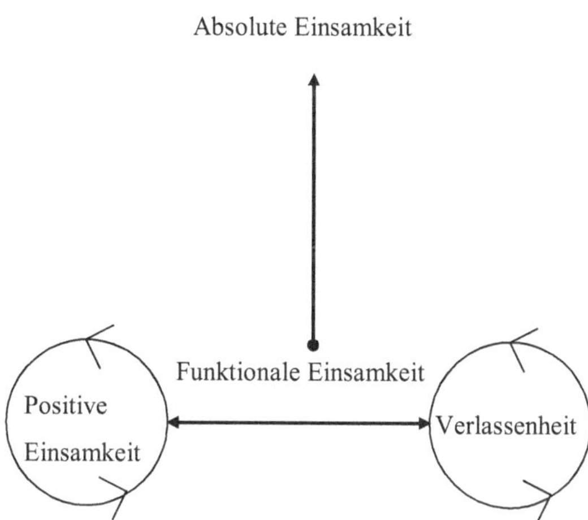

Abbildung 1: Die vier Formen der Einsamkeit

Auf der horizontalen Ebene liegen die beiden Einsamkeitsformen, die als Opposition zu betrachten sind: die positive Einsamkeit und die Verlassenheit, welche auch mit der Bezeichnung der negativen Einsamkeit identifiziert werden kann. Zwischen diesen beiden Formen entwickelt sich in der nietzscheanischen Philosophie eine doppelte Bewegung, welche einerseits der jeweiligen Form als Innenbewegung inhärent ist, andererseits aber zwischen den beiden Formen zur Wirkung gelangt. Mit anderen Worten gesagt, gibt es einen Wandel innerhalb der positiven Einsamkeit, die von einer positiven Form zu einer nächsten positiven Form umschlägt bzw. mehrere positive Formen der Einsamkeit impliziert. In der Vielfalt der Formen der Einsamkeit bei Friedrich Nietzsche ist eine solche Bewegung auf jeden Fall anzuerkennen. Dieselbe Innenbewegung spielt sich auch auf der Seite der Verlassenheit zwischen verschiedenen negativen Formen der Einsamkeit ab. Zwischen der positiven Einsamkeit und der Verlassenheit findet ebenfalls eine solche Änderung statt, die hier jedoch mit der Veränderung der Vorzeichen zusammenfällt. Der von uns gewählte Begriff der Horizontalität unterstreicht den nicht hierarchischen Charakter dieser Bewegung bei Nietzsche, aber auch in unserem Denken. In vielerlei Hinsicht wird nämlich die Einsamkeit ohne „Vorzeichen" auch im philosophischen Kontext grundsätzlich als pejoratives Gefühl gekennzeichnet, während unserer Meinung nach sowohl eine negative als auch eine positive Einsamkeit angenommen werden muss. Nicht zuletzt beruht diese Annahme auch auf der Kenntnis von einigen modernen philosophischen Texten, die der Einsamkeit durchaus einen positiven Aspekt zuschreiben. Diese positive Konnotation der Einsamkeit ist laut dieser Autoren im Kontext einer modernen Gesellschaft bedeutend.[165]

Auf der horizontalen Ebene entwickelt sich im Spiel zwischen der positiven und der negativen Einsamkeit noch eine weitere Form, welche jene Einsamkeit umfasst, die wir die funktionale Einsamkeit nennen. Wir verstehen unter der funktionalen Einsamkeit eine notwendige Einsamkeit etwa zum Schreiben, zum Lesen und zu vielen anderen Tätigkeiten des alltäglichen Lebens. Sie lässt sich nicht eindeutig den beiden Polen zuordnen und schwebt irgendwo im Zwischenraum der beiden Extreme, ohne Vorzeichen wohlgemerkt. Aus dieser Einsamkeit kann sich aber eine weitere Einsamkeit entwickeln, die in Nietzsches Sinn einen Idealzustand darstellt. Ein Ideal, welches er selbst die *absolute Einsamkeit* genannt hat. Die Bewegung hierbei verläuft in nur eine Richtung und kann als vertikale Bewegung gekennzeichnet werden. Es handelt sich dabei um einen Idealzustand, welcher das Individuum in seiner einsamen Absolutheit darstellt. Dieses Individuum benötigt vorerst keinen Anderen mehr, um sich seiner selbst gewahr zu werden, im Hinblick auf die Ethik und eine Moral. Dieses Individuum erschafft sich seine eigene Welt, in der selbstredend jeglicher moralische Grundsatz „erschaffen" wird. Während erstere funktionale Einsamkeit eine

165 Als Beispiel für eine solche Aussage können wir hier folgende zwei Bücher anführen: Marquard, Odo: Plädoyer für die Einsamkeitsfähigkeit. *In:* Marquard, Odo: Skepsis und Zustimmung. Philosophische Studien. – Stuttgart: Verlag Philipp Reclam jun. 1994, S. 110-122 und einzelne Abschnitte in: Storr, Anthony. Solitude. A Return to the Self. - New York: Free Press. 1988.

lebbare, praktische Einsamkeit darstellt, so ist letztere eine Einsamkeit jenseits unserer Vorstellungskraft und deshalb nur möglich als theoretisches Konstrukt. Für uns ist die Vertikalität der Bewegung Sinnbild der Bewegung der Abstraktion, die von der funktionalen Einsamkeit zu der idealen Einsamkeit führt.

Beide Bewegungen der Einsamkeit sind Bewegungen, welche in verschiedene Richtungen verlaufen. Die positive Einsamkeit und die negative Form dieser Einsamkeit haben jeweils rekursive Bewegungen auf sich selbst, während dies bei der funktionalen Einsamkeit oder der absoluten Einsamkeit nicht der Fall ist. Zwischen den vier äußeren Begriffen entfaltet sich das, was wir die Formen der Einsamkeit genannt haben. Dabei können wir notwendige Formen und destruktive Formen der Einsamkeit unterscheiden. Weshalb aber sprechen wir in diesem Kontext von Form? Ist es etwa die Form als μορφή, welche die Objekte in Form und Gestalt sichtbar macht und wieso verwenden wir hier den Plural von Form? Dies dürfte klar sein, dass wir hier den Plural von Form deshalb verwenden, weil es sich um mehrere Arten der Einsamkeit handelt, die zwar im semantischen Bereich derselben als Denotationen vorhanden sind, nichtsdestotrotz mehrere verschiedene Aspekte ein und derselben Materie verdeutlichen. Wir haben dafür die Metapher des Vexierbildes verwendet[166], um *bildhaft* den Wechsel und die Bewegung zwischen den verschiedenen Formen der Einsamkeit darstellen zu können. Besonders zwischen der positiven und der negativen Einsamkeit lässt sich dieser Wechsel der Perspektive erkennen, der so gut sichtbar ist bei einem Vexierbild, wo wir niemals beide Bilder gleichzeitig erkennen, sondern je nach Beurteilung der Grenzen bzw. der Form, eines davon jeweils wahrnehmen können.

8.2. *Die Einsamkeiten, die Freundschaft und die Metamorphose*

Wir haben uns bis zu diesem Punkt in der Hauptsache mit den Überlegungen zur Vorstellung der Einsamkeiten und der Freundschaft im Werk von Nietzsche auseinandergesetzt, abgesehen von einigen weiterführenden Bemerkungen zu Psychologie und Soziologie im vorherigen Kapitel. Jetzt ist es an der Zeit, nochmals die Linien zu demarkieren, wie Buber und Lévinas in diese Reflexionen

166 *Vgl.* Stuppner, Ivan: Formen der Einsamkeit bei Friedrich Nietzsche. *Ebenda*, S. 53.

eingebracht werden können, zumal wir unseren dritten Teil als Modellbildung, aber auch als Kritik an den Konzeptionen zur Einsamkeit bei Buber und Lévinas angekündigt haben. Wir haben zuvor von der Metamorphose zu sprechen begonnen, die sich zwischen den Einsamkeitsformen bei Nietzsche abzuspielen scheint. Unser Ansinnen ist es ja, die Metamorphose nicht nur innerhalb der Denotationen von Einsamkeit zu vergegenwärtigen, sondern auch die Bewegung von der Einsamkeit zu einem Denken des Anderen, welche wir den Dialog nennen, zu inkludieren. Insgesamt wäre dies dann die von uns im *Incipit* schon angesprochene Verdoppelung der Bewegung: die Bewegung innerhalb der Einsamkeit und jene Bewegung, die außerhalb der Einsamkeit oder besser gesagt von ihr weg hin zum Denken des Anderen sich vollzieht. Beide Bewegungen sind gleichberechtigt und die letztere bedeutet nicht, dass das Gleichgewicht zwischen der Einsamkeit und dem Denken des Anderen gestört wird. Infolgedessen bleiben die beiden Begriffe als solche gleichberechtigt in ihrer Relation bestehen, was weiter unten noch ausführlicher dargestellt werden soll. Unser Ansinnen liegt wie gesagt in der Herstellung eines Modells, welches Einsamkeit *und* Dialog, Selbstbezug und Bezug zur Gesellschaft in ihrem mikrosozialen Ausdruck beinhalten kann und soll.

Die von uns thematisierte Metamorphose ist nun ebenso bei den beiden von uns untersuchten Werken von Buber und Lévinas erkennbar geworden. Zur Rekapitulation wollen wir speziell diese Metamorphosen nochmals kurz umreißen. Zum einen haben wir die *explizite* Metamorphose der Einsamkeit bei Buber in der historischen Aufarbeitung der Einsamkeit. Die äußeren Umstände wie z. B. die Kultur und die Gesellschaft oder auch die philosophische Konzeption, welche sich immer wieder zu gegebenen Zeitpunkten in der Geschichte[167] verändern, ziehen eine Veränderung in Hinblick auf die Vorstellung der Einsamkeit nach sich. Die Einsamkeit wandelt jeweils ihre Form, von der Stigmatisierung der Einsamkeit, über die Einsamkeit mit Gott zu einer Einsamkeit ohne Gott. Für Buber ist bei Nietzsches Einsamkeit ohne Gott der Beginn anzu-

---

[167] Wir möchten hier gezielt nochmals darauf hinweisen, dass die von Buber untersuchte Geschichte mit der europäischen Geschichte überein geht, ohne sich um andere Kulturen in diesem Kontext zu kümmern. Ausgenommen davon können nur seine Texte zum Daoismus oder auch zum Hinduismus werden.

setzen für ein Denken des Anderen, welcher das einsame Individuum sozusagen von dieser „unmöglichen" Einsamkeit befreien kann. Die Befreiung vollzieht sich über deren Eliminierung aus dem philosophischen Diskurs. Das Auslöschen der Einsamkeit als letzte Form, die Einsamkeit noch einnehmen kann, ist schon im Übergang zur vollständigen *Deformation* in der Nicht-Existenz begriffen und funktioniert nur über eine sehr streng durchgeführte Darstellung der Einsamkeit als einen negativen Zustand. In beinahe allen Themenbereichen, die Buber berührt, sei es die Philosophie, die Religion oder die Erziehung, kann grundsätzlich diese Ausdifferenzierung bemerkt werden. Allgemein gesprochen ist in der Metamorphose der Einsamkeit im Werk Bubers die Tendenz zur Deformation von besagter Einsamkeit unserer Ansicht nach deutlich zu bemerken. Diese deformierte Einsamkeit besitzt nicht mehr die Voraussetzungen, um in einem Modell des Zusammenhangs von Einsamkeit und Denken des Anderen integriert zu werden, da sie ausschließlich in ihrer negativen Bestimmung vorkommt und somit fixiert ist.

Bei Lévinas können wir ebenso wie bei Buber vorerst von einer Metamorphose der Einsamkeit sprechen, wenngleich wir diese Art der Metamorphose eine *indirekte* Metamorphose nennen möchten. Die indirekte Metamorphose ist damit zu erklären, dass sich nicht wie bei ersterem Philosophen mit den äußeren Umständen auch die Form der Einsamkeit selbst ändert, sondern durch die Bindung der Einsamkeit an den ontologischen Teil des Individuums sich diese jeweils ändert, wenn es zu Verschiebungen zwischen dem ontologischen Teil (*soi*) und dem ethischen Teil (*moi*) im Individuum kommt. Nur wenn das Sich durch die Berührung des Individuums mit der Andersheit des Anderen mehr und mehr vom ethischen Ich zurückgedrängt wird, nur wenn das ethische Ich immer mehr Raum bekommt gegenüber dem Sein des Individuums, befindet sich auch die Einsamkeit in der Metamorphose. Die *Bindung* der Einsamkeit ist jedenfalls viel stärker im Begriff der ontologischen Einsamkeit, als dies bei der Einsamkeit in der Philosophie Bubers der Fall ist. Das Ziel, nämlich die Eliminierung der Einsamkeit aus dem philosophischen Diskurs, was seine Entsprechung in der Reduktion der Ontologie zugunsten einer Bevorzugung der Ethik hat, ist bei Lévinas ebenfalls gegeben. Damit verhindert Lévinas die Manifestation der Einsamkeit im Individuum und schließt ein Nebeneinander vom Denken des Anderen und der

Einsamkeit aus. Die Mechanismen der negativen ausschließenden Darstellung der Einsamkeit sind auch in diesem Kontext offensichtlich und können gleichwenig in unsere eigene Modellbildung Eingang finden.

Unser Modell weist nämlich, wie schon in den Vorüberlegungen ausgeführt, auf einen speziellen Fall des Anderen hin, den wir im Begriff des Freundes zu sehen vermeinen. Das Nahverhältnis des Freundes kann einen Aspekt für die Integration der Einsamkeit im philosophischen Diskurs einbringen, wie ihn der allgemeine Andere nicht einzubringen vermag. Wir verstehen darunter sowohl die Beweglichkeit des Begriffs des Freundes, der dem freien Willen des Individuums unterliegt als auch dessen explizite Verbindung zum Individuum. Unsere Kritik an Buber und Lévinas inkludiert also indirekt auch die Reduktion des Anderen auf eine seiner Sonder- oder Unterformen. Wir benötigen aber den Schritt der Reduktion, damit unser Modell auch alle Charakteristika erfüllen kann, um einen Zusammenhang zwischen Einsamkeit und Freundschaft bzw. dem Denken des Anderen zuzulassen. Unserer Ansicht nach kann ein Modell in dieser Richtung folgendermaßen bildlich dargestellt werden:

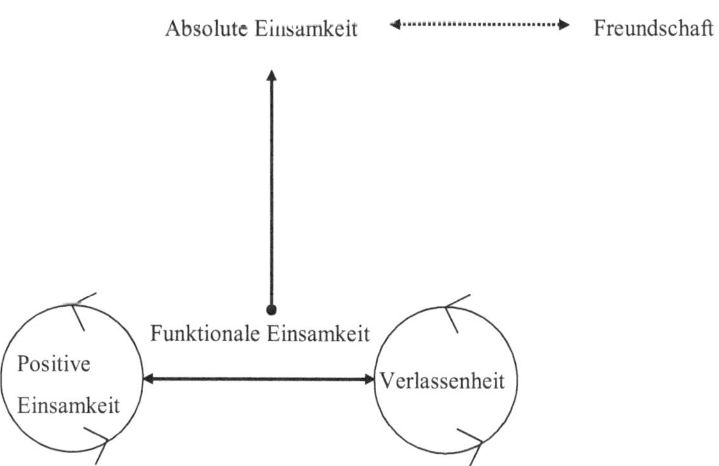

Abbildung 2: Die Einsamkeit und die Freundschaft[168]

Wir haben in dieser grafischen Darstellung versucht, neben den Bewegungen der Einsamkeit des Individuums noch den Begriff des Anderen mit der Freundschaft zu integrieren. Während sich dem Individuum der Begriff des Anderen gegenüberstellt, wird auf der Ebene der absoluten Einsamkeit die Freundschaft ausgeführt. In dieser Ansicht versuchen wir der Vorstellung Nietzsches zu folgen, wie sie in der Sternenfreundschaft weiter oben in unserem Exkurs zum Ausdruck gelangt. Dabei handelt es sich von diesem Standpunkt der abstrakten Einsamkeit aus um ein wiederholtes Zurückkehren zu den Freunden in der Freundschaft. Die Freundschaft selbst kann hierbei ebenfalls als ein abstraktes Moment angesehen werden, was wir laut Nietzsche nur dann erreichen, wenn wir uns schon in einer absoluten, idealen Einsamkeit befinden. Im selben Augenblick muss diese Freundschaft aber auch auf der konkreten

[168] Ein in seiner terminologischen Gesamtheit ausdifferenziertes Modell befindet sich der Übersicht zuliebe im Appendix dieser Arbeit.

Ebene der funktionalen Einsamkeit integrierbar sein, was wir erreichen, indem wir der abstrakten Ebene die faktischen Elemente – Individuum und Anderer – beifügen. Die Bewegung zwischen den beiden Bereichen ist nach beiden Seiten hin offen und soll damit andeuten, dass sich das Individuum in der Annäherung an den Anderen sowohl auf seine Einsamkeit zurückziehen kann, wie auch zur Freundschaft mit dem Anderen gelangen darf. Wie die Einsamkeit also als Teil des Individuums zu betrachten ist, so kann auch die Freundschaft als Teilbereich des Anderen ausgewiesen werden. Deshalb haben wir in unserer schematischen Darstellung auch die beiden Bereiche als Überbegriffe verwendet.

Bewusst wurde die Freundschaft auf der abstrakten Ebene der absoluten Einsamkeit integriert, was aber die horizontale Ebene der Einsamkeit nicht ausschließen, sondern wie im Falle der Formen der Einsamkeit mit einschließen muss. Denn die Freundschaft ist nicht nur in ihrer Abstraktion sinnvoll, sondern gleichfalls im alltäglichen Leben vorhanden und kann in diesem Sinne sich an jede der drei anderen Formen der Einsamkeit anfügen bzw. auf diese einwirken. Besonders die funktionale Einsamkeit wollen wir hier herausheben, die sich als Einsamkeit im Schreiben und Denken äußert. Dies aber geschieht in der Philosophie (als oft verwendeter Topos) in der Lektüre der Texte anderer Philosophen, die bisweilen als Freunde angesehen werden. In diesem Sinne haben wir es zwar mit einer Freundschaft unter Gleichgesinnten als Ideal zu tun, die sich möglicherweise gar nicht persönlich gekannt haben, doch aber lassen sich ohne Weiteres Überlegungen dazu anstellen, wie sich dieser Zusammenhang konkret denken lässt. Darum auch wollen wir bei der Freundschaft nicht nur von der abstrakten Ebene sprechen, sondern von den Ebenen der Freundschaft ausgehen, die sich horizontal wie auch vertikal in unser Modell einschreiben können. Wie aber ist nun aufgrund der schematischen Darstellung der Rest der Relation zu interpretieren? Auffällig und von uns bewusst gewählt ist in diesem Kontext die unterbrochene Linie zwischen der Freundschaft und der Einsamkeit.

Wir haben im ersten Teil in Zusammenhang mit der Analyse des Ich schon ein wenig von der Intention gesprochen, die vom Ich ausgehend zum Du oder auch zum Es der Welt der Objekte vorhanden ist. Auch im vorherigen Kapitel sind wir nochmals auf diesen Umstand eingegangen. In der zweiten Abbildung zu unserem Modell kommt diese intentionale Bewegung durch die unterbrochene Linie zwischen der absoluten Einsamkeit des Individuums und der Freundschaft mit dem Anderen zum Ausdruck. Unterbrochen ist diese Linie deshalb, weil ein bewusster intentionaler Akt sowohl vonseiten des Individuums als auch vonseiten des Anderen notwendig ist, um die Freundschaft aufrecht erhalten zu können. Die von beiden Seiten gewünschte und gewählte Verbindung bildet die Bedingung der Möglichkeit für die Freundschaft. Die Ausrichtung beruht auf einer zweifachen Richtung: von der absoluten Einsamkeit zur Freundschaft und von der Freundschaft zur Einsamkeit. Mittler dieser Reziprozität bzw. dieses Willensaktes ist jeweils die eigene Entscheidung des Individuums *und* des Anderen. Nur wenn beide Seiten dieser Konjunktion – das Individuum *und* der Andere – davon überzeugt sind ein Freundschaftsverhältnis einzugehen, kann dann dieses Verhältnis der Freundschaft auch Bestand haben. In Abgrenzung dazu sehen wir die nicht immer intentional motivierten Bewegungen innerhalb der unterschiedlichen Formen der Einsamkeit. Eine Allusion zur Intentionalität der Einsamkeitsbewegungen gibt es aber auch: Dies merkt man z. B. in verschiedenen Briefen von Friedrich Nietzsche, wo die Einsamkeit einmal positiv, im nächsten Moment aber auch wieder negativ von diesem Philosophen ausgeführt wird. Die Schwierigkeit in diesen Belangen liegt darin, dass nicht immer klar gesagt werden kann, ob das Individuum sich für eine der Einsamkeiten entscheidet oder unwillentlich in eine dieser Formen gedrängt wird. Deshalb haben wir versucht, den Unterschied auch grafisch zu demarkieren.

Die unterbrochene Linie zwischen der absoluten Einsamkeit und der Freundschaft soll aber noch auf einen anderen Aspekt hindeuten, denn diese Linie ist mitunter getragen von der Bewegung der Transzendenz des Individuums durch das Verhältnis in der Freundschaft, gleichzeitig aber auch mit dem Begriff der Entfremdung zu versehen. Ist der intentionale Akt zur Freundschaft hin einmal vollzogen, öffnet dies für das Individuum ebenso die Möglichkeit der Transzendenz, was wir bereits weiter oben erörtert haben. Die Überschreitung der Grenzen des Individuums ermöglichen diesem, die Anerkennung der Ebenbürtigkeit des Freundes *ergo* des Anderen ohne Vereinnahmung und ohne Reduktion auf das Selbst. Die Transzendenz wird unterbrochen durch die Lösung des freundschaftlichen Verhältnisses und durch das Wegfallen des Freundes: manchmal eine Folge der Bewegung der Entfremdung, die als gegenläufiges Element der unterbrochenen Linie gedeutet werden kann. Die Entfremdung erfahrenden Komponenten der Relation werden wiederum auf ihre eigene Individualität zurückverwiesen und die Verbindung ist darum nicht mehr haltbar. Auf die Brüchigkeit wird unserer Ansicht nach durch die Linie hingewiesen, die eine zweiseitige Bewegung andeutet, welche sich aber vor allem zwischen der Transzendenz und der Entfremdung abspielt. Während also der Prozess der Freundschaft auf die von uns eingeführte Gleichheit und Reziprozität abzielt, sind diese beiden Bewegungen mehr in Richtung der Einseitigkeit anzusehen und doch so überaus wichtig im philosophischen Kontext.

Mit diesen Feststellungen haben wir versucht unser Modell ein wenig abzurunden und bis zu einem gewissen Punkt haben wir das Modell zur Einsamkeit und dem Denken des Anderen damit abgeschlossen. Einer ersten Festlegung der verschiedenen Formen der Einsamkeit über den denkerischen Ansatz von Nietzsche folgte eine Integration der Freundschaft in das Modell, welche die Bezugnahme der Nähe, der Transzendenz, aber auch der Entfremdung beinhaltete. Andeutungsweise wurde dabei immer wieder auf die Kritik der Modelle von Martin Buber und Emmanuel Lévinas eingegangen, wobei der wohl höchste Ausdruck der Kritik der beiden Ansätze in der Entgegenstellung unseres Modells als Möglichkeit für ein gleichberechtigtes Zusammenwirken von Einsamkeit und Freundschaft ist. Es war ein sehr langer Denkweg von der Behandlung der Ansätze bei Buber zum Ich, zur Einsamkeit und zum Du über die Auseinandersetzung mit den Positionen von Lévinas zum Individuum, zur Einsamkeit und dem Anderen. In vielerlei Hinsicht gab es Berührungspunkte, manchmal auch klare Differenzen. Der in unserem Untertitel angeführte mögliche Denkweg war deshalb manchmal zwischen den beiden Philosophen, manchmal auch außerhalb der beiden Denker angesiedelt. Besagter Denkweg hat uns dann weitergeführt zu einem eigenen Ansatz, der aus der Kritik zu den beiden Vorstellungen, insbesondere zur Einsamkeit, entstanden ist. In diese Richtung wollen wir nun den zurückgelegten Weg abschließen und übergehen zu den Konklusionen unseres Buches; es sind mehrere Konklusionen, die wiederum über diese schriftliche Arbeit hinausreichen und unter anderem zu neuen Fragen und noch zu findenden Antworten weiterreichen müssen.

Konklusionen

Über die Philosophiegeschichte sind uns sehr verschiede. von Philosophen bekannt, die Einsamkeit zu beschreiben. . und gibt es keine festen Regeln; darin regiert die Frei denkerischen Ansatzes. Wir haben unseren Denkweg von über Lévinas weiter zu einem eigenen Ansatz gewählt. De sammenhang zwischen den beiden Philosophen ist in vielen schiedenen Bereichen evident und doch gibt es, gerade was Einsamkeit anlangt, wiederum gewisse Unterschiede. Zu unt scheiden waren der historische Einsamkeitsbegriff, der sich je nac geschichtlicher und gesellschaftlicher Situation verändert, vom ontologischen Einsamkeitsbegriff, der die Essenz des Menschen ausmacht. Auch diese Einsamkeit wird laufend verändert und verschiebt sich permanent in differenzieller Bewegung zum ethischen Ich im Individuum und wird durch das Erscheinen des Anderen mehr und mehr zurückgedrängt. Beide Einsamkeitsbegriffe – jener Bubers und jener von Lévinas - sind also einer Veränderung ihrer Form, bewirkt durch äußere Umstände, unterworfen, was wir versucht haben in unseren Analysen genauer herauszuarbeiten. Dabei handelt es sich nicht etwa um jeweils einen einzigen Einsamkeitsbegriff, sondern in beiden Fällen gibt es eine Pluralität an Vorstellungen zur Einsamkeit, die sich je nach den Einsamkeitsträgern bzw. den Umgebungen der Einsamkeit einfügen und denken lassen. Beide Philosophen haben versucht, durch ihr Denken des Anderen die Einsamkeit entweder ganz zu entfernen oder sie auf ein Mindestmaß im philosophischen Diskurs zu reduzieren. Unser dritter Teil ist in diesem Sinne als Kritik an dieser Notwendigkeit der Tilgung der Einsamkeit aus dem philosophischen Diskurs zu lesen, da dieser Umstand unserer Ansicht nach eines der wesentlichen Mankos der beiden Philosophien des Denkens des Anderen war.

Unsere Intention in diesem Buch fußt in zwei Bereichen, die uns ein besonderes Anliegen waren: Einerseits ist uns schon sehr früh im Studium der Werke von Buber und Lévinas aufgefallen, dass einem für sie nicht zu unterschätzenden Punkt ihrer Philosophie, nämlich der Einsamkeit, nur sehr selten bzw. äußerst rudimentär eine genaue Analyse gewidmet wurde. Diesem Umstand haben wir versucht Abhilfe zu schaffen, indem wir jeweils die

Einsamkeit selbst und dann die beiden wichtigsten Faktoren – das Individuum und den Anderen – bei den genannten Philosophen untersucht und einzugrenzen versucht haben. Unserer Ansicht nach ist schließlich nur durch das Eingehen auf die beiden Reflexionen zur Einsamkeit auch eine fundierte Darstellung der Betrachtungsweisen bei Buber und bei Lévinas möglich. Unser zweites Hauptanliegen lässt sich wiederum in zwei Bereichen verankern: sowohl in unseren eigenen Studien zu Nietzsche und anderen Philosophen in ihrer Beschäftigung mit der Einsamkeit als auch in den Resultaten in Hinblick auf die Einsamkeit bei Buber und Lévinas. Durch unsere Erkenntnis der Wichtigkeit der Einsamkeit im philosophischen Diskurs und der beinahe vollständigen Tilgung derselben in den Ansätzen von den letzteren beiden Philosophen sind wir zu dem Schluss gekommen, dass der wichtige Ansatz des Denkens des Anderen, sei dies der Andere als Du oder der Andere als Antlitz, um eine mögliche Integration der Einsamkeit bereichert werden sollte, ohne dass das Wissen um die Möglichkeit der echten Transzendenz dabei verloren geht. Bei Lévinas erscheint die Reduktion der Einsamkeit als Bedingung der Möglichkeit von Transzendenz eingeführt zu sein und trotzdem lässt sich auch in jenem Kontext die Einsamkeit in ihrer Vielfalt erhalten. Unser Zugang dazu leitet sich vom Freundschaftsbegriff bei Friedrich Nietzsche ab. Dieser Begriff gewährleistet nämlich die Beweglichkeit, die unserer Ansicht nach im Zusammenwirken mit den Einsamkeiten im Plural von Bedeutung sein muss und dies haben wir versucht in unserem eigenen Modell genauer darzustellen. Zwischen den beiden genannten Hauptanliegen befinden sich also in gewisser Weise die Reflexionen von drei Philosophen.

In drei Schritten bzw. drei Teilen haben wir unseren Weg, der nicht nur unserer, sondern gerade auch jener von Buber, Lévinas und schlussendlich Nietzsche war, unternommen. Obwohl keine unmittelbare Verbindung weder in einer Zugehörigkeit zu einer philosophischen Schule, noch in einer anderen Gemeinschaft zwischen diesen Philosophen vorherrscht, so ist es doch der thematische Zusammenhang, der uns die Verbindung ausarbeiten hat lassen. Wir wollen nicht behaupten, dass unser eigenes Modell, welches die Sonderform des Anderen als Freund integriert, nicht in einzelnen Aspekten ebenso bei Buber als auch besonders bei Lévinas schon angelegt ist. Nur haben letztere beiden Philosophen gerade dem Begriff des Freundes nicht einen besonders hohen

Stellenwert in Bezug auf die Einsamkeit zugeschrieben und damit unserer Ansicht nach eine große Chance verpasst. Mit dieser Chance meinen wir die Chance, die Einsamkeit als wertvolles Element anzuerkennen, so wie dies Nietzsche oft und manchmal in sehr pathetischer Art und Weise betont. Durch die Flexibilität der Einsamkeit im Sinne ihrer „Beweglichkeit" stört unserer Ansicht nach die Einsamkeit oder besser gesagt die Einsamkeiten des Individuums nicht notwendigerweise die auf die Transzendenz ausgerichteten Überlegungen bei Buber und Lévinas. Das bei diesen beiden Denkern fehlende Glied zum Bestand der Einsamkeit in Hinblick auf das Denken des Anderen kehrt mit den nietzscheanischen Ansätzen zur Verbindung und dem Zusammenhang von der Einsamkeit mit dem Denken des Anderen zurück. Das Bindeglied für unseren Ansatz wurde die Freundschaft.

Damit schließt sich für unser Buch auch der thematische Kreis, den wir analysieren und erarbeiten wollten: die Metamorphose der Einsamkeit zum Dialog. Inzwischen wissen wir, dass die Metamorphose nicht eine Veränderung beinhaltet, sondern viele Veränderungen umschließt, die um die beiden Begriffe angelegt werden können bzw. diesen inhärent sind. Die Veränderungen können im selben Moment als Bewegungen gekennzeichnet werden, die sich auf verschiedenen Ebenen realisieren: der Ebene des praktischen Lebens und der Ebene der Abstraktion. Das *Incipit* unseres Textes, welches von diesem Potenzial spricht, kehrt nun in unserer Konklusion wieder; vielleicht in etwas abgewandelter Form, da doch einige Kapitel und Analysen unsererseits dazwischen liegen und doch haben sich die Richtungen nicht verändert. Immer noch handelt es sich um eine mehrfache AusRichtung, welcher die Einsamkeit und der Dialog unterworfen sind. Eine Vorwärtsbewegung von der Einsamkeit zum Dialog ist ebenso möglich, wie eine Inversion dieser Bewegung vom Dialog zurück zur Einsamkeit. Die Metamorphose beinhaltet aber nicht nur diese Ausdifferenzierung, sondern auch die Aussage, dass der im Titel des Werkes verwendete Singular der Einsamkeit ersetzt werden darf durch den Plural und der Dialog substituiert werden kann durch die spezielle Form des Denkens des Anderen als Freundschaft. Die Bewegungen in dieser Metamorphose verweisen uns also von den Einsamkeiten zur Freundschaft und wieder zurück und dies immer im Rahmen der „Beweglichkeit" der Begriffe selbst. Der neue Titel würde darum jetzt am Ende unserer Überlegungen angelangt folgendermaßen lauten müssen: *Die Metamorphose der Einsamkeiten zur Freundschaft.*

Martin Buber baut seine Überlegungen zur Einsamkeit auf einem historischen Grund auf, welchen er analysierte und worin er selbst eine Veränderung der Einsamkeit feststellen konnte. In der Betrachtung der Entwicklung der Einsamkeit bei Buber konnten wir erkennen, dass er aus dieser Zugangsweise gleichfalls eines seiner stärksten Argumente für die Notwendigkeit eines dialogischen Ansatzes in der Philosophie bezieht. Denn durch das Unmöglich-Werden der Einsamkeit für das Individuum in den Ansätzen bei Nietzsche und im Existenzialismus war für Buber klar, dass ein anderer bzw. neuer Zugang eingeführt werden musste. Die beste Modalität dafür bot das Denken des Anderen an als Relation zwischen dem Ich und dem Du, welche daraus resultiert. In dieser Relation, die zugleich Seinsgrund und Seinsbegründung für Buber ist, hat die Einsamkeit als solche keinen Raum mehr und wird in diesem Sinne das ganze Werk hindurch von diesen Philosophen abwertend abgehandelt, immer im Rekurs auf das Zusammenwirken von Ich und Du. Es liegt auf der Hand und konnte im ersten Teil unseres Buches auch genauer aufgezeigt werden, dass sich dies nur als ausschließender Diskurs manifestieren kann. Die Bedeutung der Einsamkeit nimmt damit ab und kehrt auch, außer im Kontext der Glaubenseinsamkeit von den Propheten in einem religiösen Kontext, nicht mehr zurück. Zwischen dem Individuum und dem Anderen konkretisiert sich das Sein, welches aber nicht im Verbund mit der Einsamkeit auftritt, sondern vielmehr eine Distanzierung von dieser darstellen kann.

Träger dieser Überlegungen sind das Ich und das Du, je Gegenstand des ersten bzw. des dritten Kapitels. In diesem Zusammenhang taucht ständig auch deren fundamentale Relation auf in Abgrenzung zur Relation Ich/Es. Im Kapitel über das Ich konnten wir feststellen, dass das Ich eine gewisse Eigenständigkeit bezüglich der beiden Relationen besitzt, aber noch viel signifikanter war die Erkenntnis, dass sich das Ich je nach Relation selbst verändert. Das Medium der Veränderung stellte in diesem Bezug die Grenze dar, wie sie sich in der Relation mit der Welt der Objekte realisiert, in der Relation mit dem Du aber nicht mehr von Belang ist. In dieser letzteren Relation ist für das Ich die Rede das wesentliche Moment der Äußerung. Diesem Ich wird in den Reflexionen Bubers, wie wir im dritten Kapitel näher erläutern konnten, ein Du an die Seite gestellt. Dieses Du nun besaß mehrere Ansatzpunkte, über welche wir zu einem besseren Verständnis des Ich und der Einsamkeit gelangen konnten. Einerseits ist das Du als Nichts zu verstehen, da es sich in der Relation zum Ich nicht als das Etwas der Objekte konkretisieren kann, andererseits besitzt auch das Du eine Eigenständigkeit im Hinblick auf das Ich und der Ruf des Du wird zum Seinsbezug herstellenden und eine Relation bildenden Element. Gleichzeitig und in Hinblick auf die Einsamkeit konnten wir diesen Bezug in einem Zusammenwirken von Ich, Du und der Gemeinschaft genauer eingrenzen. Eine die Kontinuität des Seins gewährleistende Instanz ist das ewige Du Gottes. Den Zugang zu diesem Du erhält man über das menschliche Du. Relevanz erfuhr diese Instanz für unser Buch durch den Umstand, dass die Allgegenwart Gottes in Form des ewigen Du die dem Individuum zugestandene positive Einsamkeit in eine unechte Einsamkeit zu verwandeln vermochte. Infolgedessen haben wir auch die Glaubenseinsamkeit bei Buber als eine Einsamkeit mit Gott und darum als eine unechte Einsamkeit identifizieren können. Dies waren die bedeutenden Erkenntnisse des ersten Teils unseres Werkes.

Im zweiten Teil unserer Arbeit mussten wir erkennen, dass Emmanuel Lévinas in seinen Reflexionen eine davon wohl unterschiedene Position einnimmt. Sein Ansatz fundiert nicht in einer historischen Betrachtung der Einsamkeit, sondern in einer Konkretisierung der Einsamkeit in seinen ontologischen Reflexionen. Seine differenziertere Position zum Individuum hat, wie unsere Analysen zeigen konnten, im Sich einen klaren Bestandteil, der Ausdruck der Einsamkeit und der Ontologie ist. Deshalb haben wir auch von der ontologischen Einsamkeit gesprochen. Die Einsamkeit zeigt bei Lévinas die ontologische Differenz an, die zwischen dem Individuum und dem Anderen vorherrscht. In der Überwindung der ontologischen Differenz durch die Transzendenz werden selbstverständlich alle dem Sein anhängenden Elemente zurückgedrängt. Obzwar bei Lévinas dann noch andere Überlegungen in seine Diskussion der Einsamkeit mit einfließen, wie etwa jene der Partikularitäten der Einsamkeit und auch der Umgebungen der Einsamkeit, so mussten wir doch als das Hauptthema die ontologische Einsamkeit, wie sie im Werk: *„Le temps et l'autre"* festgeschrieben wurde, identifizieren. Wir konnten im zweiten Teil des Buches aufzeigen, dass in diesem Ansinnen zu einer ontologischen Einsamkeit der Ansatz von Lévinas jenem von Buber in gewisser Weise ähnelt. Auch Lévinas situierte sein Anliegen primär in der Eliminierung der Einsamkeit aus den philosophischen Reflexionen, mit dem Unterschied, dass selbst beim Tod des Individuums ein Rest von dessen Einsamkeit bestehen bleibt. Diese „überträgt" sich auf den Anderen des Individuums. Abgesehen von dieser Übertragung auf das Sich des Anderen ist die Einsamkeit damit vollständig reduziert auf die Ontologie.

Im vierten und im sechsten Kapitel haben wir ebenso wie bei Buber schon die beiden wichtigen Seiten für die Einsamkeit genauer analysiert. Beim Individuum sind wir dabei auf eine gewisse Vielfalt gestoßen, da Lévinas das Individuum insgesamt unter zwei Blickwinkeln und auf vier Bereiche hin ausrichtete. Die beiden Blickwinkel sind der ontologische und der ethische Blickwinkel, während die vier Bereiche das Individuum als Überbegriff, das Sich als ontologischen Bestandteil, das Ich zweiter Ordnung und das ethische Ich waren. Innerhalb dieser Bereiche entwickelt Lévinas seine Vorstellung zum Individuum. In seinem Bestreben mehr und mehr zu einer ethischen Betrachtungsweise von den beiden Instanzen Individuum und Anderer zu gelangen, vollzieht sich die Reduktion des Sich im Individuum durch das, was wir das ethische Ich genannt haben. Je mehr durch das Antlitz des Anderen das ethische Ich Überhand im Individuum gewinnt, desto mehr wird gleichzeitig die an das Sich gebundene ontologische Einsamkeit reduziert. Zum besseren Verständnis dieses Vorganges haben wir im sechsten Kapitel dann konkret den Anderen und seine Realisation im Antlitz thematisiert. Der Andere – gleichzeitig nah und fern – ist das erste Element, welches die einzelnen Teile des Individuums in Bewegung zu setzen vermag. Dies geschieht in der Epiphanie des Anderen, welche die Transzendenz für das Individuum ermöglicht. Der Andere, dem das Individuum von Beginn an schon verpflichtet ist und dem gegenüber es seit der Geburt verantwortlich ist, untersteht in dieser Relation dem Anderen aus dessen klar überhöhter Position. Wir haben diese Position in ihren verschiedenen Ausdifferenzierungen festzulegen versucht und sind dabei schlussendlich auf den Zusammenhang mit der Einsamkeit des Individuums zu sprechen gekommen, der sich im Tod, aber auch in der Liebe festmachen lässt. Dies waren die wichtigsten Belange unseres zweiten Teils des Buches.

In unserem eigenen Ansatz im dritten Teil des Buches haben wir den Versuch unternommen, die Einsamkeit in ihrer Begrifflichkeit und Vielfältigkeit unabhängig von den beiden Philosophen zu beleuchten, um die wichtigen Bereiche, die sich mit der Einsamkeit verbinden, aufschlüsseln zu können. Diese Vorarbeit war wichtig, um in einem nächsten Schritt die Fragen nach den Bedingungen der Möglichkeit für unser Modell ausarbeiten zu können. Ein für uns hilfreiches Konzept ist in diesem Zusammenhang das Konzept der Freundschaft, welches sich besonders deshalb angeboten hat, weil einerseits die Freiheit in der Wahl der Freundschaft gewährleistet wird, ohne dass wir auf genealogische Verbindungen rekurrieren mussten, weil andererseits aber auch schon Zusammenhänge von Einsamkeit und Freundschaft von verschiedenen Philosophen ausgearbeitet wurden, von denen wir vor allem jene Nietzsches aufgreifen konnten. Damit konnten wir uns von der Starre des Begriffs des Anderen, wie er bei Buber und noch stärker bei Lévinas vorkommt, lösen und die Flexibilität des Freundes nützen, um sie mit ihren Bewegungen mehreren Formen der Einsamkeit gegenüberzustellen. Mit diesem Ansinnen haben wir aber auch schon die Kritik an den Ansätzen von Lévinas und Buber unternommen, die unserer Meinung nach notwendig ist. Es stimmt, dass die beiden Ansätze in ihrer Besonderheit wichtig sind, beiden fehlt aber das Verständnis der positiven Bedeutung der Einsamkeit für das Denken des Anderen, welche unserer Ansicht nach genau so ein bedeutender Aspekt ist, wie es die Transzendenz des Individuums sein muss. Wie unsere Erkenntnisse gezeigt haben, wollten wir nicht davon ausgehen, dass die Transzendenz konstant vollzogen werden kann, sondern nur punktuell und in den Vor- und Rückwärtsbewegungen zwischen der Freundschaft und der Einsamkeit zu integrieren ist.

Wir sind in der Darstellung unseres Modells in zwei Schritten vorgegangen. Der erste Schritt bestand in der Festlegung von vier verschiedenen Formen von Einsamkeit, die einerseits auf einer horizontalen Ebene zwischen der positiven und der negativen Einsamkeit aufgeteilt wurden, andererseits auf einer vertikalen Ebene zwischen der funktionalen und der absoluten Einsamkeit festgeschrieben werden konnten. Zwischen diesen Einsamkeiten gibt es verschiedenen Bewegungen und schon dieser Umstand verwies darauf, dass die Einsamkeit kein statischer Begriff sein kann, sondern ein bewegliches Konzept werden muss in der Pluralität der Einsamkeiten, zwischen welchen sich für das Individuum verschiedenen Bewegungen ergeben können. Der zweite Schritt beinhaltete die Beifügung der Freundschaft über die Einführung des

Denkens des Anderen in das Modell der Einsamkeit. Auf der Ebene der absoluten Einsamkeit führt eine direkte Bewegung zur Freundschaft. Dies haben wir aufgrund der Reflexionen von Nietzsche zur Freundschaft für sinnvoll befunden, denn wie wir gesehen haben, hat dieser über die griechischen Ansichten zur Freundschaft als auch über seinen eigenen Regelkodex für den Erhalt der Freundschaft zu jenem Freundschaftsbegriff gefunden, welchen er selbst die Sternenfreundschaft nennt. Die Sternenfreundschaft kann als eine Freundschaft angesehen werden, die sich in der Abstraktion der absoluten Einsamkeit auf ein und derselben Ebene anzunähern vermag. Die so angelegte Freundschaft, als intentional eigenständiges Konstrukt der Gleichheit zwischen einem Individuum und dem Anderen, dem Ich und dem Du, vermag sowohl den Bewegungen der Einsamkeit als auch dem Prinzip der Transzendenz Rechnung zu tragen. Mit dieser Feststellung konnten wir den dritten Teil und unsere sämtlichen Anliegen zum Thema des Buches abschließen.

Der Untertitel unseres Buches spricht von einem möglichen Denk*weg* zwischen Buber und Lévinas. Wir haben in der Ausarbeitung der ersten beiden Teile den Versuch unternommen, diesem Weg der Reflexionen jeweils vom Ich zum Anderen zu folgen, indem wir auf die Einsamkeitsvorstellung der beiden Denker geachtet haben. Im eigentlichen Sinne waren es nur Spuren, denen wir gefolgt sind. Diese Spuren haben uns insbesondere bei Lévinas auf eine Spur (*la trace*) verwiesen: jene überdimensionale Vorstellung des Antlitzes, welche Identität und Abstraktion, aber auch Ontologie und Ethik in ihrer Tiefe auslotet. Unzeitlichkeit der ständigen Permanenz des Anderen, welche sich von dieser Tiefe des Unbegrifflichen beim Antlitz in die Höhe begibt, aus der der Andere seine Erscheinung realisiert. Währenddessen hat Buber seine negative Einsamkeit in vielerlei Hinsicht aus der Höhe in den Abgrund der Nacht gelenkt. Dort haben wir die Spur der Einsamkeit, welche sich wiederum in den philosophischen Reflexionen bei Lévinas im Sich des Individuums kristallisiert, „verloren", da die Einsamkeit durch das Begehen des Denkweges mit dem Antlitz der Transzendenz zum Opfer fällt. Dies stellte ein unserer Meinung nach zu großes Opfer dar, welches sich jenseits der Bedeutung der Einsamkeit für das Individuum ansiedelt. Die Spur der Einsamkeit kehrt dann im dritten Teil unserer Arbeit wieder zurück und wird eingezeichnet in einen gangbaren Weg, der in den Bewegungen der

Einsamkeit zur Versöhnung mit dem Dialog und dem Denken des Anderen führt. Die Einsamkeit wurde uns notwendiger *Aus*gang aus dem Dilemma bei Buber und Lévinas von einer Einsamkeit, die im Kontext ihres Denkens zwar Raum, dafür aber keine zeitliche Dauer erhält.

Dass das Thema und der Weg der Metamorphose der Einsamkeiten zur Freundschaft in sich abgeschlossen ist, wagen wir zu bezweifeln, da sich noch in vielerlei Richtungen neue Überlegungen anbieten würden, die aber in diesem Werk nicht mehr unternommen werden können. Obwohl die Philosophen Nietzsche, Buber und Lévinas nicht aus derselben denkerischen Schule stammen, so ist es die Thematik, welche sie verbindet: die Einsamkeit und das Denken des Anderen. Gilt bei ersterem Philosophen noch eine äußerste Wertschätzung der Einsamkeit, kann bei den beiden letzteren Philosophen nur von einem Ansinnen ausgegangen werden, sich von der Einsamkeit des Individuums zu lösen. In dieser erklärten Überdehnung der Thematik in unserem Buch hat sich gezeigt, dass sowohl Buber und Lévinas als auch Nietzsche einen Beitrag zu leisten in der Lage waren, die Einsamkeit mit dem Denken des Anderen zusammenzuführen. Dass dadurch aber schon ein Schlusspunkt unter diese Diskussion gesetzt wird, können wir insofern nicht deklarieren, da z. B. gerade in die Richtung der Transzendenz für dieses Modell weitere Überlegungen anzustellen wären. Als Ausblick könnte man sich Gedanken machen, wie die Transzendenz jenseits von einer religiös orientierten Interpretation des Denkens des Anderen stattfinden kann im ausschließlichen Kontext der Freundschaft. Welche Perspektiven würden sich in dieser Richtung ergeben, was den Nihilismus Nietzsches betrifft, was aber auch den sprachlichen Hintergrund besonders der Dialogik betreffen kann? Welche politischen Implikationen kann ein Zusammenhang zwischen Einsamkeit und Freundschaft (z. B. im Sinne von Epikur) neben den allgemein ethischen Ansätzen von Lévinas in den philosophischen Diskurs einbringen? All diese Fragen bleiben in dieser schriftlichen Arbeit unbeantwortet, können aber Anstoß sein für weitere Erörterungen und Reflexionen.

Appendix:

Ebenen der Freundschaft
DER ANDERE
Freundschaft
- Nähe
- Intentionalität
- Gleichheit
- Auf-den-Anderen-Zugehen
Transzendenz
Entfremdung
INDIVIDUUM
Absolute Einsamkeit
Verlassenheit
Funktionale Einsamkeit
Positive Einsamkeit

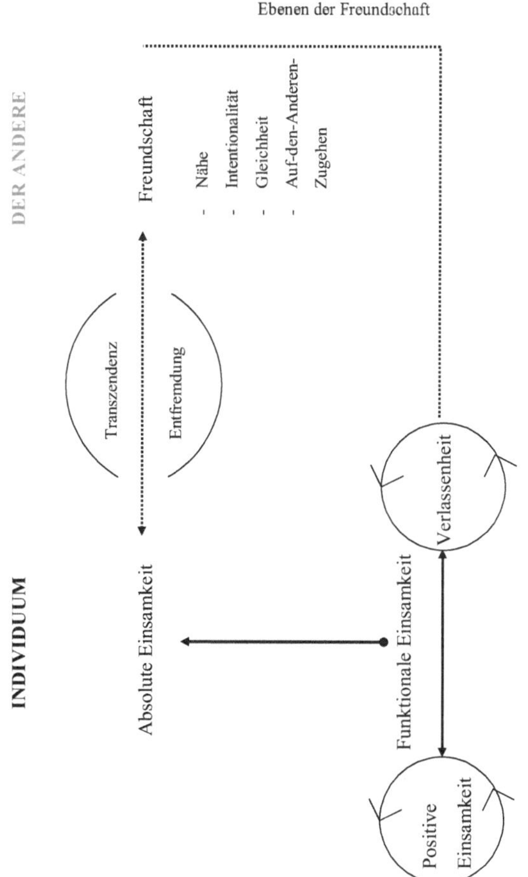

Verwendete Siglen:

ADV	L'Au-delà du verset (1982)
AE	Autrement qu'être, ou Au-delà de l'essence (1974)
AT	Altérité et transcendance (1995)
DE	De l'évasion (1935)
DL	Difficile Liberté. Essai sur le judaïsme (1963)
DMT	Dieu, la mort et le temps (1993)
DSS	Du sacré au saint. Cinq nouvelles lectures talmudiques (1977)
DVI	De Dieu qui vient à l'idée (1982)
EDE	En découvrant l'existence avec Husserl et Heidegger (1949)
EE	De l'existence à l'existant (1947)
EI	Éthique et infini (1982)
EN	Entre nous. Essais sur le penser-à-l'autre (1991)
HAH	Humanisme de l'autre homme (1972)
HN	A l'heure des nations (1988)
HS	Hors sujet (1987)
IH	Les Imprévus de l'histoire (1994)
II	L'intrigue de l'infini (1994)
IT	Transcendance et intelligibilité (1984)
KSA	Kritische Studienausgabe der Werke Nietzsches
KSB	Kritische Studienausgabe der Briefe Nietzsches
LC	Liberté et commandement (1994)
LT	Quatre Lectures talmudiques (1968)
NLT	Nouvelles Lectures talmudiques (1996)
NP	Noms propres (1975)
SMB	Sur Maurice Blanchot (1975)
TA	Le temps et l'Autre (1948)
ThI	Théorie de l'intuition dans la phénoménologie de Husserl (1930)
TI	Totalité et Infini. Essai sur l'extériorité (1961)

Bibliografie

Primärbibliografie

Martin Buber

Buber, Martin: Frühe jüdische Schriften 1900 – 1922. Herausgegeben, eingeleitet und kommentiert von Barbara Schäfer. – Gütersloh: Gütersloher Verlagshaus. 2007. (Martin Buber-Werkausgabe, Band 3)

Buber, Martin: Frühe kulturkritische und philosophische Schriften (1891-1924). Bearbeitet, eingeleitet und kommentiert von Martin Treml. – Gütersloh: Gütersloher Verlagshaus. 2001. (Martin Buber-Werkausgabe, Band 1)

Buber, Martin: Gog und Magog. Eine Chronik. Herausgegeben, eingeleitet und kommentiert von Ran HaCohen. – Gütersloh: Gütersloher Verlagshaus. 2009. (Martin Buber-Werkausgabe, Band 19)

Buber, Martin: Schriften zum Christentum. Herausgegeben, eingeleitet und kommentiert von Karl-Josef Kuschel. – Gütersloh: Gütersloher Verlagshaus. 2011. (Martin Buber-Werkausgabe, Band 9)

Buber, Martin: Schriften zur Jugend, Erziehung und Bildung. Herausgegeben, eingeleitet und kommentiert von Juliane Jacobi. – Gütersloh: Gütersloher Verlagshaus. 2005. (Martin Buber-Werkausgabe, Band 8)

Buber, Martin: Schriften zur Psychologie und Psychotherapie. Herausgegeben, eingeleitet und kommentiert von Judith Buber Agassi. – Gütersloh: Gütersloher Verlagshaus. 2008. (Martin Buber-Werkausgabe, Band 10)

Buber, Martin: Sprachphilosophische Schriften. Bearbeitet, eingeleitet und kommentiert von Asher Biemann. – Gütersloh: Gütersloher Verlagshaus. 2002. (Martin Buber-Werkausgabe, Band 6)

Buber, Martin: Werke. Band I. Philosophische Schriften. – Heidelberg: Kösel-Verlag und Verlag Lambert Schneider. 1962.
Daniel. Gespräch von der Verwirklichung (1913).
Ich und Du (1923).
Zwiesprache (1930).
Die Frage an den Einzelnen (1936).
Das Problem des Menschen (1947).
Elemente des Zwischenmenschlichen (1954).

Zur Geschichte des dialogischen Prinzips (1954).
Das Problem des Menschen (1943).
Beiträge zu einer philosophischen Anthropologie.
Urdistanz und Beziehung (1950).
Der Mensch und sein Gebild (1955).
Das Wort, das gesprochen wird (1960).
Dem Gemeinschaftlichen folgen (1956).
Schuld und Schuldgefühle (1958).
Gottesfinsternis. Betrachtungen zur Beziehung zwischen Religion und Philosophie. (1952).
Bilder von Gut und Böse (1952).
Zwei Glaubensweisen (1950).
Reden über Erziehung (1953).
Über das Erzieherische (1926).
Bildung und Weltanschauung (1935).
Über Charaktererziehung (1939).
Pfade in Utopia (1950).
Zwischen Gesellschaft und Staat (1950).
Die Lehre vom Tao (1910).
Die Forderung des Geistes und die geschichtliche Wirklichkeit (1938).
Zu Bergsons Begriff der Intuition (1944).
Gandhi, die Politik und wir (1930).
Geltung und Grenze des politischen Prinzips (1953).
Aus einer philosophischen Rechenschaft (1961).

Buber, Martin: Werke. Band II. Schriften zur Bibel. – Heidelberg: Kösel-Verlag und Verlag Lambert Schneider. 1964.

Buber, Martin: Werke. Band III. Schriften zum Chassidismus. – Heidelberg: Kösel-Verlag und Verlag Lambert Schneider. 1963.

Horwitz, Rivka: Buber's way to *I and Thou*. An historical Analysis and the First Publication of Martin Buber's Lectures: „Religion als Gegenwart". – Heidelberg: Verlag Lambert Schneider. 1978.

Rome, Sydney und Rome, Beatrice (Hrsg.): Philosophical Interrogations. – New York/Chicago/San Francisco: Holt, Rinehart and Winston. 1964.

Schilpp, Paul und Friedman, Maurice (Hrsg.): Martin Buber (Deutsche Übersetzung). – Stuttgart: Verlag W. Kohlhammer. 1963.

Emmanuel Lévinas

Lévinas, Emmanuel: Théorie de l'intuition dans la phénoménologie de Husserl. – Paris: Librairie Philosophique J. VRIN. [8]2001 (1930).

Lévinas, Emmanuel: De l'existence à l'existant. – Paris: Librairie Philosophique J. VRIN. [2]1998 (1947).

Lévinas, Emmanuel: Le temps et l'autre. – Paris: Quadrige/PUF. [8]2001 (1979).

Lévinas, Emmanuel: En découvrant l'existence avec Husserl et Heidegger. – Paris: Librairie Philosophique J. VRIN. [3]2001 (1949).

Lévinas, Emmanuel: Totalité et Infini. Essai sur l'extériorité. – Paris: Le Livre de Poche. 1971.

Lévinas, Emmanuel: Difficile liberté. Essais sur le judaïsme. Paris: Éditions Albin Michel. [3]1976 (1963).

Lévinas, Emmanuel: Martin Buber (In memoriam). In: L'Arche Nr. 102. 1965, S. 10 – 11.

Lévinas, Emmanuel: Martin Buber, prophète et philosophe (In memoriam). In: Informations catholiques internationales Nr. 243. 1965, S. 31 – 32.

Lévinas, Emmanuel: Quatre lectures talmudiques. – Paris: Les Éditions du Minuit. 1997 (1968).

Lévinas, Emmanuel: Humanisme de l'autre homme. – Paris: Le livre de poche. 1972.

Lévinas, Emmanuel: Autrement qu'être, ou au-delà de l'essence. – Paris: Le livre de poche. 1974.

Lévinas, Emmanuel: Noms propres. – Paris: Fata Morgana. 1976.

Lévinas, Emmanuel: Sur Maurice Blanchot. – Paris: Fata Morgana. 2004 (1975).

Lévinas, Emmanuel: Du sacré au saint. Cinq nouvelles lectures talmudiques. – Paris: Les Éditions de Minuit. 1988 (1977).

Lévinas, Emmanuel: Éthique et infini. – Paris: Le livre de poche. 1982.

Lévinas, Emmanuel: De l'évasion. – Paris: Le livre de poche. 1982.

Lévinas, Emmanuel: De Dieu qui vient à l'idée. – Paris: Librairie Philosophique J. VRIN. [2]1998 (1982).

Lévinas, Emmanuel: L'Au-delà du verset. Lectures et discours talmudiques. – Paris: Les Éditions de Minuit. 2002 (1982).

Lévinas, Emmanuel: Transcendance et intelligibilité. – Genf: Labor et Fides. 1996.

Lévinas, Emmanuel: Hors sujet. – Paris: Fata Morgana. 1987.

Lévinas, Emmanuel: À l'heure des nations. – Paris: Les Éditions de Minuit. 1988.

Lévinas, Emmanuel: Entre nous. Essais sur le penser-à-l'autre. – Paris: Le livre de poche. 1991.

Lévinas, Emmanuel: Dieu, la mort et le temps. – Paris: Le livre de poche. 1993.

Lévinas, Emmanuel: Les imprévus de l'histoire. – Paris: Le livre de poche. 1994.

Lévinas, Emmanuel: Liberté et commandement. – Paris: Le livre de poche. 1994.

Lévinas, Emmanuel: L'intrigue de l'infini. Zusammengestellt von Marie-Anne Lescourret. – Paris: Flammarion. 1994.

Lévinas, Emmanuel: Altérité et transcendance. – Paris: Fata Morgana. 1995.

Lévinas, Emmanuel: Nouvelles lectures talmudiques. – Paris: Les Éditions de Minuit. 1996.

Lévinas, Emmanuel: Carnets de captivité. Suivi de Écrits sur la captivité et notes philosophiques diverses. (Œuvres d'Emmanuel Levinas, 1). - Paris: Éditions Grasset & Fasquelle. 2009.

Lévinas, Emmanuel: Parole et Silence et autres conférences inédites au Collège philosophique. (Œuvres d'Emmanuel Levinas, 2). - Paris: Éditions Grasset & Fasquelle. 2011.

Sekundärbibliografie

Atterton, Peter/Calarco, Matthew und Friedman, Maurice (Hrsg.): Levinas and Buber. Dialogue and Difference. – Pittsburgh: Duquesne University Press. 2004.

Avnon, Dan: Martin Buber. The Hidden Dialogue. – New York u.a.: Rowman & Littlefield Publishers Inc. 1998.

Babolin, Albino: Essere e alterità in Martin Buber. – Padova: Editrice Gregoriana. 1965. (Collana di studi filosofici – 10).

Benedikt, Michael und Bäumer, Angelica (Hrsg.): Dialogdenken – Gesellschaftsethik. Wider die allgegenwärtige Gewalt gesellschaftlicher Vereinnahmung. – Wien: Passagen Verlag. 1991.

Bergmann, Shmuel Hugo: Dialogical philosophy. From Kierkegaard to Buber. Übersetzung aus dem Hebräischen von Arnold A. Gerstein. – New York: State University of New York Press. 1991.

Bernasconi, Robert: "Failure of Communication" as a Surplus: Dialogue and Lack of Dialogue between Buber and Levinas. In: Bernasconi, Robert und Wood: The Provocation of Levinas: Rethinking the Other. – London/New York: Routledge & Kegan Paul. 1988, S. 100 – 135.

Bloch, Jochanan und Gordon, Haim (Hrsg.): Martin Buber – Bilanz seines Denkens. Übersetzt von Yehoshua Amir. – Freiburg im Breisgau: Herder. 1983.

Bon, Giuseppe: La filosofia dialogale di Martin Buber. – Firenze: Rosini Editrice. 1998.

Brunnhuber, Stefan: Der dialogische Aufbau der Wirklichkeit. Gemeinsame Elemente von Martin Buber, Martin Heidegger und Sigmund Freud. – Regensburg: S. Roderer Verlag. 1993.

Budai, Attila: Der Einzige und der Andere. Reflexionen als dialogische Philosophie. – Wien: Phil. Dipl. 2001.

Calin, Rodolphe und Sebbah, François-David: Le vocabulaire de Lévinas. – Paris: Ellipses Édition. 2002.

Casey, Damien: Levinas and Buber: Transcendance and Society. In: Sophia. The journal for philosophical theology, cross-cultural philosophy of religion and ethics. – Melbourne: Band 38, Nr. 2, September, Oktober 1999, S. 69-92.

Casper, Bernhard: Das Dialogische Denken. Franz Rosenzweig, Ferdinand Ebner und Martin Buber. – Freiburg/München: Verlag Karl Alber. [2]2002.

Chalier, Catherine und Abensour, Miguel (Hrsg.): E. Lévinas. – Paris: Le livre de poche. 1991.

Chalier, Catherine: La trace de l'infini. – Paris: Les Éditions du Cerf. 2002.

Chalier, Catherine: Lévinas. L'utopie de l'humain. – Paris: Éditions Albin Michel. 1993.

Derrida, Jacques: Adieu à Emmanuel Lévinas. – Paris: Éditions Galilée. 1997.

Derrida, Jacques: Violence et métaphysique. Essai sur la pensée d'Emmanuel Lévinas. In: Derrida, Jacques: L'écriture et la différence. – Paris: Éditions du Seuil. 1967, S. 117 – 228.

Dilger, Irene: Das Dialogische Prinzip bei Martin Buber. – Frankfurt am Main: Haag + Herchen Verlag. 1983.

Durante, Massimo: Unicité et solitude. La compréhension du monothéisme chez Lévinas. In: Cahiers d'Etudes Lévinassiennes. Le monothéisme. Nr. 2. – Jerusalem: Institut d'Etudes Lévinassiennes. 2003, S. 131 – 153.

Friedman, Maurice: Martin Buber and Emmanuel Lévinas. An ethical query. In: Philosophy today. – Chicago, Illinois: DePaul University, Band 45, Nr. 1. 2001, S. 3 – 11.

Goetschel, Willi (Hrsg.): Perspektiven der Dialogik. Züricher Kolloquium zum 80. Geburtstag von Hermann Levin Goldschmidt. – Wien: Passagen Verlag. 1994.

Gordon, Neve: Ethics as reciprocity. An analysis of Lévinas's reading of Buber. In: International Studies in Philosophy. – New York: Scholars Press, Band 31, Nr. 2, 1999, S. 91 – 109.

Götzinger, Catarina: Martin Buber und die chassidische Mystik. Betrachtung des inneren Verhältnisses der "Ich-und-Du"-Philosophie Bubers. – Wien: WUV I Universitätsverlag. 1994.

Habbel, Torsten: Der Dritte stört: Emmanuel Lévinas. Herausforderung für politische Theologie und Befreiungsphilosophie. – Mainz: Matthias-Grünewald-Verlag. 1994.

Israel, Joachim: Martin Buber. Dialogphilosophie in Theorie und Praxis. – Berlin: Duncker & Humbolt. 1995. (Sozialwissenschaftliche Abhandlungen der Görres-Gesellschaft, Band 23).

Kelly, Andrew: Reciprocity and the height of God: a defence of Buber against Levinas. In: Sophia. The journal for philosophical theology, cross-cultural philosophy of religion and ethics. – Melbourne: Band 34, Nr. 1. März, April 1995, S. 65 – 73.

Lawton, Philip N. jr.: Love and Justice: Levinas' reading of Buber. In: Philosophical Today. – Chicago/Illinois: DePaul University, Band 20. 1976, S. 77 - 83.

Lescourret, Marie-Anne: Emmanuel Lévinas. – Paris: Flammarion. 1994.

Lescourret, Marie-Anne: Lévinas et Buber: rencontres de deux types. In: Foi et vie: Cahier d'Études Juives. – Paris: Band 98, Nr. 5. 1999, S. 5 - 14.

Licharz, Werner und Schmidt, Heinz (Hrsg.): Martin Buber (1878 – 1965). Internationales Symposium zum 20. Todestag. Band 1. Dialogik und Dialektik. – Frankfurt am Main: Haag + Herchen Verlag. [2]1991.

Marcoen, A.: Vous avez dit solitude(s)? (Rezension). In: Psychologica belgica. Band 28/2. - Leuven: Société belge de psychologie. 1988, S. 181.

Martini, Mario: La filosofia del dialogo da Buber a Lévinas. – Assisi: Cittadella editrice. 1995. (Collezione orizzonti nuovi).

Mies, Françoise: La solitude: point de vue d'une philosophie lectrice de Lévinas. In: Annales Cardijn: Vous avez dit „solitude"(s)?, Nr. 3. – Louvain-la-Neuve. 1987, S. 76 – 82.

Münster, Arno: Le principe dialogique. De la réflexion monologique vers la pro-flexion intersubjective. – Paris: Éditions Kimé. 1997.

Nedoncelle, Maurice: L'intersubjectivité d'après Martin Buber et Emmanuel Lévinas. In: Nedoncelle, Maurice: Intersubjectivité et ontologie. Le défi personnaliste. – Louvain: Éditions Nauwelaerts. 1974, S. 365 – 374.

Petrosino, Silvano et Rolland, Jacques: La vérité nomade. Introduction à Emmanuel Lévinas. – Paris: Éditions La Découverte. 1984.

Purdea, George: "Der ewige Augenblick" in der Begegnung zu zweit. Zur Zeitproblematik bei Jaspers, Freud und Binswanger. – Frankfurt am Main u.a.: Peter Lang Publishing. 1998.

Ricœur, Paul: Autrement. Lecture d'autrement qu'être ou au-delà de l'essence d'Emmanuel Lévinas. – Paris: Quadrige/PUF. 1997. (Les Essais du Collège International de Philosophie).

Rolland, Jacques: Parcours de l'autrement. Lecture d'Emmanuel Lévinas. – Paris: PUF. 2000.

Sánchez Meca, Diego: Martin Buber. – Barcelona: Empresa Editorial Herder. [2]2000.

Schaeder, Grete: Martin Buber. Hebräischer Humanismus. – Göttingen: Vandenhoeck & Ruprecht. 1966.

Strasser, Stephan: Buber und Levinas. Philosophische Besinnung auf einen Gegensatz. In: Revue internationale de philosophie, Nr. 32. 1978, S. 512-525.

Stuppner, Ivan: La lecture de Martin Buber par Emmanuel Lévinas. Les éléments de la dialogique: une perspective ontologique. – Paris: Phil. Master. 2004.

Tallon, Andrew: Intentionality, Intersubjectivity, and the Between: Buber and Levinas on affectivity and the dialogical principle. In: Thought Band 53, Nr. 210. September 1978, S. 292 – 309.

Theunissen, Michael: Bubers negative Ontologie des Zwischen. In: Philosophisches Jahrbuch. Im Auftrag der Görres-Gesellschaft. – München: 1964, S. 319 – 330.

Wolf, Christa: Martin Buber zur Einführung. – Hamburg: A. Francke Verlag. 1992.

Anderes

Aristoteles: Politik. Schriften zur Staatstheorie. Übersetzt und herausgegeben von Franz F. Schwarz. – Stuttgart: Philipp Reclam jun. 1989.

Augustinus: Bekenntnisse. Zweisprachige Ausgabe. – Frankfurt am Main/Leipzig: Insel Verlag. 1987.

Böhler, Arno: Unterwegs zu einer Sprache der Freundschaft. DisTanzen: Nietzsche – Deleuze – Derrida. – Wien: Passagen Verlag. 2000.

Buber, Martin: A bibliography of his Writings 1897 – 1978. Zusammengestellt von Margot Cohn und Rafael Buber. – Jerusalem: The Magnes Press. 1980.

Cacciari, Massimo : Amicizia e solitudine. Konferenz an der Universität Lecce vom 05.06.2003.

Derrida, Jacques: Politiques de l'amitié. Suivi de L'oreille de Heidegger. – Paris: Éditions Galilée. 1994.

Descombes, Vincent: Das Selbe und das Andere. (Le même et l'autre, frz.). Fünfundvierzig Jahre Philosophie in Frankreich 1933 – 1978. – Frankfurt am Main: Suhrkamp. 1981.

Dinzelbacher, Peter (Hrsg.): Europäische Mentalitätsgeschichte. Hauptthemen in Einzeldarstellungen. – Stuttgart: Kröner Verlag. 1993.

Esterbauer, Reinhold: Zimmer ohne Aussicht. Zum Verhältnis von Einsamkeit und Einheit. In: Deutsche Zeitschrift für Philosophie Nr. 50. – Berlin: 2002, S. 763 – 777.

Hannoun, Michel: Solitudes et sociétés. - Paris: Quadrige/PUF. 1993.

Marquard, Odo: Plädoyer für die Einsamkeitsfähigkeit. In: Marquard, Odo: Skepsis und Zustimmung. Philosophische Studien. – Stuttgart: Verlag Philipp Reclam jun. 1994, S. 110-122.

Nietzsche, Friedrich: Sämtliche Briefe. Kritische Studienausgabe in 8 Bänden. Hrsgg. von Giorgio Colli und Mazzino Montinari. – München : DTV. 1986 (1975-84).

Nietzsche, Friedrich: Sämtliche Werke. Kritische Studienausgabe in 15 Bänden. Hrsgg. von Giorgio Colli und Mazzino Montinari. – München : DTV. 1999 (1967-77 und ²1988).

Parpert, Friedrich: Philosophie der Einsamkeit. - München: Reinhardt. 1955.

Platon: Sämtliche Werke in zehn Bänden. Griechisch/Deutsch. – Frankfurt am Main: Insel Verlag. 1991.

Ponton, Olivier: „Mitfreude". Le projet nietzschéen d'une « éthique de l'amitié » dans Choses humaines, trop humaines. In: Online im Internet : http://www.hypernietzsche.org/navigate.php?sigle=oponton-1,1 (04-07-2006).

Salin, Edgar: Vom deutschen Verhängnis. Gespräch an der Zeitenwende: Burckhardt – Nietzsche. – Hamburg: Rowohlt Taschenbuch Verlag. 1959.

Samuelson, Norbert M.: Moderne jüdische Philosophie. Eine Einführung. Deutsche Übersetzung von Martin Suhr. – Reinbek bei Hamburg: Rowohlt Taschenbuch Verlag. 1995.

Sloterdijk, Peter: Sphären. Band 1: Blasen. – Frankfurt am Main: Suhrkamp. 1998.

Storr, Anthony. Solitude. A Return to the Self. - New York: Free Press. 1988.

Stuppner, Ivan: Formen der Einsamkeit bei Friedrich Nietzsche (Wissenschaftliche Beiträge aus dem Tectum-Verlag Philosophie – Band 16). – Marburg: Tectum-Verlag. 2011.

Theunissen, Michael: Der Andere. Studien zur Sozialontologie der Gegenwart. – Berlin/New York: Verlag Walter de Gruyter. ²1977.

Zeitfracht Medien GmbH
Ferdinand-Jühlke-Straße 7
99095 Erfurt, Deutschland
produktsicherheit@kolibri360.de